大学生心理健康辅导

主　编　李锦云
副主编　樊励方　檀娅娅　卢红玲

北京理工大学出版社
BEIJING INSTITUTE OF TECHNOLOGY PRESS

内容简介

作为行知教育协作联盟规划教材，本书适用于联盟内所有学校的在校大学生。

本书以大学生健康人格培养、心理素质提升和心理潜能开发为目标，以学生心理问题辅导为线索，通过一个个案例，生动的、富有时代色彩的语言，以及丰富多彩的心理探索活动等形式将与大学生密切相关的心理学核心理论介绍给当代大学生。

全书分为十二章，主要包括心理健康基础知识、大学生人格发展及培养、大学生的自我意识和心理健康等章节，围绕学生自我认识、自我发展和环境适应，提供丰富多样的教学材料促进学生的自我体验和探索，以便其形成良好的心理健康素质。

版权专有　侵权必究

图书在版编目（CIP）数据

大学生心理健康辅导 / 李锦云主编. —北京：北京理工大学出版社，2020.8
ISBN 978-7-5682-8949-8

Ⅰ. ①大… Ⅱ. ①李… Ⅲ. ①大学生-心理健康-健康教育-教材　Ⅳ. ①G444

中国版本图书馆 CIP 数据核字（2020）第 159429 号

出版发行 / 北京理工大学出版社有限责任公司
社　　址 / 北京市海淀区中关村南大街 5 号
邮　　编 / 100081
电　　话 / (010) 68914775（总编室）
　　　　　 (010) 82562903（教材售后服务热线）
　　　　　 (010) 68948351（其他图书服务热线）
网　　址 / http://www.bitpress.com.cn
经　　销 / 全国各地新华书店
印　　刷 / 涿州市新华印刷有限公司
开　　本 / 787 毫米 × 1092 毫米　1/16
印　　张 / 18
字　　数 / 414 千字
版　　次 / 2020 年 8 月第 1 版　2020 年 8 月第 1 次印刷
定　　价 / 42.00 元

责任编辑 / 江　立
文案编辑 / 赵　轩
责任校对 / 刘亚男
责任印制 / 李志强

图书出现印装质量问题，请拨打售后服务热线，本社负责调换

大学生心理健康辅导编委会

主　　编：李锦云
副 主 编：樊励方　檀娅娅　卢红玲
编写人员：（以姓氏笔画为序）
　　　　　王鸿洁　石　伟　冯立婷
　　　　　刘学华　朱丽君　朱席席
　　　　　樊励方　穆德佳　檀娅娅
插　　画：李　辰

前　言

世界卫生组织把心理健康作为一个人是否健康的基本内容之一，只有各个方面都得到全面的发展才是一个完整的人。而随着社会变革的浪潮一浪高过一浪，随着社会竞争的一步步加剧，随着海量信息的快速涌现，随着以人为本的思潮下社会对人的主体意识的重视和加强，心理健康问题像春笋一般，跃然成为大众关注的热点。

大学生正处于身心全面发展的关键时期，又处于从学校到社会的过渡时期，自我意识的加强使他们开始比以往更多地关注内心的感受。第一，他们本身是容易产生较多心理冲突的群体；第二，对自我的较高关注使他们对于心理健康有着更高的需求和渴望。当发生心理冲突时，由于一些大学生心理冲突调适能力较差，可能使其不能科学对待，甚至出现心理障碍。近年来，大学生因心理疾病、精神障碍等原因伤害自己和他人的案例时有发生，给家庭带来极大的伤害，在社会上也产生了很大的影响，引起社会的广泛关注和深刻反思。

教育部在2008年印发了《关于加强普通高等学校大学生心理健康教育工作的意见》（以下简称《意见》），要求各地教育部门和高校要充分认识加强高校大学生心理健康教育的重要性，明确了当前高校大学生心理健康教育工作的主要任务：依据大学生的心理特点，有针对性地讲授心理健康知识，帮助大学生树立心理健康意识，优化心理素质，增强心理调适能力和社会生活的适应能力，预防和缓解心理问题，全面推进素质教育，培养有竞争力的高素质人才。

根据《中华人民共和国精神卫生法》《"健康中国2030"规划纲要》和相关政策，2016年，国家22部委联合印发《关于加强心理健康服务的指导意见》，就加强心理健康服务、健全社会心理服务体系提出了意见，明确指出，心理健康是影响经济社会发展的重大公共卫生问题和社会问题。

为了进一步推进大学生的心理健康教育，加强高校心理健康教材的建设，我们组织编写了这本《大学生心理健康辅导》教材。本教材以大学生健康人格培养、心理素质提升和心理潜能开发为目标，以大学生心理问题辅导为线索，通过富有时代色彩的生动语言、丰富多彩的心理训练活动、幽默风趣的插画等形式将与大学生密切相关的心理学核心理论介绍给当代大学生。本教材具有如下特色。

（1）理论联系实际、系统性强。不仅注重相关的心理学核心理论知识的介绍，还提供一些相关的案例。将理论与案例有机结合起来，形成一个浑然的整体。

（2）针对性强。探讨大学阶段可能出现的心理及人格培养问题，有针对性地介绍一些与这些问题密切相关的心理学理论，提供的案例典型、有针对性。

（3）时效性强，有时代感。一方面介绍与大学生心理健康密切相关的最新研究成果，另一方面，所提供案例、素材包括语言的表述都紧跟当代大学生的实际，充满时代气息。

（4）可操作性强。在每一章节都提供了一些帮助教师组织教学、学生自我评估、自我探索的素材。

（5）语言通俗易懂、形式生动活泼。力求用比较通俗的语言将严肃的心理学知识介绍给学生，对于专业术语尽量做到深入浅出。除此之外，本教材中还设计了一些插图，试图以活泼的形式来阐述一些思想和理念。

该版本适当增加了案例的数量，提升了案例的针对性，并增加了近几年心理健康教育领导中的新理论和新方法。本教材各章编写分工如下：王鸿洁（第七章）、石伟（第十一章）、冯立婷（第二章）、刘学华（第四章）、朱丽君（第五章）、朱席席（第八章）、樊励方（第一、六章）、穆德佳（第十章）、檀娅娅（第三、十二章）、檀娅娅、卢红玲（第九章）。另外，我们对所有支持、关心和积极参与教材编审的领导、老师表示诚挚的谢意！

在编写过程中，参考和借鉴了国内外同行的相关著作及研究成果，在此向各位作者表示衷心的感谢。由于编写时间仓促，水平有限，本教材或有错误及不尽如人意之处，请各位专家、同行、读者不吝赐教。邮件请发至：fansjz@126.com。

编 者
2020 年 6 月

目 录

第一章 绪 论 (1)
    第一节 认识大学时代 (3)
    第二节 如何学习和使用《大学生心理健康辅导》 (8)

第二章 心理健康基础知识 (11)
    第一节 人类困境与心理学 (12)
    第二节 心理健康与生活 (16)
    第三节 大学生的生理和心理特点 (22)

第三章 大学生人格发展及培养 (26)
    第一节 人格概述 (26)
    第二节 人格成因与健康人格塑造 (38)
    第三节 大学生的人格培养和塑造 (44)

第四章 大学生的自我意识和心理健康 (64)
    第一节 什么是自我意识 (65)
    第二节 认识自我，发现你的秘密 (73)
    第三节 接纳自我 (77)
    第四节 大学生自我意识偏差及其调适 (82)

第五章 大学生学习心理 (88)
    第一节 大学生学习心理基础知识 (88)
    第二节 大学生常见的学习心理障碍及调试 (92)
    第三节 大学生创造力的发展与创造性学习 (98)

第六章 大学生情商与情绪管理 (103)
    第一节 大学生情绪认知 (105)
    第二节 大学生情绪管理 (113)
    第三节 大学生情绪困扰及调控 (124)

第七章　大学生人际交往 (134)
    第一节　人际交往概述 (135)
    第二节　大学生人际交往中的问题 (139)
    第三节　大学生人际交往的原则和技巧 (142)

第八章　大学生恋爱心理 (149)
    第一节　恋爱心理概述 (150)
    第二节　大学生恋爱特点、问题及调适 (155)
    第三节　大学生常见性心理问题及对策 (161)

第九章　大学生生涯规划心理 (166)
    第一节　什么是职业生涯规划 (167)
    第二节　如何进行生涯规划 (173)
    第三节　大学生如何做好目标管理 (180)
    第四节　大学生的求职技巧 (185)

第十章　大学生压力管理与挫折应对 (189)
    第一节　压力与大学生压力 (190)
    第二节　大学生减压的方法 (196)
    第三节　今天你受挫了吗？ (200)
    第四节　积极面对挫折　有效应对挫折 (208)

第十一章　大学生生命教育与心理危机应对 (219)
    第一节　生命教育 (220)
    第二节　大学生心理危机 (228)
    第三节　大学生心理危机识别与应对 (237)

第十二章　大学生常见心理障碍及应对 (249)
    第一节　走进心理障碍 (250)
    第二节　常见心理障碍 (254)
    第三节　大学生常见心理障碍的应对 (271)

第一章

绪 论

案例导入

当我真正开始爱自己,
我才认识到,所有的痛苦和情感的折磨,
都只是提醒我:活着,不要违背自己的本心。
今天我明白了,这叫作"真实"。
当我真正开始爱自己,
我才懂得,把自己的愿望强加于人,
是多么的无礼,就算我知道,时机并不成熟,
那人也还没有做好准备,
就算那个人就是我自己。
今天我明白了,这叫作"尊重"。
当我真正开始爱自己,
我不再渴求不同的人生,
我知道任何发生在我身边的事情,
都是对我成长的邀请。
如今,我称之为"成熟"。
当我真正开始爱自己,
我才明白,我其实一直都在正确的时间,
正确的地方,发生的一切都恰如其分。
由此我得以平静。
今天我明白了,这叫作"自信"。
当我真正开始爱自己,
我不再牺牲自己的自由时间,

不再去勾画什么宏伟的明天，
今天我只做有趣和快乐的事，
做自己热爱，让心欢喜的事，
用我的方式、我的韵律。
今天我明白了，这叫作"单纯"。
当我开始真正爱自己，
我开始远离一切不健康的东西。
不论是饮食和人物，还是事情和环境，
我远离一切让我远离本真的东西。
从前我把这叫作"追求健康的自私自利"，
但今天我明白了，这是"自爱"。
当我开始真正爱自己，
我不再总想着要永远正确，不犯错误。
我今天明白了，这叫作"谦逊"。
当我开始真正爱自己，
我不再继续沉溺于过去，
也不再为明天而忧虑，
现在我只活在一切正在发生的当下，
今天，我活在此时此地，
如此日复一日，这就叫"完美"。
当我开始真正爱自己，
我明白，我的思虑让我变得贫乏和病态，
但当我唤起了心灵的力量，
理智就变成了一个重要的伙伴，
这种组合我称之为，"心的智慧"。
我们无须再害怕自己和他人的分歧、矛盾和问题，
因为即使星星有时也会碰在一起，形成新的世界，
今天我明白，这就是"生命"。

　　这首《当我真正开始爱自己》是卓别林70岁生日当天朗诵的一首诗歌，一位喜剧大师，在迟暮之年，褪尽一切铅华，选择归于本真。

　　当九月把绿叶染成一片金黄的时候，你步入了大学的殿堂。那么，亲爱的同学们，你可曾想过，未来的大学生活展现给你的将是怎样的一幅图画呢？未来的大学生活将带给你怎样的人生体验呢？它又将使你的人生轨迹发生怎样的转变呢？这些问题，都需要我们每一位大学新生认真思考，因为这关系到你将怎样度过宝贵的大学时光，关系到你将为你的人生奠定怎样的基石。

第一章 绪 论

本章内容简介

从中学踏入大学，同学们面临着许多新的功课、新的挑战，有学习方法、学习习惯上的适应，也有宿舍人际关系的适应以及恋爱、人际交往、职业准备方面的挑战。如何更好更快地适应大学生活，做好心理上的准备，以良好的心态度过自己的大学时光，是摆在每一位大学新生面前的任务。在本章中，我们将和同学们共同探讨以下几个问题：

认识大学各个阶段；心理健康和大学生活的关系；学习和使用《大学生心理健康辅导》。

第一节 认识大学时代

本节学习目标

1. 了解大学阶段可能遇到的困难。
2. 理解维护心理健康、培育健全人格对于大学生的意义。

有人说，大学是梦开始的地方，大学时代的梦想能够给予你一生的激情和力量，成就你最为热爱的事业；有人说，大学是充满机会的地方，大学可以为你提供展示个性和创造力的平台，成就你生命中化茧成蝶的最美丽的蜕变；还有人说，大学是深厚的沃土、精神的家园，从中汲取的营养可以成为一生前行的动力。

谁不向往美好的大学生活呢？但是不是每个人的大学时光都会留下美好的记忆呢？事实证明，并非每一位大学生都能够很好地把握这段人生中弥足珍贵的时光，为自己梦想的实现插上腾飞的翅膀。

那么，同学们怎样才能让自己的大学生活过得充实而又有意义呢？其中有两个很重要的方面，一是要对大学阶段要有一个全面、清晰的认识，二是要注重人格的自我完善和心理健康的维护。

一、大学阶段的变化与可能遇到的问题

相比中学阶段，进入大学阶段后，无论从学习生活环境、心理需求、社会角色要求等各方面都发生了根本性的变化。在这个阶段，大学生仍然是以学习为首要任务，同时随着大学生生理和心理的发育，他们开始参与更多的社会活动，承担更多的社会角色，产生更多的心理需求，这些因素交织在一起，难免会给大学生带来各种各样的心理冲突，让他们在美好的大学时代体会挫折和痛苦。具体来讲，具体来讲，大学生可能遇到的困难来自以下方面。

1. **宽松的学习环境容易使缺乏自我管理能力的大学生丧失前进的目标和动力**

从学习环境来讲，由于大学的人才培养目标是为社会培养专业人才，而中学则更侧重

于奠定扎实的文化知识基础，为接受高等教育做准备，因此，大学的学习环境相比于中学更加宽松，更加着重于个性化的培养。在这种环境下，有些刚刚进入大学的同学往往会有"失重"的感觉，误以为到了大学，学习不再重要了，于是一下子失去了前进的方向和动力，陷入一种空虚无聊的状态中，整日以网络游戏为伴，或者是以交友、打扑克打发时间，到临近毕业时受挫，才后悔没有利用好大学的学习机会。

下图为一个大学生百无聊赖的、迷茫的样子。

图说：进了大学的门槛，怎么忽然有种失重的感觉呢？

2. 在全新的大学环境中大学生容易出现环境的适应障碍

从大学生的心理需求来讲，随着自我意识的觉醒，大学生期待被肯定、被信任，期待更多自我展现的机会。同时大学生期待群体中的归属感、异性间的情感体验。与此同时，大学生所承担的社会角色也更加复杂，期望自己是父母未来的寄托、老师认可的好学生、受同学拥戴的领袖、女孩眼中的"王子"。可以说大学生都是满怀着对大学时光的憧憬走进大学校门的，但是从"两耳不闻窗外事，一心只读圣贤书"的高中时代，一朝迈进这个多元文化价值观碰撞的大学校园、面对新的集体、新的生活方式和新的学习特点，一切都得靠自己面对处理时，一些大学生内心深处便产生了恐慌和对新环境的不接受。加之自理能力的不足、理想和现实的反差以及在人际交往、现实认可、生活适应乃至学习中遇到一点挫折或不快都可能使他们感到茫然无措，并由此产生失意、自卑、孤独、焦虑等心理问题。

3. 来自家庭的经济压力和未来的就业压力使大学生陷入盲目的焦虑

家庭经济环境对大学生心理的影响也不容忽视。经济上的窘迫往往使生活在贫困中的大学生极度敏感、自卑、脆弱。他们中的一部分人脱离群体，很少与其他同学交流，尤其对家境富裕、花钱大手大脚、过于张扬的同学怀有妒忌、鄙视和排斥心理。他们往往迫切希望充实和改善自己，但有时又要求过高、急于求成。在不能如愿时，有的人便会产生失望、消沉等悲观情绪，加重了心理负担。调查显示，56%的贫困大学生的精神压力大，而认为没有压力的只有18%。

目前严峻的就业形势也加重了学生的就业压力。面临就业，他们既向往又担忧，既对自己有很高的期盼，又怕自己失败受挫。一方面他们渴望竞争，希望通过自己的努力寻找到理想的职业以证明自身的价值，另一方面竞争的激烈又不免使他们犹豫担心，害怕竞争中的失败，担心选择带来的风险，畏惧探索中的困难，自卑恐惧、焦虑急躁的心态不时出现，不少毕业生为之忧心忡忡。调查显示，"就业压力"在大学生心理压力因素中居第一位，占压力总值的72.8%。

4. 大学时期所遇到的人际关系的复杂程度要远远高于中学时期

大学生绝大部分需要住校，住在同一个宿舍里的几个人来自不同的地域、家庭，有不同的成长环境，不同的经济水平，不同的生活习惯，不同的作息时间，甚至不同的人生观、价值观、消费观等，如何正确面对这些差异？还有，大学学习的灵活性、生活的多元化，交往范围的扩大化，都给大学生带来了更复杂、更广泛的人际关系。有人说大学是个小社会，大学生处在从学校到社会的过渡阶段，如何和老师、同学甚至是社会人保持一个良好的关系，是除了专业学习之外另一个重要的学习和实践领域。

总的来说，进入青年初期的大学生，由于经历相对简单、生活阅历相对较少，纵然怀抱无限梦想，但学习和生活环境陡然变得缤纷交错，往往使大学生难以从容应对，难免出现各种心理冲突，在失败和挫折中体验失落、品尝孤寂、体会烦恼、丧失信心。归纳起来，大学生在大学阶段遇到的主要问题有：自我认识问题、学习问题、人际交往问题、恋爱情感问题、就业问题等。那么如何应对这些可能出现的问题呢？这就需要大学生树立心理健康意识，学会维护心理健康的有效方法，以促进自身全面协调的发展。

二、维护心理健康、培育健全人格对于大学生的意义

首先，从大学阶段的任务看，学会维护心理健康、努力实现自身人格的完善是大学生的一项重要任务。如前所述，大学阶段是青年大学生走向社会的预备期，是人格逐渐走向成熟和完善的时期。同时，这个时期又是一个选择人生方向的时期，是一个积累的时期，更是一个充满变化的时期。因此，在这个时期大学生能否在心理上得到充分、健康的发展，顺利完成由一名学生向一个独立的社会人的转变，将在很大程度上影响着他的学习、交友、就业，甚至是他的自信心和价值观。所以，除了学习专业知识和技能，在大学学习

生活实践中学会维护心理健康、努力实现自身人格的完善，是大学生的又一项重要的任务。

其次，从现代社会对心理健康水平的要求看，维护心理健康、培育健全人格是社会对现代人的要求，是获得幸福人生的前提和基础。一方面现代社会的发展对心理健康产生着巨大的影响，使人们日益关注心理健康问题。随着信息时代的到来，科技发展、信息传递、观念更新、关系变动的速度快得令人应接不暇，飞速变化的客观世界给人们造成了巨大的心理压力和适应困难；日益加剧的社会竞争（如资源竞争、技术竞争、升学竞争、就业竞争等）使人们更加频繁地遭受着心理挫折。可以说，现代社会的心理健康问题日益普遍，从另一个角度讲，现代社会的发展对人类心理健康水平的要求日益提高。另一方面，心理健康日益成为获取人生成功和幸福的前提和基础。现代社会仅凭知识技能是远远不够的，还需要智慧、创新品质、乐观态度、坚强毅力、团队精神等重要的心理素质。美国教育家戴尔·卡耐基调查了社会各界的许多名人之后认为，一个人事业上的成功，只有15%是由于他们的学识和专业技术，而85%是靠他们良好的心理素质和处理人际关系。1976年奥运会十项全能金牌获得者詹纳说："奥林匹克水平的比赛，对运动员来说，20%是身体方面的技能，80%是心理的挑战。"

综上所述，当代大学生应该充分认识到心理健康的重要性，只有注重心理健康维护、注重人格的不断完善，才能够很好地把握这段弥足珍贵的大学时光，才能够让自己的理想乘风起航，才能够赢得幸福的人生，才能够担当父母的重托、社会的责任。

心理探索

1. 用以下三个标准来判断这些描述与你的实际情况相符的程度。

3＝这个描述非常符合我；2＝这个描述有点符合我；1＝这个描述完全不符合我

☐上大学是我自己选择的学校和专业。
☐对于即将开始的大学生活，我充满期待。
☐我很清楚上大学对我意味着什么。
☐上了大学，感觉每天不知道该做点什么来打发日子。
☐我希望从上大学开始，自己的事情由自己决定和处理。
☐对于大学中可能出现或正在面临的困难我不知所措。
☐我已经打算好了在大学阶段要做的事情。
☐不需要自己考虑很多，一切都会有人给我安排。

2. 请欣赏配乐诗朗诵《青春的日子》，谈谈你的感想，谈谈你对大学生活的渴望和期待。

青春的日子

所有的日子，所有的日子都来吧，
让我编织你们，用青春的金线，
和幸福的璎珞，编织你们。
有那小船上的歌笑，月下校园的欢舞，
细雨蒙蒙里踏青，初雪的早晨行军，
还有热烈的争论，跃动的、温暖的心……
是转眼过去了的日子，也是充满遐想的日子，
纷纷的心愿迷离，像春天的雨，
我们有时间，有力量，有燃烧的信念，
我们渴望生活，渴望在天上飞。
是单纯的日子，也是多变的日子。
浩大的世界，样样叫我们好惊奇，
从来都兴高采烈，从来不淡漠，
眼泪，欢笑，深思，全是第一次。
所有的日子都去吧，都去吧，
在生活中我快乐地向前，
多沉重的担子我不会发软，
多严峻的战斗我不会丢脸；
有一天，擦完了枪，擦完了机器，擦完了汗，
我想念你们，招呼你们，
并且怀着骄傲，注视你们。

——摘自王蒙《青春万岁》

3. 下面是一段关于"大学"的描述，谈谈你的理解和认识。

"它是人生最好的时期，也是最坏的时期；
它是智慧的时期，也是愚蠢的时期；
它是信仰的时期，也是怀疑的时期；
它是光明的时期，也是黑暗的时期；
它是充满希望的春天，也是令人失望的冬天；
我们的前途有着一切，我们的前途什么也没有；
我们正在直升天堂，我们也正在直坠地狱。"

4. **团体活动：人生五部曲**

活动程序：分别用鸡蛋—小鸡—母鸡—鸟—凤凰代表五个逐级上升的阶段。所有成员的初始状态为鸡蛋，两两通过"锤子、剪子、布"决出胜负，胜者升一级，败者降一级。然后分别找同级别的成员再次通过"锤子、剪子、布"决出胜负，如此往复。当成员自己

升为最高级凤凰，即可退出游戏，观看其他成员继续进行。当每个级别的成员仅剩一人时，主持人宣告游戏结束。

游戏结束后，小组成员共同分享感受。

5. 案例分析：阅读下面的案例，谈一谈自己的体会，你得到哪些启发？

案例呈现：

李洪绸是河北某传媒学院编导专业的一名大学三年级学生。自上高中起，李洪绸便开始了网络小说的写作生涯，他的网络小说不仅得到了网友的广泛关注和喜爱，同时被出版社公开出版。他选择学习编导专业，便是源于他对网络小说的热爱，他希望把他的构思和想象通过动态画面充分展现出来。

怀揣着这样的梦想，李洪绸进入了大学，选择了编导专业。在大学里，他不仅认真学习专业知识，还积极投身到 DV 作品的创作中去，把所学的专业知识和自己的创作实践紧密地结合起来。他和同学合伙购买设备，自己编写剧本、自己导演、自己表演，创作了《大学生同居那点事儿》《完美劫持》，以及一些广告作品等等。他们的作品因为在网上的超高点击率，引起了公众的强烈反响，被各大媒体争相报道，被誉为草根奇迹。

第二节 如何学习和使用《大学生心理健康辅导》

本节学习目标

1. 了解本课程的主要学习内容。
2. 了解本课程的学习方法。

一、《大学生心理健康辅导》的主要内容

（一）介绍心理科学和心理健康的基本知识

《大学生心理健康辅导》这本教材的编写目的就在于指导大学生正确面对大学生活中的环境适应、人际关系、恋爱问题、情绪情感的调节、学习成长与潜能发挥、人格发展等方面的问题，以达到提高大学生的心理素质，促进大学生的心理健康发展与人格的健全。因此，以心理学理论为基础，有针对性地介绍心理科学与心理健康的基本知识和维护心理健康的基本技能和技巧是本教材的首要内容。

（二）剖析大学生的心理特点和常见心理问题

《大学生心理健康辅导》主要是供大学生进行心理自我调适所用，因此剖析大学生的心理特点和常见心理问题成为本教材的又一重要内容。教材从心理现象的不同侧面对大学生的

心理特点进行深入剖析，一方面分析大学生心理特点形成的生理条件和社会条件；另一方面，从大学生的心理发展规律分析大学生进入大学后心理状态的变化，包括个性、自我意识、情绪情感、思维方式的变化，从而使大学生正确对待在学习、交往、择业等方面出现的心理问题，客观评价自己、审视自己，有的放矢地调适自己的心理，提高心理素质。

（三）提供大学生心理调适的有效方法和途径

《大学生心理健康辅导》将为大学生提供心理自我调适的方法和心理辅导的途径。自我调适的方法主要用来帮助大学生通过自我感受、自我体验、自我评价来自行解决一般性的心理问题，特别是成长过程中出现的发展性问题，从而维护心理健康。心理辅导是当大学生一时难以通过自身努力走出心理困境时，而求助于心理辅导中心的方法。本教材对心理辅导的方法也给予了一定说明。

《大学生心理健康辅导》还为大学生提供开发心理潜能，提高心理素质的方法，由于自我认知的局限性，每个人都会有相当一部分潜能没有被挖掘出来。通过学习《大学生心理健康辅导》，大学生可以通过科学的方法充分发现、充分发挥自身潜在的优势和能力，同时也可以通过心理训练的方法来使自身的弱势或不足得以弥补和提高，进而使综合心理素质得到全面提升。

二、如何学习《大学生心理健康辅导》

（一）认真学习基本理论知识

心理学理论是开展心理健康教育的理论基础，只有基于对各种心理现象和心理问题的科学研究，才能够建立完善的科学体系，才能够有效地指导实践、解决实际问题。因此，同学们在学习《大学生心理健康辅导》时，一定要注重相关心理学理论的掌握，搞清心理现象或心理问题的本质、机制、内在规律，这样才能够对心理现象和问题有一个充分、清晰的认识，才能够科学地维护心理健康。

（二）在各项课堂活动中积极参与、充分体验、深入思考。

《大学生心理健康辅导》是心理学理论在心理健康维护中的应用，其重点在于使学习者掌握维护心理健康的基本技能和技巧，所以本课程首先是一门体验性的课程，在教学过程中，往往会通过各种形式的课堂活动，让学习者产生充分的情感体验、充分认识自己的心理状况。因此同学们只有积极参与各项课堂活动，充分体验心理感受，之后通过思考和总结，才能收到良好的学习效果，实现自我提升。

（三）掌握并运用各种心理调适方法解决实际问题

《大学生心理健康辅导》是一门实践性很强的课程。既然学习这门课程的目的就是为了维护自身的心理健康，那么在学习时不仅要注重掌握心理调适的方法技巧，更要把这些方法技巧应用到自己的学习和生活中去，指导自己的行为。

总之，同学们应该认识到本课程的研究和应用的对象是人的主观世界而不是客观世界，追求的目标是人的自我完善和提升，其最终目的是幸福人生的获取。因此，同学们在学习本课程时需要把握三个重点，一是立足完善、悦纳自己；二是全心投入、认真体验；三是将反思、总结、实践、提升四个环节循环往复，渐进提高。

心理探索

1. 请认真思考自己在大学里需要克服的困难以及希望得到的帮助，可以把你思考的内容写下来给老师或者你最亲密的朋友。

2. 通过学习本节内容，你对《大学生心理健康辅导》这门课程中的哪些内容比较感兴趣？你还希望本课程提供哪些帮助？

思考时间

1. 请收集大学生成长的案例，正面案例和负面案例各一个，并进行简要评价。

2. 都说"机会总是留给有准备的人"，为了让大学生活更有意义，你认为自己需要做些什么准备？

推荐赏析

电影：《心灵捕手》

参考文献

中华医学会健康管理学分会. 中国城镇居民心理健康白皮书 [M]. 北京：国家卫生计生委科学技术研究所，2018.

第二章

心理健康基础知识

案例导入

明朝时，有个人喝醉了酒在外面过夜，半夜里口渴难耐，便喝了院子里木槽中的积水。第二天酒醒后，见木槽的积水中有许多小红虫在游动，心中顿时惊惶不安，从此感到胸口一直有虫子在爬动。越想越疑，渐成痿膈，一吃东西就感觉梗阻而吐，久治仍无效。后来，有个姓吴的医生经过望、闻、问、切，断定病者并非虫积而是患了"疑心病"。于是，吴医生采用了一种奇妙的治法——他搞了些红色的粗线，剪成如小红虫一样长短，再用巴豆（泻药）数粒与米饭一起捣碎，将剪断的红丝线和它们捏在一起，做成一粒粒小药丸……病人被叫到暗室服药，不久就想拉肚子，吴医生叫他坐在清水盆上大便。一段段红线都泻出来了，红线散浮在水盆内，就像一条条小红虫在游动。病人看后，以为那晚喝下去的小红虫都从大便中泻了出来，立刻觉得浑身轻松，食欲大开，"病"好了……①

思考题：

1. "心"的力量有多大？
2. 心理学是科学吗？
3. 这个案例中吴医生所用的方法起效的关键点是什么？

本章内容简介

心理与健康的研究在人类发展史上古已有之，且研究的目的都试图去修复病人失去的东西②。曾经有个时期③，新兴的心理学仍然与各个时代的古老智慧保持着深切的联系。

---

① 许用付. 心病还须心药医 [J]，药物与人，2000（10）.
② 韦德·E. 皮克伦. 心理学之书 [M]. 重庆大学出版社，2016.
③ 在此指1876年冯特创立科学心理学之前，大约介于费希纳（1801—1887）、威廉·詹姆斯（1842—1910）、詹姆斯·马克·鲍德温（1861—1934）期间。

这些古老智慧包括：长青哲学①、存有巨巢、唯心主义体系以及几乎人人皆知的、关于意识的简单事实：意识是真实的，内在关照的自我和灵魂也是真实的。这些整合式的观点指出，心理学是关于身体、心智、灵魂和灵性的学问，不会将它们还原成物质的显现形式、数字化产物、经验过程，或者是（与所有这些东西绝对同等重要的）客观体系。现代心理学的这些先驱者既是完全科学性的，又是完全灵性的，在这种充分的、完整的无条件接纳中，他们没有今天心理学研究者的矛盾和困惑。心理健康的研究目标依然是修复我们不知道的却使我们痛苦的那部分知识。在本章中，我们将和同学们共同探讨以下几个问题：

(1) 人类困境与心理学的关系；
(2) 心理健康与生活的关系；
(3) 大学生的生理特点、心理特点与动态的心理健康标准的关系。

第一节 人类困境与心理学

本节学习目标

1. 了解心理学的起源与发展的矛盾性。
2. 理解意识的层次。

一、人类困境

我们会在某一天体验到快乐和创造力，而就在第二天我们一点都没有减少绝望和自我挫败的倾向。"困境"一词指人类无法逃脱的、截然相反的情况与自相矛盾的境地。为了逃避某一方面，困境或导致僵局、障碍以及另一方面的一种狂乱的过度发展，心理障碍与问题将人们带进心理治疗诊所与咨询室。20世纪，心理学专业取得了巨大发展（美国心理学会的会员由1918年的387人跃至1978年的46 000多人），这并不是心理健康工作本身有多么辉煌，相反，这应该归功于在一个像我们这样的时代人们所体验到的强烈的内在问题。反过来想，心理健康工作在这种增长中是否存在着巨大的风险？几十年前，心理学家中有一些人曾经预测，由于过度的信任和信仰，公众必将产生反对心理治疗的反应。人们指望能从心理学中获得关于爱、焦虑、希望、绝望这些问题的答案。他们得到的答案是什么的？要么是过度简单化的乌托邦，要么就是可以用于任何事

---

① 长青哲学（perrennial philosophy）是学者奥古斯丁·斯图科于1540年首次提出的概念，是普遍的、经常被人们提及的、独立于时代与文化之外的哲学概念，包括了现实的普遍真理、人类的意识（人类学的共性）等。

情的测试，或者就是抛出语言来解决问题的技术手册。美国心理学家、哲学家威廉·詹姆斯（William James）曾写信给他的朋友："心理学是一门该死的学科，人们所可能希望了解的一切，在那里都完全找不到答案。"詹姆斯是在他花费了12年写成《心理学原理》（1890年出版，心理学领域最为伟大的著作之一）之后愤怒地写下这些话的。显然，詹姆斯并不反对心理学。事实上，直到1910年逝世，他一直都在为心理学领域做着重大的贡献。可以这样理解，他的观点反映了人在困境时对心理学的持续期待与失望。然而，一切还在继续。

缜密的思考（这里的思考指的是解决问题、推理、进行复杂的阅读或是任何需要付出努力的脑力劳动）需要了解事实。① 当我们仔细审视生活，就会意识到：从幼年开始，我们所接受的教育更多地倾向于观察和了解外部世界，我们并不擅长如何向内看、发现和了解内在。因此我们在渴望了解别人和世界的同时，对自己（尤指内在心理）而言却依然是个陌生人，由于缺乏对自己内在心理的了解，与人的关系并不那么称心如意，生活中也常常体验到困境与失望。我们或许懂得在外部世界中，如何采取行动是恰当的，但却不知道如何让内在心理活动安静下来。

二、吊诡的心理学与出路

"心理学"这个字眼意味着对心灵（psyche）或灵魂的研究。在微软词典的"心灵"词条中，自我：阿特曼②，灵魂，灵性；主体性：更高的自我，灵性自我，灵性。心理学的基础深深扎根于人类的灵性和灵魂之中。在16世纪的德国，心灵与逻各斯（logos）——道和术——合起来形成了心理学（psychology）这个词。不论后来多少研究者使用这个词，psychology仍然符合《新普林斯顿评论》在1888年所做的定义，意指"关于心灵或灵魂的科学"。

1850年10月22日上午（这是心理学历史上的重大日子），费希纳③在心理感受和物理刺激之关系的定量研究中，发现心灵和身体的关联法则。费希纳的法则很快就广为人知，它表述为$S=K \log I$（心理感受与物理刺激的对数成正比）。它的重要性在于："在这个世纪初期，伊曼纽尔·康德预言说，心理学绝不可能成为科学，因为我们不可能通过实验来测量心理过程。借助于费希纳的工作，科学家们首次能够测量心灵。到19世纪中叶为止，科学方法被运用到了心理现象当中。日后，威廉·冯特会将这些最初的创造性成就协调并融合起来'铸造'成心理学。"基于费希纳的研究，心理学登堂入室成为一门科学，同时也打开了公众诟病心理治疗效果的"潘多拉魔盒"。

英国的诺贝尔奖获得者P. B. 米德沃尔（P. B. Medawar）称心理学是一门"非自然的科学"，他还列出了这门学科的一些错误：相信测量与计算本质上是值得赞扬的活动；对

---

① 威廉·厄姆. 为什么学生不喜欢上学 [M]. 南京：江苏教育出版社，2010.
② atman 印度哲学术语，特指《奥义书》哲学，用以表示"自我""神我"之义，这个词由动词"呼吸"（梵名van）转化而来，因为印度人认为呼吸乃是生命之根源，因此以 atman 为统摄个人之中心。
③ 古斯塔夫·西奥夫·费希纳：Gustav Theodor Fechner, 1801—1887, 德国物理学家，实验心理学家，心理物理学家、实验美学的创始人，著有《心理物理学纲要》《美学初探》等书。

归纳法优越论进行了完全让人怀疑的混杂——尤其是认为事实先于观念……拉尔夫·纳德（Ralph Nader）1976年在美国心理学大会上提到，这些测试（普林斯顿教育考试服务中心的大学入学考试，类似于我国的新生心理测试）是不准确的，而且他们宣称这些学生不合格，严重地伤害了这些未来的大学生，那些测试的指导者应该认真地进行深刻的自我反省。心理学既想进入科学又想保持对心灵完整觉察的模棱两可的困境，以似乎无所不在的简单化倾向，使很多心理工作者最终失去了"这些事发生在其身上的人"，留下的仅仅是所发生的、悬在半空中的"事情"（实验材料），而可怜的人类在这个过程中却被丢失了。我们以为我们所抓住的那个人，只不过是种种抽象的总和，而不是人本身。就实际而功利的目的而言，所有这些所谓的科学抽象物，似乎已经绰绰有余。但是那真正的人却根本不在此处，当我们拉起科学这个网时，某些东西业已从精致的网缝中流失。一如当我们心情烦闷时，被人问起因何事而起，如实回答却被回复："多大点事儿啊，至于吗？"换句话说，无论何时，当我们把完整无缺的觉知分成主、客或自、他时，心里就会开始感到恐惧、挫败和愤懑，而这无法用实验或工具测量……所有这些事实都在有力地提醒我们：现代心理学必须重回源头，采用经验的、科学的标准，不否认灵魂和灵性，寻找心灵最深处的语言，尽力阐释它们，帮助人类缓解精神的不安。

（一）基础：基本原理

心理学研究人类意识及其在行为中的表现形式。意识的功能包括：感知、欲望、意愿和行动。意识的结构，包括身体、心智、灵魂和灵性。意识的状态包括正常状态（如清醒、做梦、睡眠）、变异状态（如非常意识、冥想）。意识的模式包括美学的、道德的、科学的。意识的发展贯穿了前个人、个人、超个人的全部范畴，贯穿了潜意识、自我意识、超意识的全部范畴，也贯穿了本我、自我、灵性的全部范畴。意识的关联性和行为特征指的是意识能够和客观的外在世界，以及具有共同价值观和观念的社会文化世界彼此互相影响。

心理学史上，最大的问题在于：在众多异常丰富的、多侧面的意识现象中，不同的心理学流派往往只侧重了解其中某个方面，却称只有这个方面值得研究（或者甚至宣称只有这个方面是真实存在的、有价值的）。若盲人摸象式地看待前人研究显然会陷进"入宝山而空手回"的优越情结[①]。换个角度来看，如果所有观点都是事实的重要组成部分呢？如果它们对完整的意识领域都拥有正确却片面的见解呢？不管怎样，将前人研究结果的结论汇聚起来，会极大地拓展我们对意识本质的看法，而更重要的是，也会让我们清晰地知道意识可以发展成什么样子。尊重并接纳人类意识的每种合理特征，是在今天还没看清"大象"全貌的最优路径。

（二）基本层次

长青哲学的核心是：现实是由各种不同的存在层次、存在和认知层次所构成的，涵盖了物质、身体、心智、灵魂和灵性。每一个更高的维度都超越并涵盖了较低的纬度。"存

[①] 优越情结（superiority complex）：阿德勒人格理论术语，与"自卑情结"相对。凭借虚假的优越条件表现优越感以掩饰自卑感的神经症倾向。

有巨巢"是长青哲学的脊柱,也是整合心理学的重要内容,如图2-1所示。

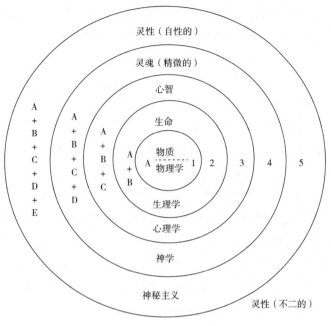

图 2-1　存有巨巢①

灵性既是最高的层次（自性的），也是所有层次的不二根基。在最近的300年间，就意识存在的常见层次而言，长青哲学几乎毫无例外地达成了跨文化的一致，当然，就这些层次的划分数目仍存在着很大的差异。图2-1仅仅是基本层次，每一个层次既是整体又是其他整体的组成部分。心理学位于第三个层次。它既受物质和生理学的影响，又作为一个阶段性部分向个体灵魂和灵性的发展输送营养。个体在不同的人生境遇中可能会处于不同的意识层次之中，自身意识的各个侧面也可能处于众多不同的发展层次之中。古往今来的圣哲们所阐释的这些层次或子层次，并非形而上思考或琐碎抽象的产物。事实上，它们几乎完全是直接经验现实的结晶。从感官体验到心智体验再到灵性体验，存有居巢的层次仅仅反映了直接能够被经验所揭示出来的全部存在与认知范畴，涵盖了潜意识、自我意识与超意识。多年来，在全世界这些层次的发现由许多人共同完成，并被彼此所证实。

存有巨巢的存在，并不意味着社会的每个人都完全觉悟到了巨巢中的每个层次。在任何社会，觉悟到更高的灵魂和灵性层次的瑜伽士、圣人、智者始终是极其罕见的。普通人有相当长的时间都处于意识的1、2、3层次。人们通常会有一个惯性心理：自己体验到的才相信，没有体验到的更大或更高层次就很难相信。以静修为例，静修是被证明了的对人心理治疗有效的一种方法，它要你以自己的直觉进行实验，如同所有杰出的科学，它是以直接的体验为基础，绝不是靠迷信或愿望。静修与数学一样都不是个人的经验。譬如没有任何感官或外在证据可以证明负一的二次方等于一，这个数学真理是被某个内在逻辑所

---

① E. F. 舒马赫. 心智模式决定你的一生 [M]. 北京：中国青年出版社，2012.

证实的。外部世界无法找到"负一"这个东西，只能在自己的心里找到它，但这并非意味着它不是真相，同样也不能说它是无法被公开证明的内在知识。它被一群训练有素的数学家证实为一项真理，数学家懂得如何在内在进行这场逻辑的实验，因此真不真便由他们来决定。同样地，静修也是一种内在的知识，这种内在的知识可以被一群训练有素的静修高手公开证实，只因这些人深谙内观意识的逻辑。在东西方任何一个社会中，都不会随便找一些人来证明毕达哥拉斯定理，而是由那些训练有素的科学家来表决这项真理。如果你很仔细地观察自己的内在心理，你会发现内心世界与外部世界根本是一体的——但这必须是由你或任何一个关心这个结论的人去亲自体验的真理。经过6 000多年的实验，我们可以充分证实某些结论，立下某些意识的定理，这些意识中关于灵性的定理就是长青哲学的精髓。当然这需要克服的最大障碍是伟大贤哲和冥修者们所说的话抑或普通人听不懂的，也觉得不可信的话。这么做，当然不是为了使普通人对于意识的知识推向"不可知、不可信"的地步，只是为了觉知生命本来的样子，而非偏安一隅生出好坏、比较等偏见傲慢的残缺心理。心理健康的状态是活在当下、此心安处，而让心安住在每一个当下需要有全景、更为整合的知识。真正地整合这些关于心理的知识，有助于化解一个重要的问题，那就是叔本华所说的"世界之结"，即身心问题。

心理探索

请认真思考自己会在什么情况下意识到"心理"的存在？你最想搞清楚哪个跟心理有关的问题呢？

第二节 心理健康与生活

本节学习目标

1. 了解生活中的心理学现象与心理学学科研究的区别与联系。
2. 掌握心理健康标准的表层含义与隐形含义。

★案 例

一个冬日的傍晚，于风雪交加之中，一个男子骑马来到一家客栈。他在大雪中奔驰了数小时，大雪覆盖了道路和路标，能找到这样一个安身之地而使他格外高兴。店主诧异地到门口迎接这位陌生人，并问客从何来。男子直指来时的方向，店主用一种惊恐的语调说："你是否知道你已经骑马穿过了康斯坦斯湖？"闻及此话，男子当即倒毙在店主脚下。

一、身心问题

这是库尔特·考夫卡在《格式塔心理学原理》一书中著名的康斯坦斯湖比喻。身心的区分问题至少就像文明那样古老，身心的分裂是现代与后现代意识的特有病变。在身心关系这个问题上，我们面临着极难克服的困境：心灵（意识、感受、想法、觉悟），即左侧领域，在纯粹用右侧方式（肉体和大脑）描述的世界中毫无立锥之地。所以，心灵就成了"机械中幽灵"。于是我们被两个似乎绝对却自相矛盾的真理冲击着心灵：直接经验的真理明白无误地告诉我，意识是存在的；科学的真理同样也明白无误地告诉我，世界是由基本单位（夸克、量子、原子等）的排列组合构成，不具有任何意识，不论怎样重新排列组合这些毫无心智的基本单位，都无法产生心灵。

关于这个问题人们提出了许多解决方案，其中最著名的就是二元论和物质主义（科学唯物主义）。二元论的观点在现代社会初期（从笛卡尔到莱布尼茨）非常具有影响力，但此后式微，物质主义抬头，逐渐成了现在主导性的观点。物质主义（科学唯物主义）宣称，只有一个被物理学和其他自然科学描述出来的物质宇宙，这个物质宇宙的任何地方都不产生和存在意识、心灵、灵性体验或觉悟，或者说这些充其量是不具备任何真正实在的机能或副产品。后期，二元论主张，世界上至少存在着两种实体：意识和物质。两者都不能被还原成对方，同时，它们会"互动"（又名互动论）。然而这样的话，二元论者就不得不面临一个古老的难题：两个本质上不同的事物如何能够影响对方呢？大家都知道，幽灵能在不破坏墙壁的情况下轻松穿过。可是，幽灵般的心灵究竟是怎样对肉体产生影响的呢？二元论者无法解释清楚。

唯心主义认为，心灵和身体都是灵性的形式，所以它们并非不相容的实体，而仅仅是同一事物的两个不同侧面。借此，他们解决了这个问题，也令人满意，但前提是承认灵性，但是大多数现代和后现代心理学家都不承认灵性。因此这个观点很少被提及和讨论。

关于身心问题我们想了解的是：目的、意图、计划、决策、压力和价值观等无形事物是如何使身体发生变化的（比如，为什么意识到自己骑马过了康斯坦斯湖就吓死了）？很显然二元论和物质主义（科学唯物主义）不能让我们获得这种知识。一部分原因在于这两种观点的假设都采用了平行的理论模式，再怎么修改也无法解决。若是改而采用全息的方法，以意识的存有巨巢来看这个问题就可以容易地解释这一点了。

身体既包含生物有机体中的大脑、脑干、边缘系统（即第1、2层），也包含可感身体的主观感受、情绪和知觉，也就是说，身体位于心灵之中，大脑位于身体之中。这一点在平行理论中是悖论，在全息的存有巨巢中就成了互通有无的意识层次，是一个事物的两个方面，是一个树叶的两个面。在日常生活中，我们观察类似树叶这样的事物并对此有明确的共识，将两者联系起来不是问题。相反，问题在于：我们不能在认知层面完全理解这种真正不二、多元真实的解决办法。因为如果我们说主体和客体是某个根本现实的两个侧面就会引发这样的悖论：既然我们不能说这个根本现实仅仅是"主观的"和"客观的"混合物，那它到底是什么呢？要么这个根本现实具有主观和客观的性质，要么它就不具有，若是它具有的话，它就不是真正根本的；如果它不具有，它就不是真正和谐的。龙树和其他圣哲都坚定不移地认为，身心问题是无法在认知层次上获得解决的。此外，若能够真正采用认知的方式理解这种"不二"，也许很多心理学家们早在很久以前就明白了，身心问题如果不分的话也就算不上是个问题了。

二、心理健康研究鲜为人知的一面

正如斯蒂芬·茨威格在《人类群星闪耀的时刻》中写到的那样：没有一个艺术家一天二十四小时始终是艺术家的。没有一个心理健康的人一天二十四个小时始终是心理健康的。人太过多样化且独特，生活境遇有如此多变，因此没有什么理论能够包含所有人的区别和差异，甚至界定何谓"正常"都是困难的。

尽管科研探索有了突飞猛进的发展，然而遗憾的是，对于大脑功能为什么会发生紊乱，精神活动为什么异常至今仍未弄明白。由于病因不明，精神病的诊断还做不到病因诊断，只能依赖现象加以判断。治疗也仅仅是缓解症状，无法做到完全治愈。典型的症状学或现象学诊断不是科学的诊断，科学诊断的唯一标准是病因学诊断。几千年来，我们一直试图在心理疾病和健康之间划一道清晰的线，不幸的是，我们都失败了。

心理健康或疾病是我们在心理上为人生做的"意义命名"。在社会文化中，健康似乎意味着好的、正确的、善的、美的，疾病似乎意味着批判的、恐惧的、错误的、羞辱的、变态的、不道德的。社会文化眼中的病态，往往比疾病本身更具有破坏性。当某一社会文化把某种疾病视为不好或负向时，往往是因为恐惧或无知。在人们还不了解肺结核是节杆菌引发之前，结核病人通常被视为性格懦弱而被结核病菌逐渐耗尽能量；再譬如淋病，纯粹以病理来看，它只是生殖系统附近的组织被淋球菌感染，然而社会文化在病理之外还会赋予它"意义命名"，例如人们认为得淋病的人是肮脏的、变态的、不道德的，一个简单的疾病就会变成充满罪恶感的"心病"。宁愿被冠以有害与负面的"意义命名"也不愿承受不清楚某项疾病真正原因的"无知"，因为无知通常会助长恐惧，接着助长对这个病人负面的价值判断。结果，这个人不但饱受疾病的折磨还成了令人失望的人。

以抑郁症为例，由于病因不明只是通过个体的描述和现象加以判断，是典型的现象学诊断（非科学诊断），但抑郁症患者往往被冠以性格懦弱、被动和高自杀率（不负责任）而陷入深深的内疚和自责。不知何时，我们可以忽略抑郁症这个"命名"，而关注后面的人，以及这个人在全部生命中的生离死别、爱恨情仇还有他寻求解脱的灵性诉求。

三、心理健康之路

（一）心理健康的内涵

心理健康是人与自己、他人和世界的和谐相处状态。其中，与自己的和谐相处是心理健康的基础和核心。

心理学的研究内容是人类意识及其在行为中的表现形式。那些意识发展到灵性不二阶段的人几乎都会认同：意识与物质、内在与外在、自我与世界、主体和客体都是一个事物的不同现实和特征，是真正的"多样统一"。

肯·威尔伯从意识的层次存有巨巢推演出了意识结构、演化点与心理治疗的相互关系。我们站在巨人的肩膀上，从全景的角度来理解心理健康和疾病会更好些。人类的成长和发展必须经过一连串的阶段和次第，每一个阶段的发展，有时会很好，有时会很糟。若是一切都很顺利，那么心理就是健康的并晋升到下一个阶段，但如果这个阶段的发展一直很糟，各种病症就会衍生出来。心理问题发生在哪个阶段和次第就会出现相应类型的心理疾病。

如图2-2所示，每一个发展阶段都会面临一些心理难题，如何克服这些难题，可以决定它的结果是更健康还是更混乱。在发展的每一个阶段中，自我作为其心理的统领官，首先需要认同和接纳它所处的阶段，接着必须通过所处阶段的考验，无论是学习语言或是学习上厕所。为了进入下一个阶段继续发展，自我必须不再认同前一个阶段或摆脱它，才有空间晋升到更高的阶段。简而言之，自我既需要完全充分的接纳当前阶段，又能同时在充分接纳完成的基础上向上发展，然后整合这两者。

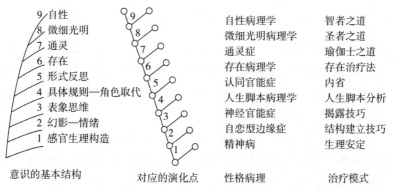

图2-2 肯·威尔伯意识的结构、演化点、病理学与心理治疗的相互关系

多年来，治疗心理问题的不同方法一直在发展，这就是图2-2中第四栏"治疗模式"，每一个特殊的问题都有比较妥当的治疗方法。

心理健康标准是动态的，心理学的原始概念即蕴含在解释人性变化的知识之中。我们很难以恐惧和无知去定义和区分什么是健康、什么是疾病，因为心理健康者与自己、他人和世界的和谐相处须是由个体自己或任何一个关心这个结论的人去亲自体验的。

一般意义而言，心理健康标志着人的心理调适能力和发展水平，但究竟什么是心理健康，却至今尚未有定论。《简明不列颠百科全书》将心理健康解释为："心理健康是指个体心理在本身及环境条件许可范围内所能达到的最佳功能状态，但不是十全十美的绝对状态。"心理学家英格里士（H. B. English）的定义为：心理健康是指一种持续的心理状态，当事者在那种情况下能有良好适应，具有生命的活力，而且能充分发展其身心的潜能，这乃是一种积极的、丰富的情况，不仅是免于心理疾病而已。社会学家W. W. Boehm认为：心理健康就是合乎某一水准的社会行为，一方面能为社会所接受，另一方面能为本身带来快乐。国内有学者认为，心理健康是个体内部协调与外部适应相统一的良好状态。也有学者认为，心理健康乃是指个体在各种环境中能保持一种良好的心理效能状态，并在与不断变化的外界环境的相互作用中，能不断调整自己的内部心理结构，达到与环境的平稳与协调,并在其中渐次提高心理发展水平,完善人格特质。

综合国内外学者的论述,我们认为心理健康是指个体内外协调、积极向上的良好心理状态。个体能够与社会环境保持良好的协调与适应,其生命充满活力,能充分发挥其身心潜能,实现生理、心理和社会三方面良性互动。

但是当我们在对心理健康进行理解时,还应注意到心理健康概念上的相对性和心理发展水平上的层次性。首先,心理健康是相对于在不同的社会文化背景、民族特点、意识形态、价值观以及个体的年龄特征而言的,人们对心理健康内涵的理解也是不同的,在某一社会环境下、某一年龄段被认为是正常的行为,在另一个社会环境或年龄段就会被认为是不正常的。其次,对心理健康的界定存在发展水平上的差异的,总的来讲心理健康是指一种高效而满意的、持续的心理状态,但在健康与不健康之间并没有一个截然的分界线,有学者认为心理健康水平大致分为严重病态、轻度失调、常态和很健康四个等级。在这里,从常态到很健康是一种趋向,即正常心态的人如何从"正常"的心理向更为"健康"的心理转化,如何从一般健康的心理水平向更健康的心理水平转化。

(二) 心理健康的评价标准

所谓心理健康的评价标准,是衡量心理健康状况的尺度。没有这样一把尺子,就难以判断一个人的心理状况处于怎样的水平上。关于心理健康的评价标准的研究和论述,中外学者都提出过许多见解,但至今未形成统一的标准。

第三届国际心理卫生大会(1946年)所明确的心理健康标准是:身体、智力、情绪十分调和;适应环境,在人际关系中彼此谦让;有幸福感;在工作和职业中能充分发挥自己的能力,过有效率的生活。

马斯洛提出的10条标准是:具有适度的安全感;具有适度的自我评价;具有适度的自发性与感应性;与现实环境保持良好的接触;能保持人格的完整与和谐;善于从经验中学习;在团体中能保持良好的人际关系;有切合实际的生活目标;适度的接受个人的需要;在不违背团体的原则下能保持自己的个性。

台湾学者黄坚厚认为心理健康有4条标准:乐于工作;能与他人建立和谐的关系;对自身具有适度的了解;和现实环境有良好的接触。

北京大学王登峰教授提出有关心理健康的8条标准:了解自我,悦纳自我;接受他人,善与人处;正视现实,接受现实;热爱生活,乐于工作;能协调与控制情绪,心境良好;人格完整和谐;智力正常;心理行为符合年龄特征。

通过对心理健康标准的描述,我们认为心理健康的标准只是一种相对的衡量尺度,很多学者对心理健康的标准提出了自己的认识。清华大学樊富珉教授认为:"心理健康的标准是一种理想尺度,它不仅为我们提供了衡量是否健康的标准,而且为我们指明了提高心理健康水平的努力方向。每一个人在自己现有的基础上进行不同程度的努力,都可以追求心理发展的更高层次,不断发挥自身的潜能。"

归纳中外学者对心理健康的标准的研究成果,我们认为健康的心理应包括以下几个维度的基本特征,即自我接纳、与他人的积极关系、环境控制、自主性、生活目标、个体成长。

自我接纳感即人对自我和对过去生活的认可和接纳。对自己持积极的态度是积极的心理健康机能的主要特征，它通常被认为是心理健康最常见的标准，心理健康的人最重要的特征就是自我认可、自我接纳。

与他人建立积极关系，即具有爱他人与被他人爱的能力。自我实现者被描述成具有很强的同情心和对人类、对自然具有爱心，能热爱他人、承认他人并与他人能保持良好关系是成熟的标志。

自主性即具有独立性和自我约束性，自主性机能发展充分的人不以别人的喜好来看问题，而是根据自己的标准做出评价。

环境控制即一个人超前于环境，并通过身体或精神活动创造性地改变环境的能力。个体有能力选择和创设适合自身发展的环境，这被定义为心理健康的特征之一。人生的成功在于最大限度地获取环境中的各种机会。

生活目标即一个积极生活的人会在不同的发展阶段创设不同的发展目标，这会让生活有目的、有方向感，使人感到生活有意义。

个体成长即个体要不断成长，不断充实和自我实现。人在不同时期面临不同的挑战和任务，发挥自身潜能、实现不断成长是人生发展的最高层次。

心理探索

1. 团体活动：你说我画。

两人一组，在10分钟时间内，一人说出对人的描述的词语，另一人将该词语的含义用简笔画的形式表达出来，然后将词语按照不同的心理过程归类。

2. 案例分析与小组讨论：阅读以下该案例后，谈谈自己对"心理问题是我们开启内在宝藏的钥匙"这句话的理解，再举例说明你对心理健康是如何理解的？

案例：我有一位患有10年抑郁症的病人，抱怨说他好像就是生活在迷宫里的"牛头怪"，60多岁了仍然不能寻找到那"迷宫"的出路。我告诉他，那"牛头怪"不仅仅是他的"抑郁症"或"抑郁的他"，也是整个人类的阴影。而实际上，我们每个人都在某种程度上受限在生活或生命的迷宫之中。我愿意成为他"迷宫"中的陪伴，而他也接受了我。作为诗人的他，重新听到了那"牛头怪"在迷宫中的呼喊声，并且转化为其创作，其作品获得了"新世纪第一年最佳诗篇"的殊荣。在度过了迷宫中的黑暗与艰难之后，病人找到了自己脱离其迷宫的线索，获得了治愈与发展的效果。

第三节 大学生的生理和心理特点

本节学习目标
1. 了解大学生生理和心理特点。
2. 掌握心理健康自检标准。

大学阶段是人生生理和心理发展的重要转折阶段，在这个阶段，大学生不仅生理上将会发生很大的变化，而且在心理上也正面临着一个逐步向成年人过度的发展过程。本节就大学生的生理和心理特点进行探讨。

一、大学生的生理特点

大学阶段正处于青年中期（18~23岁左右），从生理学的角度讲，这个时期人体各系统的生长发育渐趋缓慢，亦渐趋成熟，其身体的外形基本定型，但也没有完全定型，如果注意增加营养和体育锻炼，身高仍会有一定的增长。伴随身高增长的是体重的增加，体重的增加主要与内脏、肌肉、脂肪和骨骼的发育有关。一般情况下，男生的肌肉比女生更为发达，女生的脂肪在体重中的占比更大。身体形态上看，男生肩胸宽阔、上臂粗壮、下肢和骨盆较窄细、躯干较短、四肢较长；女生肩胸较窄、上肢较细、骨盆较宽、躯干相对较长、四肢相对较短。

在生殖系统方面，男女大学生的性机能发育已基本成熟，随着青春期男女第二性征的显著变化，男生喉结突出、声带增宽、嗓音低沉、须毛丛生、每月会有1~2次遗精；女生乳房隆起、声带变长、嗓音变细。

大学生在其他生理机能方面，如循环系统、呼吸系统、能力代谢等均处于最终完善状态，生命处于青春的旺盛时期。此外，大学生的大脑和神经系统的发育也基本成熟，脑重量达到1 500 g左右，大脑皮质的沟回组织已完善和分明，脑皮质神经纤维髓鞘化，增长和分支接近完成。脑细胞处于建立联系的上升期，皮层细胞活动增加，兴奋和抑制过程有较好的平衡，联络神经纤维活跃，大脑皮层的发育迅速，为思维的发展创造了良好的物质基础。

二、大学生的心理特点

身体的生长发育是心理发展的物质基础，伴随着生理发育的成熟和社会活动的展开，大学生的心理发展呈现出如下特点。

（一）思维的逻辑性、独立性和批判性明显增强

一方面神经系统的成熟，使大学生智能的发展处于顶峰时期，另一方面随着大学期间

知识量和专业训练的增加，以及广泛的社会实践活动，都为大学生的思维发展奠定了良好的基础。大学生的思维发展首先表现为抽象逻辑思维的发展，逐步善于进行系统的论证性的思维活动，在思考问题或与人讨论问题时，不满足于现象的罗列和已有的结论，而是要求有理论深度，并试图探求事物的本质和规律。与此同时，大学生思维的独立性和批判性也在逐步增强，试图独立思考问题，通过自己的思维来认识和加工信息，对周围事物的认识会持有批判的态度，勇于发表自己独特新颖的观点、提出自己的质疑，尝试用新的方法解决问题，思维有一定的创造性。但是，我们也必须看到，大学期间同学们对问题的认识非常容易受到情绪的影响，过分掺杂情感色彩，加之阅历不深、经验不足，因而认识问题难免有偏激、冲动、主观、固执的倾向。

（二）自我意识不断增强

生理机能的成熟以及身体发育达到高峰后逐步定型，对于心理的特殊影响就是促进自我意识的发展，包含两个方面，一是对自己体型、仪表、体力方面的综合看法；二是对智力、情操以及人格等方面的看法。这两个方面是相互联系、相互统一的。因此，处于青年期的大学生又进入了"第二个镜像阶段"，我们会发现，无论是出于自我欣赏还是自我反感，很多同学都会在镜子前耗去大量时间，希望从镜子里发现自己身体的变化，同时内心交织着自我评价的情绪体验。这种现象说明，大学生开始把目光投向认识自我、要求深入了解和关注自己的发展，对自己的容貌、内心活动、个人品质都表现出强烈的兴趣和高度的关注，总想了解"我长得好看吗？""我是一个怎样的人？"，并在这种不断的自我感觉、自我观察的基础上进行自我评价，同时也极为关注别人对自己言行的评价。大学生的自我体验也更加细腻，自我控制的能力也在不断加强。

大学生在社会活动的增加、自我意识的增强的同时，越发认识到自我价值，希望承担更多的社会角色，进而表现为自尊心、自信心、好胜心和独立感的增强。同时，在大学生自我意识发展的过程中，还存在不稳定的情况，在自我评价方面容易有过高和过低两种倾向；在自我体验方面，容易出现自尊和自卑并存的现象。此外，大学生思考问题时也往往容易过分关注自我，出现自我中心的现象。

（三）情感丰富、强烈，但具有不稳定性；情感表现富有特色

大学生生理机能的发展正处于人生的巅峰状态，无论精力和体力都非常充沛，洋溢着生命的青春活力。伴随着校园生活的展开、自我意识的增强以及社会性需求的增加，其情感也日益丰富和强烈，其中对自我认识的态度体验和爱情的情感体验成为重要内容。就情感的体验而言，大学生对情感的体验更加丰富而深刻，对友情、爱情、亲情、自尊感、自卑感、成就感、失败感、满足感、失落感、崇高感、卑劣感……的体验更加深入；就情感的表现形式而言，由于对情绪控制能力的增强，内隐性的情绪、情感表达逐渐成为主流，逐渐学会"喜怒不形于色"，而是通过写日记、向朋友倾诉等形式体现出来。但从总体情况看，大学生情绪的稳定性相对较弱，容易受到环境变化的影响。

（四）大学生的个性基本形成，但有很大的可塑性

如前所述，个性是指一个人总的精神面貌，它是在个人漫长的生活过程中逐步形成

的，反映了一个人区别于他人的独特的、稳定的心理特征。到大学阶段，一个人的个性已基本形成，他的气质、能力、性格以及价值观和自我意识已经具备了区别于他人的独立特征，并以自己独特的行为方式存在。每一位同学都是一个不同于他人的独特的"我"，但这个"我"还不是一个相对稳定的"我"，而是一个变化性相对活跃的"我"。因此，在大学阶段学习心理健康知识，对于大学生的自我完善、自我发展有着极其重要的意义。

三、大学生的心理健康评价标准

结合心理健康的内涵以及大学生心理发展的年龄特点，我们认为可以从以下方面来把握大学生的心理健康状况。

（一）能否有效地学习、工作和生活

如果一位大学生乐于学习、工作和生活，能够将自己的智慧和能力有效地运用其中，取得一定的成绩，并因此收获喜悦和满足，转而进一步增进学习、工作和生活的兴趣，那我们可以说他是心理健康状况良好的。如果对什么事情也不感兴趣、干什么都心烦意乱，或者感到效率低、运气不好、苦闷失望，甚至取得了成绩都不能感到快乐，那就说明有存在心理健康问题的可能。因此，我们可以把能否有效地学习、工作和生活作为判断大学生心理健康的一个最为简单、直接的指标。

（二）能否建立客观的自我认识，进而与环境保持协调一致

一般来讲，心理健康状况良好的大学生能够体验到自己的价值，了解自己、悦纳自己，并能做出客观的自我评价，既不会因为自己的优势和长处而感到沾沾自喜，也不会因为自己的不足而自卑、自怨、自责，而是能够确立合乎实际的理想和目标，保持积极的生活态度，不断努力发展自己的潜能。同时，他们还能以客观的态度对待周围的人和事，能和社会保持良好的接触，能够不断根据环境的变化，调整自己的思想、目标和行动，以保持和环境的协调一致。

（三）能否建立和谐的人际关系

人生活在世界上，总是会和各种各样的人发生关系，通常情况下，人都是喜欢过群体的生活。心理健康的大学生有自己的朋友，乐于与人交往。在与他人相处时，其肯定的态度（尊重、信任、友爱）往往多于否定的态度（憎恨、怀疑、嫉妒），关心他所在的集体，并会尽力做出自己的贡献。如果一个人不能以宽厚、诚恳、谦虚、友爱的态度与他人相处，而代之以敌视和仇恨，只关心自己、不关心别人和集体，那么就应该考虑他的心理健康状况。

（四）是否具备完整的人格

健康的人格特征是有机统一的、稳定的，即他的所思、所想、所说、所为都是以他的稳定的人生观和信念为中心统一起来的，并能够把自己的愿望、需求、动机、目标、行动完整和谐地表现出来。换言之，如果知道一个人的人格特征，就可以预见他在某些情况下的行为。相反，如果一个人的行为表现不是一贯的、统一的，那么就有可能是心理健康的问题。

最后，仍然需要特别强调的一点是，心理健康是一个连续体，健康与不健康之间没有一个分界线，不存在一个绝对健康和不健康的标准。也就是说，一个心理健康状况良好的人，并不是绝对不存在不健康的心理状态，一个有心理疾病的人，他的心理过程也并非都是不正常的。从发展的角度讲，人的一生都处于成长过程中，而大学时期更是成长的黄金时期，遇到这样那样的心理困惑是不可避免的，重要的是寻找解决问题的途径，努力实现自我完善和提高。

心理探索

人的生理结构体现了人的终极追求是"求存"而非"求真"。心理上真正的安全感来自于对相互依存的认识，一个有安全感的人能够体验、表达并理解人性的全部内容。请认真思考在哪些情况下，你会不由自主地（由生理主导）做出一些自己也无法理解的事情呢？

思考时间

1. 通过学习本节内容，说一说你对心理健康是怎么理解的？
2. 观察并记录一周内你身边发生的事情，并用所学的心理学知识来说明，它们都是些什么样的心理现象？

推荐赏析

电影：《杀生》《魅影缝匠》《盗梦空间》《忽然七日》
书籍：《少有人走的的路》《身体不会忘记》《象与骑象人》《恩宠与勇气》

参考文献

[1] 简·海利. 不同寻常的治疗 [M]. 太原：希望出版社，2011.
[2] 肯·威尔伯. 整合心理学 [M]. 合肥：安徽文艺出版社，2015.
[3] 肯·威尔伯. 恩宠与勇气 [M]. 北京：三联书店，2013.
[4] 铃木大拙. 禅与心理分析 [M]. 海口：海南出版社，2012.
[5] 韦德·E. 皮克伦. 心理学之书 [M]. 重庆：重庆大学出版社，2016.
[6] 威廉厄姆. 为什么学生不喜欢上学 [M]. 南京：江苏教育出版社，2010.
[7] 许用付. 心病还须心药医 [J]，药物与人，2000.
[8] 约瑟夫·坎贝尔. 指引生命的神话 [M]，杭州：浙江人民出版社，2013.

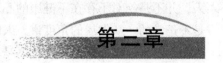

第三章

大学生人格发展及培养

案例导入

心理治疗中有一种"画树测验",被试画出的树大小不同、形态各异,不同的树种也能代表不同的性格特质。

测验指导语:请画一棵树,在完成后请你介绍自己的画。在介绍时要注意介绍以下内容:1. 树名,2. 果实名(如果有果实的话),3. 季节,4. 绘画时的心情。

活动指导:

1. 通过测验解释了解自己的性格。
2. 对比和分析与他人的异同。

本章内容简介

大学生人格的学习是对"我是谁?我从哪里来?我将去何处?"问题的延伸探索,从"我"的形成到"我"社会属性进一步发展,逐步达成越来越多方面的整合。我们将从人格心理学的角度探讨人格的倾向性和心理特征问题,通过人格理论的学习,看到与众不同之处,同时提供人格测验工具帮助大学生进行自我探索和自我提升,这也是大学生进行内心世界的探索过程和自我成长的开端。借助对自己的了解,促进对他人的理解,进而增强大学生在社会活动中的人际适应性。

第一节 人格概述

本节学习目标

1. 通过本节的学习了解人格的概念、特征及主要成分,了解气质和性格的内涵及基本类型。

2. 通过测验确认自己的气质类型，对自己人格中的气质成分有清晰的了解。

3. 结合实践，看到人与人之间的不同，看到自己的独特之处。

★拓展阅读3-1

《西游记》角色介绍及人物性格分析

孙悟空，诨名行者，是唐僧的大徒弟，猪八戒、沙僧的大师兄。会七十二变、腾云驾雾，有一双火眼金睛，能看穿妖魔鬼怪的伪装；一个筋斗能翻十万八千里；使用的兵器如意金箍棒，能大能小，随心变化。他占花果山为王，自称齐天大圣，与如来佛祖斗法，被压在五行山下五百多年。后经观世音菩萨点化，保护唐僧西天取经，历经九九八十一难，取回真经终成正果，被封为斗战胜佛。

性格特点：

乐观、聪明、勇敢、顽皮、灵活、敢做敢当、不畏强暴、热爱自由、充满斗争精神、不屈不挠，喜欢戴高帽子、好胜心强，喜欢搞恶作剧。

唐僧，俗姓陈，小名江流儿，法号玄奘，号称三藏，被唐太宗赐姓为唐，是如来佛祖第二弟子金蝉子投胎。他是遗腹子，由于父母凄惨、离奇的经历，自幼在金山寺出家，最终迁移到京城的著名寺院中落户、修行。

唐僧勤敏好学，悟性极高，在寺庙僧人中脱颖而出。最终被唐太宗选定，与其结拜并前往西天取经。在取经的路上，唐僧先后收服了三个徒弟：孙悟空、猪八戒、沙僧，并取名为：孙行者、猪悟能、沙悟净，之后在三个徒弟和白龙马的辅佐下，历尽千辛万苦，终于从西天雷音寺取回三十五部真经，功德圆满，加升大职正果，被赐封为旃檀功德佛。为人诚实善良，一心向佛，慈祥，爱憎分明，宁愿伤害自己也不伤害别人，迂腐，鉴别能力差。

性格特点：

唐僧是中国文化中"温良恭俭让"的典型代表。正面意义：谦恭儒雅，温柔敦厚，忠贞笃诚，有君子之风；负面影响：愚善固执，没有风险和危机意识，缺少应变能力。

猪八戒，法号悟能，是唐僧的二徒弟，原来是玉皇大帝的天蓬元帅，因调戏嫦娥被逐到人间，错投猪胎。他会变身术，能腾云驾雾，使用的兵器是九齿钉耙。后被孙悟空收服，一同保护唐僧西天取经。

性格特点：

性格温和，憨厚单纯，力气大，但又好吃懒做，爱占小便宜，贪图女色，经常被妖怪的美色所迷，难分敌我。他对师兄的话言听计从，对师父忠心耿耿，为唐僧西天取经立下汗马功劳。

沙僧，法号悟净，是唐僧的三徒弟，原为天宫中的卷帘大将，因在蟠桃会上打碎了琉璃盏，惹怒王母娘娘，被贬入人间，在流沙河畔当妖怪，后被观音菩萨收服，拜唐僧为师，去西天取经，得成正果，封为金身罗汉。

性格特点：

比较憨厚，忠心耿耿，他不像孙悟空那么叛逆，也不像猪八戒那样花痴不改，自他放弃妖怪的身份起，他就一心跟着唐僧，正直无私，任劳任怨，从不左顾右盼，谨守佛门戒律。

请思考：

1. 你如何理解人与人之间的不同？
2. 这篇材料对你认识自己的人格有什么启发？

一、心理学的人格内涵

心理学意义的人格由"personality"翻译而来。其词源是拉丁文"persona"——古典戏剧演出时所使用的面具，用来表现角色的剧中形象。随着角色的变化，面具也会不断变化，以使观众更准确地了解戏剧中人物的特点和身份。

人格心理学的创始人奥尔波特认为，人格简单地说就是"一个人真正是什么"；更具体地说，包含个人谈话、记忆、思维或喜爱的方式，以及个体内在心理物理系统中的动力组织，它决定了人对环境适应的独特性。

人格心理学自开创以来，发展出特质、生物学、认知经验、心理动力、社会文化、调适六大领域的人格理论。各人格理论分别从个性或共性、生物或社会、先天或环境、意识或无意识、应对与适应等不同的角度定义与研究人格，可以得出人格的综合概念：个体在生物遗传素质的基础上，通过与环境的互动作用形成的相对稳定的心理、行为模式，包括个体认知、需求、感情、意向、行为、人际过程等的模式。

《现代汉语词典》对人格有三种解释。

心理学意义：指人的性格、气质、能力等心理特征的总和。

伦理学意义：指人的道德品质。如崇高人格，就是崇高的道德品质，梁启超在《新民说》第五节曾说："忠孝二德，人格最要之件也。"忠与孝属于道德范畴。

法学意义：指人的法律地位，人作为权利、义务主体的资格，包含理性、公平、正义感的要求、自主性等。在法学意义上，每个人都具有平等的人格，都具有幸福与自由的权力，同时具有履行对应责任的义务。

综上所述，人格是具有心理学、伦理学和法学多个层面含义的综合名词，可以统称为人的整体精神风貌。本章讲述心理学意义上的人格。

二、人格的特征

综合以上的人格定义，我们认为可以从以下几方面对人格的性质加以理解。

1. 人格是独特的

没有任何两个人是完全一样的，也没有任何两个人对同一事物会有完全相同的反应。每个人的行为都由其独特的结构决定的。这种独特的结构或组织在日常生活中就会表现为每个人自己的风格，这就是我们通常讲的核心人格，如哈姆雷特的优柔寡断、林黛玉的多愁善感，就体现了不同的人所具有的典型的人格品质。

当然，强调人格的独特性，并不排斥人格的共同性。从人格的形成过程看，人格是在社会文化的影响下形成，因此在某一文化、某一民族、某一阶层、某一群体的影响下，人格就具有一定的共同性，即人们所具有的相似的人格特征，如富有创造性的个体通常具有兴趣广泛、精力旺盛、自主、直觉、自信、独立判断问题的能力等人格特征。

2. 人格是稳定的

俗话说："江山易改，禀性难移"，这句话说明一个人的某种人格特点一旦形成，就相对稳定下来了，要想改变它并不是一件容易的事情。此外，人格的稳定还表现在不同时间、不同情景下人格表现的一致性。如一个性格活泼的学生，不仅在学生活动中表现出积极参与、大方热情，与陌生人在一起，他也能很快融入新的环境。而且，他不仅学生时代如此，毕业工作若干年后，他可能依然如此。此外，人格的稳定性还说明，人格特征是一个人经常表现出来的稳定的心理和行为特点，那些暂时、偶然表现出来的行为则不属于人格特征。例如，一个平时性情温和的人，偶然发了一次脾气，人们在描述他的人格时，不会说他脾气暴躁，而仍然认为他是个温和的人。

我们在强调人格的稳定性时，并不忽视人格的可变性。但人格的改变和行为的改变是不同的，行为的改变是浅层次的、表面的、外在的变化，人格的变化是深层次的、内在的改变。例如，一个具有焦虑特质的人，上学时表现为考试焦虑，考前忧心忡忡，考试时心神不定；工作时他往往对竞争和压力环境有焦虑反应，采取逃避的方式处理焦虑。虽然，在不同的时期、不同的情境下他焦虑的行为反应是不同的，但其内在的、易焦虑的特质是没有变的。如果他经过心理医生的脱敏治疗，彻底消除了焦虑特质，这才是真正在人格层面上的改变。

3. 人格是统一的

从人格的行为表现看，每一个个体在人格的表现上都是各不相同的，甚至是千姿百态的，但是从人格的内部结构看，人格的各个成分都是处于一个统一的、相互依赖的关系中，进而构成了一个完整的系统。在这个系统中，人格的各个成分按照一定的内容和秩序、规则有机地结合在一起，从而具有了内在的一致性，并受自我意识的调控。当一个人的人格结构各方面彼此和谐一致时，人们就会呈现出健康的人格特征，否则就会使人发生内在冲突，产生各种生活适应困难。例如，一个女中学生爱慕自己博学多才、时尚帅气的男老师，从情感层面来讲，她希望能更多地接近这位老师，但是认知层面上，她认为这是一种不"应该"的想法，因此在内心就产生了激烈的冲突，行为上则表现为故意躲避老师，甚至产生退学的念头。

4. 人格是具有功能性的

所谓人格的功能性是指人格对一个人思维方向、问题解决、行为结果所具有的影响力。例如，一些研究者在总结一系列研究后认为，同样聪明的儿童，由于人格不同，而在挫折后的问题解决成绩明显不同：控制定向的儿童倾向于将问题看作一种挑战，在遇到困难时他们更能采取坚持的态度，更加专注地思考问题，能对问题提出新的策略；而无助定向的儿童则倾向于自我中伤，产生消极情绪，怀疑自己的能力，变得厌烦。因此，控制定向的儿童会出现"失败后的成功"结果，无助定向的儿童则会出现"失败后的失败"结果。因此，从这一角度而言，人格会起到决定命运的作用，人格的功能性强的人会把命运掌握在自己手中。

三、人格的主要成分

1. 气质

（1）气质的定义。气质与人们平常所说的"脾气""禀性""性情"比较相似，指的是心理活动的动力特征。这些动力特征往往表现在一个人的情绪体验的强度、意志努力的程度、知觉的速度、思维的灵活度、注意力集中时间的长短、心理活动的指向性等方面。如有些人行为反应敏捷，有些人迟缓，有些人活泼好动，有些人安静稳重，有些人急躁冲动，有些人细腻深刻。

此外，气质所表现出来的是一个人与生俱来的自然特性。以对新生儿的观察和研究发现，有些新生儿对饥饿的反应强烈，爱哭闹，四肢活动量大；而有些新生儿则比较安静，少哭闹，活动量小。这些先天的生理机制构成了个体气质的最初基础。

（2）气质类型学说。古希腊哲学家希波克拉底最早提出了气质类型的学说，之后相继有其他学者提出了多种气质类型的学说，比较有影响的有以下几种。

①体液说。希波克拉底提出，人体内有四种液体，即血液、黏液、黄胆汁和黑胆汁，每种液体和一种气质类型相对应。血液对应多血质，黏液对应黏液质，黄胆汁对应胆汁质，黑胆汁对应抑郁质。一个人身体内哪种体液占的比例大，他就具有和这种体液相对应的气质类型。迄今为止，人们仍在沿用这种气质类型的划分方法，虽然希波克拉底的学说并没有充分的科学依据，只是停留在朴素唯物主义的层面上。

②体型说。德国精神病医生克雷奇米尔根据自己的临床观察发现，病人所犯精神病类型与他的体型有关，躁狂抑郁症的患者多是矮胖型的，精神分裂症患者多是瘦弱或强壮型的，他认为正常人和精神病人之间只有量的区别，没有质的区别，可以根据一个人的体型特征来预见他的气质特点。之后，美国心理学家谢尔顿把体型分为内胚叶型（柔软、丰满、肥胖）、中胚叶型（肌肉发达、结实强壮）和外胚叶型（虚弱、瘦长）。他认为体型与气质之间有密切关系，内胚叶型的人图舒服、闲适、乐群；中胚叶型人好活动、自信、独立性强、爱冒险、不太谨慎；外胚叶型人爱思考、压抑、约束、好孤独。体型说试图从生理的因素说明气质的根源，但没有说明体型与气质之间的因果关系。

③血型说。血型说由日本的古川竹二提出，他认为A型血的人温和老实、消极保守、焦虑多疑、冷静但缺乏果断，富于情感；B型血的人积极进取、灵活好动、善于交际、多管闲事；O型血的人胆大好胜、自信、意志坚强、好支配人；AB型血的人外表像B型，内在像A型。实际上，血型不止这几种，而实际生活中血型相同、气质不同的，或者气质相同、血型不同的现象普遍存在，因此血型说并没有科学依据。

④激素说。美国心理学家伯曼把人分为四种内分泌腺的类型，即甲状腺型、垂体腺型、肾上腺型和性腺型，并认为甲状腺型的人精神饱满、意志坚强、感知灵敏；垂体腺型的人智慧聪颖；肾上腺型的人情绪容易激动；性腺型的人性别角色突出。虽然气质的某些特点与内分泌活动有关，但气质的直接生理基础主要是神经系统的特征，所以孤立地强调

内分泌腺对人气质的决定作用是片面的。

（3）高级神经活动类型与气质。巴甫洛夫认为，高级神经活动的兴奋和抑制过程有三个基本特性：强度、平衡性和灵活性。神经活动过程的强度是指神经细胞能接受刺激的强弱程度以及神经细胞持久工作的能力。神经过程的平衡性是指神经活动兴奋和抑制两种过程的力量是否均衡，有平衡和不平衡之分。神经活动过程的灵活性是指兴奋和抑制这两种过程相互转化的难易程度，有灵活和不灵活之分。

高级神经活动的两个过程和三个基本特性可以有不同的组合，这些组合就构成了动物和人的高级神经活动的四种类型，如表3-1所示。

表3-1 高级神经活动类型及行为特点

神经过程的基本特性			高级神经活动类型	气质类型	行为特点
强度	平衡性	灵活性			
强	不平衡	—	兴奋型	胆汁质	攻击性强、易兴奋、不易约束、不可抑制
强	平衡	灵活	活泼型	多血质	活泼好动、反应灵活、好交际
强	平衡	不灵活	安静型	黏液质	安静、坚定、迟缓、有节制、不好交往
弱	—	—	抑郁型	抑郁质	胆小退缩、消极防御反应强

巴甫洛夫把神经类型和气质看成一个东西，他说："我们有充分的权利把在狗身上确立的神经类型应用于人类，显然这些类型在人身上就是我们称之为气质的东西"。然而后来的研究表明，神经类型与气质类型也不总是相吻合的，因为气质不仅与大脑皮质的活动有关，还与皮质下活动、内分泌活动有关，气质是整个个体身体组织影响的结果。所以客观地讲，巴甫洛夫的高级神经活动类型学说只是较好地解释了气质的生理基础，并得到了广泛的认同。

（4）四种传统的气质类型的外在表现。心理学家根据气质在感受性、耐受性、反应的敏捷性、可塑性、情绪兴奋性和外倾、内倾性等诸方面的特性，将传统的四种气质类型的外在表现归纳为以下内容。

①胆汁质：其神经过程的特点是强且不平衡。胆汁质的人一般感受性低而耐受性高，他能忍受强的刺激，能坚持长时间的工作而不知疲倦，精力旺盛，行为外向，直爽热情，情绪兴奋性高，但心境变化剧烈，脾气暴躁，难以自我克制。

②多血质：其神经过程的特点是强、平衡且灵活。多血质的人感受性低而耐受性高，活泼好动，言语行动敏捷，反应迅速；容易适应外界变化，容易接受新鲜事物，善交际；注意力分散、兴趣多变、情绪不稳定。

③黏液质：其神经过程的特点是强、平衡且不灵活。黏液质的人感受性低而耐受性高，反应速度慢，情绪兴奋性低，情绪平稳，举止平和，行为内向，头脑清醒，做事有条不紊，踏实，循规蹈矩，注意力集中，不善言谈，交际适度。

④抑郁质：其神经过程的特点是弱，且兴奋过程更弱。抑郁质的人感受性高而耐受性低，多疑多虑，内心体验深刻，行为极内向，敏感机智，胆小，情绪兴奋性低，爱独处，做事认真仔细，动作迟缓，防御反应明显。

需要说明的是，上述四种气质类型是典型的气质类型，现实生活中纯粹属于这四种典型气质类型中的某一种的人很少，大都是介于两种气质类型之间的中间型，或者是多种气质类型的混合型。

★拓展阅读3-2

《西游记》人物气质类型分析

在心理学上，罗马解剖学家盖伦将希波克拉底的液体说发展成了一种系统的气质理论，他根据人的哪一种液体在人体内占优势把气质分为四种类型：胆汁质、多血质、黏液质、抑郁质。这四种类型在我了解了之后发现刚好可以对应上《西游记》师徒四人的四种气质。

胆汁质类型的人情绪体验强，爆发迅猛、争强好斗但容易情感用事、欠缺思量，这个类型的人就对应着孙悟空的形象。大徒弟孙悟空，我认为他的形象非常迷人，在歌曲《悟空》中有一句歌词我认为形容得非常好，他说孙悟空"踏碎凌霄，放肆桀骜"，虽然他勇敢正义却也会有鲁莽冒失的一面，如他的大闹天宫。

多血质的人较为活泼，爱交朋友但缺乏耐心和毅力，见异思迁，这种类型就比较像猪八戒。二徒弟猪八戒，也是一个可爱的形象，老实憨厚，承包笑点，但是又有懒惰贪婪的缺点。我们常常看到他偷懒的时候比如走着走着忽然就说走不动要坐下来休息，而见异思迁和爱交朋友则是体现在他面对众多美女时的反应，猪八戒和美女的故事在我印象里有三个，一个是天蓬元帅和嫦娥，二是高老庄的高小姐，三是偷看蜘蛛精洗澡。在这里既表现了他的向外开放的交际心理，也体现出他的见异思迁。然而这个气质里值得发扬的品质就数他的擅长交际了，在现实中一个擅长交际的人可以发挥的作用是非常显而易见的。

接下来是黏液质，黏液质的特点则是沉着稳重，自我控制力强，考虑问题细致周到，但是主动性差，缺乏生气。三徒弟沙僧，似乎是整部小说中最默默无闻的形象，有玩笑说沙僧的台词只有三句，而在我眼里的沙僧更多地展现出的是一种隐忍、沉稳和忠诚，沙僧在四人团队中承担的是担子的责任，还有一个更重要的作用是讲和，一路西去悟空和八戒都有说过拆伙，而沙僧一次次地苦苦相劝。

而最后一种就是唐僧所属的抑郁质了，我们都知道唐三藏严肃谨慎，自制力强，但免不了的是有一些优柔寡断和胆小，这些恰好是抑郁质的特点，就比如途径女儿国的时候，唐僧面对国王的垂爱也是有动心的，但一直犹豫不决，最后他强大的自制能力还是让他前往西天取经。抑郁质的人们虽然拥有强大到令人羡慕的自制力，但是不改掉优柔寡断的毛病也是很致命的。

（5）如何看待气质类型。首先，气质是人的心理活动的动力特征，它不决定人的价值观，不决定人的个性倾向性的性质，它仅使人的个性带有一定的动力色彩。具有不同价值观、理想和信念的人，可能具有相同的气质特征，具有不同气质特征的人，可能具有相同的价值观、理想和信念。

其次，气质类型没有好坏之分，每种气质类型都有其优缺点，无论哪种气质类型的人，都有可能在事业上取得成绩。例如多血质的人反应灵活、易接受新鲜事物，但情绪不稳定，精力易分散；胆汁质的人直率热情、精力旺盛，反应迅速有力，但脾气暴躁，易冲动，准确性差；黏液质的人安静稳重，但对周围事物反应冷淡，行动缓慢；抑郁质的人细心、认真，但多愁善感、反应迟缓。但是气质类型不决定人取得成就的大小，如我国数学家陈景润是抑郁质的，诗人郭沫若是多血质的，俄国的文学家普希金是胆汁质的，赫尔岑是黏液质的，可见各种气质类型的人都能够在各自的领域取得一定的成就。

第三，气质影响人的活动效率，影响对环境的适应能力，因此不同气质类型的人适合不同的工作环境。不同气质类型的人的活动效率是有差异的，以记忆的效率为例，记忆大量的、无意义音节材料，神经系统强型的人比弱型的人效果好，而记忆大量的有意义的文章，弱型人比强型人好。从对环境的适应情况来看，多血质的人灵活，容易适应巧妙的办法适应多变的环境；黏液质的人则通过忍耐来适应环境的多变；胆汁质的人急躁，缺乏耐心，遇到不顺利的环境容易产生攻击行为，造成不良后果；而抑郁质的人，过于敏感脆弱，容易感受挫折。因此，不同气质类型的人在求职过程中，应该注意工作环境与个人气质的匹配度，用人单位在选拔人才的过程中，也应注意用合适的人做适合的工作。

第四，气质类型影响性格特征的形成。性格是在后天生活环境中形成的，它包含多种特征，不同气质特征的人在形成不同性格特征上难易度是不同的。如胆汁质的人容易形成勇敢、果断、坚毅的性格特征，而抑郁质的人形成这样的性格特征就比较难。抑郁质的人容易形成耐心细致的性格特征，而对于胆汁质的人就比较困难。

2. 性格

（1）性格的定义。性格是个人对现实的稳定的态度和习惯化了的行为方式。马克思说："人是社会关系的总和"，这句话说明了人的社会属性，人要从一个自然人成长为一个社会人，就要广泛参与社会实践活动，受到外界环境的影响，这些影响都将通过认知、情感、意志等过程在人的反应机构中固定下来，构成一种态度体系和特有的行为方式，那么这种对现实的稳定的态度和习惯化了的行为方式就是性格。

由此可见，性格不同于气质。性格受社会文化历史的影响，有明显的社会道德评价的意义，直接反映一个人的道德风貌。所以，气质更多地体现了人格的生物属性，而性格更多地体现了人格的社会属性。个体之间的人格差异的核心是性格差异。

（2）性格的结构。对于每一个个体而言，都是诸多性格特征的独特组合，因此我们说，性格的结构是复杂的，那么我们怎样来分析和了解性格呢？我们可以把性格分解为几个组成部分来把握性格的静态结构，也可以通过性格不同侧面的内在联系上把握性格的动态结构。

①性格的静态结构。性格的认知特征：是指人们在感知、记忆、想象和思维等认知过程中所表现出来的个别差异。例如，在感知方面表现出来的性格差异有被动感知型和主动观察型，被动感知型的人易受环境刺激影响、易受暗示，而主动观察型的人能够根据自己的兴趣和任务进行观察、独立思考；想象的差异表现在有的人富于幻想、有人现实感强；思维方面的差异表现在有人深思熟虑、看问题全面，有人缺乏主见，人云亦云。

性格的情绪特征：性格的情绪特征指的是人们在情绪活动中的强度、稳定性、持续性以及稳定心境等方面表现出来的个别差异。如有的人情绪活动非常强烈，难以控制，而有的人情绪体验微弱，总是能冷静地对待现实，有的人情绪容易波动，而有的人即便遇到重大事件，也很难看出情绪上大的变化。有的人心境经常是愉快的，而有的人心情总是压抑沉闷的。

性格的意志特征：是个体对自己的行为自觉地进行调节的特征。良好的意志特征是有远大理想，行动有计划，独立自主，果断，勇敢，坚忍不拔，有毅力，自制力强。不良的意志特征是短视，盲目，优柔寡断，放任或固执等。

性格的态度特征：是个体在处理社会各方面关系的特征，即他以怎样的态度对待社会、集体、他人和自己，对待工作、学习、劳动等。

②性格的动态结构。所谓性格的动态结构指的是上述性格的几方面静态特征彼此联系又相互制约而构成的一个动态发展的整体。性格的动态特征表现在以下方面。

首先，各种性格特征之间有着一定的内在联系。例如一个果断、有坚持性的人，往往也是一个有独立的判断能力和明确目标的人，这样的人很难做出盲从的举动，而有更多成为某一团体的领导者的可能。各种性格特征之间的内在联系说明了人们可以根据某人的一种主导性格特征来推知他的其余性格特征。性格的意志特征和态度特征在性格机构中处于核心地位，它们往往决定着一个人其他方面的性格特征。

第二，一个人在不同的场合，会表现出不同的性格侧面。例如，在中国民族歌剧《江姐》中，江姐在面对敌人的严刑拷打时，表现出了坚贞不屈的一面，而在绣红旗的一幕中，又表现出了她对共产党的无限热爱和对亲人的似水柔情。在不同的情境下，性格以不同的侧面表现出来，这不仅说明一个人的性格特征的多样性和复杂性，同时也说明了，对于每一个具体的人，他所拥有的所有的性格特征都是有机地联系在一起的，并统一在同一个体的性格结构中。

第三，性格是可以改变和塑造的。虽然性格具有相对的稳定性，但生活环境的变化以及个人的主观努力，都可以使性格发生改变。例如，电视剧《士兵突击》中的主角许三多在父亲的棍棒教育下，是个怯懦的、缺乏自信的小伙子，但经过几年军营中的锻炼，成长为一名有坚强意志力的军人。一般来讲，儿童性格的改变，更容易受环境的影响，而成年人的性格更深刻、更稳定，因此受环境影响的程度要小一些。因此，成年人性格的改变更多地需要自身的主观努力，有意识地进行自我调节来改变自己的态度和行为习惯。

（3）性格的类型。性格类型就是根据某种标准，将一类人身上所共有的性格特征进行归类而得到的独特的性格特征的组合。由于归类的原则和标准不同，心理学家把性格划分为不同的类型，其中最具代表性的有以下几种。

①理智型、情绪性和意志型性格。英国心理学家Bain和法国心理学家Ribot依据智力、情绪、意志三种心理机能哪一种在性格中占优势将性格分为理智型、情绪型、意志型。理智型长于抽象的逻辑思维，往往依据理性思考来支配自己的行为；情绪型长于感性描述，做事情容易感情用事；意志型则目标明确、行为主动、坚忍不拔。

②优越型和自卑型性格。奥地利心理学家Adler根据个性竞争性的不同，将性格分为优越型和自卑型。优越型性格的人好胜心强，不甘落后；自卑型性格的人甘愿退让，不与别人竞争，有自卑感。

③A型性格和B型性格。费里德曼（Friedman）和罗森曼（Rosnman）根据人们在控制需要方面的高低将性格分为A型性格和B型性格。A型性格的人有强烈的控制需求，他们的特点是动机强烈、喜好竞争，有强烈的时间紧迫感，并表现出不耐烦。B型性格的人则表现为没有强烈的时间紧迫感，悠闲自得，不爱争强好胜，有耐性，能容忍。

④内倾型和外倾型及荣格的八种人格类型说。瑞士心理学家荣格认为，在与外界联系中有两种主要的态度，一种指向个人内部的主观世界，称为内倾；另一种指向外部环境，称为外倾。内倾者喜好安静、爱思考、富于幻想、善于探索、社交上表现为退缩；外倾者外露、积极、关注外部世界。

除了一般倾向外，荣格又进一步区分出四种心理机能：思维、情感、感觉和直觉，来考察人是怎样感知和认识世界的。他认为，每个人都采用其中一种作为主导形态。如果是感觉占主导地位，则会凭感官接收到的刺激去衡量世界，重现实；如果直觉占主导地位，则会较多依赖自己的预感和潜意识过程来认识世界；如果情感型占主导地位，则会凭借思想去了解和适应社会；如果是情感占主导地位，就会以感情和情绪为基础衡量一切，从主观印象出发对信息进行解释。以上的两种态度和四种机能组合之后，就形成了荣格的八种人格类型说，如表3-2所示。

表3-2 荣格的八种人格类型说

机能	态度	
	外倾	内倾
思维	集中于了解外部世界，现实、客观的思考者；对事实感兴趣；有时看起来冷酷，适合做科学家，善于应用逻辑和规则	对了解自己的想法感兴趣，固执、不易接近，对外部世界不关注
情感	情绪化、反复无常，易适应群体规范，喜欢追赶时尚潮流，有时情绪高涨，能在新情境中迅速转变情绪	有深刻的内心情感体验，但不外露，不善言谈和表现
感觉	对外部世界的经历感兴趣，喜欢感官刺激，沉迷于快感寻求，喜欢及时行乐的生活	对自己的思想和内在的感觉更感兴趣，喜欢通过艺术形式表达自己
直觉	对外部世界感兴趣，不断寻求新的挑战，有不稳定和轻浮倾向，容易对工作和与人的关系感到厌倦	富于幻想，喜欢标新立异，但不能形成深刻的思想，由于不了解现实和社会常规，往往不能把自己的想法付诸实践

总的来讲，人格表现为一个人总的精神面貌，而其内部则有一个复杂的组织结构。无论是要进行自我探索，深入地了解自己，还是希望对周围其他人的人格特性进行了解，都需要从人格的主要成分去把握。而关于需求、动机、能力、气质和性格等相关心理学知识的介绍就是探寻心理世界的一个导航图，大家可以以此为线索循径而上，以便今后更准确、更深入地了解自己和他人。

心理探索

气质类型测验

下面60道题，可以帮助你大致确定自己的气质类型。在回答这些问题时，你认为：很符合自己情况时的：记2分；比较符合的：记1分；介于符合与不符合之间的：记0分；比较不符合的：记-1分；完全不符合的：记-2分。

(1) 做事力求稳妥，一般不做无把握的事。
(2) 遇到可气的事情就怒不可遏，想把心里话全说出来才痛快。
(3) 宁可一个人干事，不愿很多人在一起。
(4) 到一个新环境很快就能适应。
(5) 厌恶那些强烈的刺激，如尖叫、噪声、危险镜头等。
(6) 和人争吵时，总是先发制人，喜欢挑衅。
(7) 喜欢安静的环境。
(8) 善于和人交往。
(9) 羡慕那种善于克制自己感情的人。
(10) 生活有规律，很少违反作息制度。
(11) 在多数情况下情绪是乐观的。
(12) 碰到陌生人觉得很拘束。
(13) 遇到令人气愤的事，能很好地自我克制。
(14) 做事总是有旺盛的精力。
(15) 遇到问题总是举棋不定，优柔寡断。
(16) 在人群中从不觉得过分拘束。
(17) 情绪高昂时，觉得干什么都有趣；情绪低落时，又觉得什么都没意思。
(18) 当注意力集中于一事物时，别的事很难使我分心。
(19) 理解问题总比别人快。
(20) 碰到危险情境，常有一种极度恐怖感。
(21) 对学习、工作、事业怀有很高的热情。
(22) 能够长时间做枯燥、单调的工作。
(23) 符合兴趣的事情，干起来劲头十足，否则就不想干。
(24) 一点小事就能引起情绪波动。
(25) 讨厌做那种需要耐心、细致的工作。
(26) 与人交往不卑不亢。
(27) 喜欢参加热烈的活动。
(28) 爱看感情细腻、描写人物内心活动的文学作品。
(29) 工作学习时间长了，常感到厌倦。
(30) 不喜欢长时间谈论一个问题，愿意实际动手干。
(31) 宁愿侃侃而谈，不愿窃窃私语。
(32) 别人总是说我闷闷不乐。
(33) 理解问题常比别人慢些。
(34) 疲倦时只要短暂的休息就能精神抖擞，重新投入工作。
(35) 心里有话宁愿自己想，不愿说出来。
(36) 认准一个目标就希望尽快实现，不达目的，誓不罢休。

(37) 学习、工作同样一段时间后，常比别人更疲倦。
(38) 做事有些莽撞，常常不考虑后果。
(39) 老师讲授新知识时，总希望他讲得慢些，多重复几遍。
(40) 能够很快地忘记那些不愉快的事情。
(41) 做作业或完成一件工作总比别人花的时间多。
(42) 喜欢运动量大的剧烈体育运动或参加各种文艺活动。
(43) 不能很快地把注意力从一件事转移到另一件事上去。
(44) 接受一个任务后，就希望能把它迅速解决。
(45) 认为墨守成规比冒风险强些。
(46) 能够同时注意几件事物。
(47) 当我烦闷的时候，别人很难使我高兴起来。
(48) 爱看情节起伏跌宕、激动人心的小说。
(49) 对工作抱认真严谨、始终一贯的态度。
(50) 和周围的人的关系总是相处不好。
(51) 喜欢复习学过的知识，重复做能熟练做的工作。
(52) 希望做变化大、花样多的工作。
(53) 小时候会背的诗歌，我似乎比别人记得清楚。
(54) 别人说我"出语伤人"，可我并不觉得这样。
(55) 在体育活动中，常因反应慢而落后。
(56) 反应敏捷、头脑机智。
(57) 喜欢有条理而不麻烦的工作。
(58) 兴奋的事常使我失眠。
(59) 老师讲新概念，常常听不懂，但是弄懂了以后很难忘记。
(60) 假如工作枯燥无味，马上就会情绪低落。

评分方法：请将每题的得分填入表3-3相应的格内，然后分类计算总分。

1. 如果某类气质得分明显高出其他三种，均高出4分以上，则可定为该类气质。如果该类气质得分超过20分，则为典型；如果该类得分在10~20分，则为一般型。

2. 两种气质类型得分接近，其差异低于3分，而且又明显高于其他两种，高出4分以上，则可定为这两种气质的混合型。

3. 三种气质得分均高于第四种，而且接近，则为三种气质的混合型，如多血-胆汁-黏液质混合型或黏液-多血-抑郁质混合型。

表3-3 气质类型测试计分表

胆汁质	题号	2	6	9	14	17	21	27	31	36	38	42	48	50	54	58
	得分															
多血质	题号	4	8	11	16	19	23	25	29	34	40	44	46	52	56	60
	得分															

续表

	题号/得分													
黏液质	题号	1	7	10	13	18	22	26	30	33	39	43	45	49	53	57
	得分															
抑郁质	题号	3	5	12	15	20	24	28	32	35	37	41	47	51	55	59
	得分															

第二节 人格成因与健康人格塑造

本节学习目标

1. 了解人格形成的影响因素；了解人格形成发展过程中的不同时期；了解人格与身心健康的基本规律。

2. 通过观察和思考，了解自我人格形成的影响因素，发掘自我身心特点与人格之间的关联。

一、人格的成因

前面，我们探讨了个体之间的人格差异。为了更进一步地了解人格，自然还要进一步分析人格的成因——究竟是什么影响着人格的形成和发展？综合目前心理学界关于人格研究的成果，总的来讲，人格的形成和发展是遗传、家庭、学校和社会文化交互作用的结果。人格形成的影响因素如图 3-1 所示。

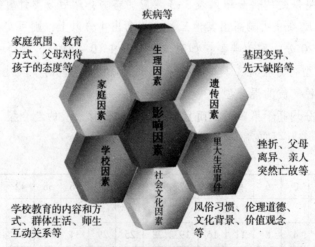

图 3-1 人格形成的影响因素

（一）生物学因素

关于遗传对人格的形成和发展所产生的影响一直是心理学家关注的问题，他们进行了家族史、双生子以及养子的研究，并取得了大量的研究成果。例如，英国人类学家高尔顿搜集了三十个音乐家庭的资料，他发现艺术家庭中有64%的子女具有艺术才能，而他另外收集的一百五十个一般家庭的资料显示，只有21%的子女有艺术才能。另外一些心理学家通过比较同卵双生子和异卵双生子的差异来研究遗传对人格形成的作用。他们对瑞典的一千二百名双生子做了人格问卷的测试，结果发现同卵双生子在外向和神经质上的相似性明显高于异卵双生子，具有较强的遗传成分。20世纪80年代，美国明尼苏达大学对分开抚养和一起长大的成年双生子的人格进行了研究，结果表明同卵双生子比异卵双生子的相似性高很多，分开抚养和未分开抚养的同卵双生子具有同样高的相似性。而对养子的研究发现，虽然被收养儿童与其养父母共同生活，但他越长大就越像他的亲生父母，特别是在外向型人格方面。这些研究结果表明，遗传为人格的形成和发展提供了生理基础和条件。

除了对遗传因素的研究，脑科学的研究也为探讨生理因素对人格的影响提供了科学依据。例如，心理学家基恩·约翰斯发现，有些人生来具有一种"寻求刺激"的基因，这种基因能使人经常保持强兴奋状态，因而这种人往往表现出与众不同的外向、创造性和追求创新的人格特性。而布鲁纳等人发现，许多男性有规律的暴力冲动行为往往与单胺类氧化酶A的基因发生了简单突变有关。也有病例表明，脑组织的损伤也会导致人格的改变。此外，中医研究发现，肝火旺盛的人，多表现为脾气焦躁、攻击性强，而肺部功能弱的人往往多愁善感、思虑过度。

从上述研究结果不难看出，身体与心理、生理与人格之间存在着密切的内部相关性，遗传和生理因素是人格形成和发展的生理基础和条件。

（二）家庭环境因素

家庭是影响人格形成的又一个重要因素，作为社会细胞的家庭，它对人格的影响作用是通过父母不同的教养方式来实现的。换言之，不同的家庭、不同的父母，构建了不同的家庭环境，形成了不同的家庭成员的互动方式，从而对子女人格的形成发生作用。研究表明，父母的人格特征和教养方式都将影响到孩子人格的形成。

从父母的人格特征来看，通常研究者把父母的人格特征分为三类：权威型的父母对子女过于支配，孩子的一切由父母控制，这样的父母会使孩子形成消极、被动、依赖、服从、懦弱的特点；放纵型的父母对孩子过于溺爱，让孩子随心所欲，父母对孩子的教育甚至达到失控状态，这样会使孩子形成任性、幼稚、自私、野蛮、无礼、独立性差、唯我独尊和蛮横无理的特点；民主型的父母与孩子在家庭中处于一个平等和谐的氛围中，父母尊重孩子，给孩子一定的自主权，并给孩子积极正确的指导，这样会使孩子形成自立、合作、思想活跃等积极的人格品质。

从父母的教养方式看，贝克从对子女的情感和对子女的行为控制两个维度，分为了四极，四极的不同组合构成了四种不同的教养方式，在不同的教养方式影响下，就会形成孩子不同的人格特征（如表3-4所示）。

表 3-4　不同教养方式对子女人格形成的影响

维度	限制	放任
温暖	顺从、依赖、有礼貌、整洁、少攻击、守规矩、缺乏创作力	外向、富于创造力、进取、不守规矩、少自我攻击、独立、友善
敌意	害羞、畏缩、较多的自我攻击、"神经性"问题	少年犯罪、不顺从、极端攻击

此外，心理学家们还非常重视儿童成长的早期经验对其人格以及成年后生活的影响。研究表明，早期被剥夺母亲照顾或者被父母忽视、虐待的孩子，会形成胆小、退缩、敌对、攻击等人格特点，进而影响他们一生的顺利发展，出现情绪障碍和社会适应不良等问题。但有些心理学家认为，儿童的早期经验对人格的影响不是永久性的，对于正常人来讲，随着年龄的增长，心理的成熟，成人的影响会逐渐缩小、减弱。

总之，家庭对人格的形成有着强大的影响力，父母在教养孩子的过程中，表现出了自己的人格特征，并有意无意地影响和塑造着孩子的人格，恰当的教养方式有利于孩子良好人格特征的形成，因此有人把家庭比喻为"人类性格的工厂"。

（三）学校环境因素

1. 校园文化环境

就人格的发展而言，学校为学生提供了由一个自然人向社会人成长的环境。学校对学生人格发展的影响主要来源于两个方面，一是教师的管理风格，二是学生所在的群体组织。

人们常用"为人师表"这四个字来形容教师职责的神圣，这说明教师的言传身教对于学生的人格发展起着典范作用。教师通过在教学和班级管理中所表现出来的教学风格、管理风格及其自身的人格魅力，为学生营造了独特的班级氛围，在不同的班级氛围中，学生就会有不同的行为表现。研究表明，冷酷、刻板、专横的教师所带的班级中，学生欺骗行为增多；友好民主的教师所带班级中，学生欺骗行为减少；公平公正的老师，学生能够得到激励，并朝着老师的期望而努力，缺乏公正性的老师会导致学生学业成绩和道德品质的降低。

同时，群体对于学生人格的发展也起着巨大的作用。班集体就像一个小型的社会，在这个小社会中，学生要去体会集体的规范、评价标准，要去学会待人接物的礼仪规则，要去尝试如何做一个统领者、服从者、合作者和互助者，明白如何做才能被集体所接受，并为之而付出努力。

因此，学校对于学生人格的发展起着导向的作用，学生是最先从学校这个小的社会环境中认识成年人的世界的，也是从学校里学习社会化的行为方式的，因此，一所学校的校风、班风和学风直接影响着学生价值观、处世态度和行为方式的形成和发展。

2. 教师因素

教师是学龄儿童心目中的权威，是影响学生人格的重要因素。教师的头上都有一道美丽的光环，是学生经常学习的榜样。教师的人格特征、行为模式与思维方式都会对学生产生巨大的影响。教师的公平、公正对学生也有着至关重要的影响。教师的不公正表现会导致学生的学业成绩和道德品质的降低。如果教师把自己的热情与期望投放在学生身上，学生会感觉到教师对他们的希望，并努力奋斗。很多大学生在早期学生生涯中，都有受教师鼓励发愤图强、受教师批评而导致学习兴趣发生变化的人生体验。

3. 同伴因素

学校是同龄群体聚集的场所，同伴群体的兴趣和追求对个人的人格具有巨大影响，进入初中之后，同伴的影响开始变得越发重要起来。与儿童期不同的是，青春期个体更乐于离开父母，待在同伴这个相对自由轻松的群体中，他们学习待人接物的礼节与群体规范，了解什么样的性格容易被群体接纳。同伴的影响在大学生中非常显著，个体在整个青少年阶段都倾向于赢得同龄人的赞许和认可，注重在相似年龄、地位等的同伴群体中寻求自我价值感。

（四）社会文化因素

所谓社会文化，是某一个社会群体源于历史的传承和积淀而形成的群体信念、态度和行为习惯。社会文化对人格的影响力是潜移默化的，它的作用在于使社会成员的人格特征朝着相似性的方向发展，进而使社会更具稳定性。

社会文化对社会成员人格的影响力在一定程度上取决于社会文化自身的特点，如果社会文化的同化力强、对社会顺应的要求严格，那么这种文化的影响力就越大。比如，中国文化更加强调集体主义，而美国文化更加提倡个性化。因此，美国人更开放、直截了当和乐观，而中国人做事情更注重"社会取向"，强调"面子"和"大局"。

因此，人格的形成和发展是来自于家族遗传的、生理的、家庭的、学校的、社会文化的等多种因素共同作用的结果，是一个人生命历程的记录，任何生活中的重大事件都将在人的心里刻下深深的烙印，并在他的人格中表现出来。

二、人格的形成与发展

每个人的人格形成与发展经历了不同的阶段，大体上分为三个时期。

1. 萌芽期

这个阶段是从人出生到进入青春期之前。3~8个月大的婴儿便可区分"我—他"。成长到8个月至1岁时，个体对自我开始有些模糊的认识。两周岁时，其开始确立作为个体的一些基础概念，如性别、年龄等。此后，在父母和老师的教育下，个体在生理上提高了动作的协调性和自控能力，逐步能比较自如地运用语言，在心理上形成了初步的性格及情绪反应方式等。随着怀疑的产生，个体也会对周围的事情提出问题，并逐步发展到在一定程度上对周围世界的观察与思考。个体在观念上因灌输等而产生了道德观、价值观等。在这个时期，儿童以模仿为主，依赖性很强，自觉程度较低，缺乏个体的主动性。

2. 重建期

重建期是指从青春期开始到青年期结束。这是人格突变、重建和产生新质的时期，是人的生理和心理都处于显著变化的时期。身体的急剧发展和性的成熟，使青年在关心自己的身体和探索自己的内心世界的同时，也开始关心他人对自己的评价。学者们把这个时期称之为"断乳期""I 与 me 的分裂期""感情上的暴风雨期"等。人在这个时期由过去的依附走向独立，由无忧无虑的儿童成为承担责任和义务的成年人。在心理方面，气质性格、感情态度等都开始由易变转向稳定，独立意识增强，个体学会用自己的眼睛去审视世界，加以判断，确立自己的世界观与人生观，人格在此阶段得到调整、修正和完善，所以称为人格的重建期。

3. 成熟期

这个阶段是从成年期到老年期。随着自我意识的日趋成熟，人在社会中的位置和适应性得到强化，人格特征也逐步稳定，行为方式进一步稳固，社会角色得到确立，由过多的自我调节向积极参加社会生活迈进。个体开始专注于各自的事业，发挥才干，为社会谋利益，进一步实现人生价值，同时会关注、维持家庭及教育子女，在事业和感情上会产生全面的体验和认识。心理上若遇到强烈刺激也会趋于平稳，观念上会把青年后期积淀下来的东西消化，有选择地由成熟走向坚定和开阔。

三、人格类型与身心健康

人格是人的心理行为的基础，它在很大程度上决定了人如何面对外界的刺激作出反应以及反应的方向、速度、程度和效果。进一步说，人格会影响到人的身心健康、活动效率、潜能开发以及社会适应状况。人格与健康的关系已经成为当今时代的一个重要问题。研究发现，许多身心疾病都与相应的人格特征有关，人格特征在疾病的发生、发展过程中起到了生成、促进、催化作用。

A 型性格、B 型性格与 C 型性格是对人们人格特质的一种区分方式。

（一）A 型人格与冠心病

A 型人格，也叫 A 型行为模式，是一种复杂的行为和情绪模式。美国心脏病学家弗里德曼和罗森曼于 20 世纪 50 年代首次提出。他们发现许多冠心病人都表现出一些典型而共同的特点，如雄心勃勃、争强好胜、醉心于工作但是缺乏耐心，容易产生敌意情绪，常有时间紧迫感等。他们把这类人的行为表现特点称之为 A 型行为类型，而相对缺乏这类特点的行为称为 B 型行为。

A 型性格者，属于较具进取心、侵略性、自信心、成就感，并且容易紧张。A 型性格者总愿意从事高强度的竞争活动，不断驱动自己要在最短的时间里干最多的事，并对阻碍自己努力的其他人或其他事进行攻击。B 型人格者则属较松散、与世无争，对任何事皆处之泰然。

A 型性格被认为是一种冠心病的易患行为模式。冠心病人中有更多的人是属于 A 型性格，而且 A 型性格的冠心病人复发率高，愈后较差。对于 A 型人格和高血压、心血管疾病的关系，美国西北大学医学院预防医学系的研究者从 1985 年开始，对 18~30 岁之间的 3 300 人进行了 15 年的跟踪调查。结果发现，具有 A 型人格的人在步入中年后，得高血压的概率更大。另外，有统计显示，85%的心血管疾病与A型人格有关；在心脏病患者中，A型性格占到了98%；而与B型人格相比，A型人格患冠心病的风险要高出5倍。这是因为，A型性格的人经常情绪激动，或愤怒，或焦躁，都会引起交感神经系统变得兴奋。当这些人处于情绪变化的应激状态下，他们就会感到有压力，此时体内大部分血管处于"紧绷"的状态，天长日久也容易引起高血压。

（二）C型人格与癌症

据心理学家研究发现，许多癌症病患者都具有一种特殊的性格，研究人员称之为"C型人格"或"癌症倾向性格"，"C"采用英语"cancer"（肿瘤）的第一个字母，C型行为模式即肿瘤行为模式。心理学家通过大量研究，归纳出C型人格最为基本的心理特征是不善于宣泄和表达，有严重的焦虑、抑郁，过分压抑自己的不良情绪，尤其是竭力压抑原本应该发泄的愤怒情绪。与此相应的是一系列退缩的行为表现，如屈从于权势，过分地自我克制，回避矛盾，姑息迁就，忍耐，为取悦他人或怕得罪人而放弃自己的需要等。具有这样心理特征的人，其肿瘤的发病率可高出普通人3倍以上。

C型人格者的具体表现有以下几点。

（1）个体性格内向，待人过度友善，极力避免发生任何人际冲突。个体表面上是好好先生，可内心却愤世嫉俗；表面上处处牺牲自己为别人着想，但内心却极不情愿。

（2）个体情绪抑郁，好生闷气，不表达任何负性情绪。

（3）个体过分敏感，生活中极小的事情便可使其忐忑不安，总是处于焦虑的情绪状态之中。

（4）个体屈从于权威，害怕竞争企图以逃避的方式来达到虚假的心理平衡。

具有C型人格的人，消极情绪长期积累，很容易造成神经功能和内分泌功能的失调。最终，机体的免疫力下降，癌细胞突破免疫系统的防御形成了癌症。

心理探索

A型性格的测量

这个测验问及一些有关日常生活的问题，答案因人而异，请选出适合你的答案，并圈起来。

①你是否连找时间理发也觉得困难？
a. 没有　　　　　　b. 有时　　　　　　c. 几乎常常
②你如何评价自己对工作的投入程度？
a. 较他人低　　　　b. 普通　　　　　　c. 较他人高
③大部分人认为你：
a. 肯定是做事情拼命，具有进取心　　b. 大概是做事情拼命，具有进取心
c. 大概是做事轻松，随和无所谓的　　d. 肯定是做事轻松，随和无所谓的
④当你在听别人说话，而这个人很久才说正题，你是不是常想要催促他？

a. 常常　　　　　　　b. 间或　　　　　　　c. 几乎从不
⑤你熟识的朋友是否认为你易于发怒？
a. 肯定是　　　　　b. 大概是　　　　　c. 大概不是　　　　d. 肯定不是
⑥你是否常把工作带回家，或阅读与工作有关的资料
a. 极少或从不　　　　　　　　　　b. 一周一次或更少
c. 一周多过一次
⑦工作时你有没有周旋于两件事之间，而使两件事得以同时进行？
a. 从不　　　　　　　　　　　　　b. 有，但只在紧急时
c. 有，经常地
⑧熟识你的人是否认为你做事太认真？
a. 肯定是　　　　　b. 大概是　　　　　c. 大概不是　　　　d. 肯定不是
⑨与一般同事比较，以所付出的努力而言，我付出
a. 更多的努力　　　b. 较多的努力　　　c. 较少的努力　　　d. 更少的努力

上述问卷用来测量 A 型性格（A 型行为）。1、4、5 题用来测量 A 型人的时间紧迫感和急躁的特点，2、6、7 题用来测量工作参与程度，3、8、9 题用来测量动机强烈。这里，我们只做粗略的评分。

1、2、6、7 题答 a 得 1 分，b 的 2 分，c 得 3 分，d 得 4 分；3、4、5、8、9 题答 a 得 4 分，b 的 3 分，c 得 2 分，d 得 1 分。把各题的分数加起来，分数越高，就越可能是 A 型性格的人，分数越低则越可能是 B 型性格的人。

第三节　大学生的人格培养和塑造

本节学习目标

1. 了解大学生健康人格的特征及常见的人格偏差；了解常见的人格障碍。
2. 通过九型人格测验认识自己的人格及其成长发展方向。
3. 结合实践，提高自我人格健康水平及魅力。

★拓展阅读 3-3

一生的简历——"失败"模式

1818 年，母亲去世。1831 年，经商失败。1832 年，竞选州议员落选。同年，工作丢了。想就读法学院，但未获入学资格。1833 年，向朋友借钱经商。同年年底，再次破产。接下来，他花了 16 年的时间才把债务还清。1834 年，再次竞选州议员，这次赢了。1835 年，订婚后即将结婚时，未婚妻死了。1836 年，精神完全崩溃，卧病在床 6 个月。1838

年，争取成为州议员的发言人，没有成功。1840年，争取成为选举人，落选了。1843年，参加国会大选，又落选了。1846年，再次参加国会大选，这回当选了。前往华盛顿区，表现可圈可点。1848年，寻求国会议员连任，失败。1849年，想在自己州内担任土地局的工作人员，遭到拒绝。1854年，竞选美国参议员，落选。1856年，在共和国内争取副总统的提名，得票不足100张。1860年，当选美国总统，成为美国历史上最伟大的总统之一。

生下来就一无所有的林肯，终其一生都在面对挫折。他曾经绝望至极但从没有放弃人生这场跳高比赛。用他自己的话说，就是"我要走的是一条湿滑难走的路，现在我的一只脚滑倒了，另一只脚也因此颤抖，但是我还能爬起来，因为我还没有死掉！"

请思考：
这则故事对你在人格成长方面有何启迪？结合自身经历，在小组中交流分享。

一、大学生健康人格的标准

1. 和谐的人际关系

人际关系最能体现一个人人格健康的程度。人格健康的大学生乐于与他人交往，能与教师、同学建立良好的关系，与人相处时，尊敬、信任、接纳、宽容等积极态度多于嫉妒、怀疑、敌对、厌恶等消极态度；人格健康的人常常以诚信、公平、谦虚待人，和谐的人际关系既是人格健康水平的反映，同时又影响和制约着健康人格的形成和发展。

2. 良好的社会适应能力

社会适应能力反映了人与社会的协调程度。人的社会适应能力是在社会化过程中不断发展的。人格健康的大学生懂得及时调整自我，积极适应学校的学习和生活，遵守学校规则，愿意参与班级、社团等团体活动；以一种开放的态度，主动关心社会，了解社会，观察所接触到的各种事物和现象，对社会现象有思辨能力，不盲目跟风，能够看到社会发展的积极面和主流。

3. 乐观向上的生活态度

积极向上的生活态度是人类在社会实践中获得的本质力量。乐观的大学生常常能看到生活的光明面，对前途充满希望和信心，对自己的学习或未来职业抱有浓厚的兴趣，愿意为目标努力奋斗，踏实前进。即使在生活中遇到困难和挫折，也能耐心地去应对，不畏艰险，勇于拼搏。相反，悲观的大学生常常看到生活的阴暗面。对任何事情都不感兴趣，心情沉重，遇到一点挫折就情绪低落，怨天尤人，甚至自暴自弃。

4. 正确的自我意识

自我意识是个体对自己与他人、与周围世界关系的认识。自我意识是一个完整的心理结构，表现在认识过程中，就是正确地认识自己，客观地评价自己；表现在情感过程中，就是自尊、自信，有自豪感、责任感；表现在意志过程中，就是能够自我监督、自我调节，努力发展身心潜能。具有健康人格的大学生对自己有恰如其分的评价，充满自信，在

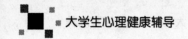

日常生活中能有效地调节自己的行为，与环境保持平衡；缺乏正确自我意识的人常常表现为自我冲突、自我矛盾，或者自视清高、妄自尊大，做力所不能及的工作，或者自轻自贱、妄自菲薄，甘愿放弃一切可以努力的机遇。

5. 良好的情绪调控能力

情绪对人的活动、人的健康有重要影响。积极的情绪体验能使人振奋精神，增强人的信心，提高人的活动效率；消极的情绪体验会降低人的活动效率，长期积累甚至能使人致病。情绪标志着人格的成熟程度。人格健康的人情绪反应适度，具有调节和控制情绪的能力，能经常保持愉快、开朗的心境，并富有幽默感。当消极情绪出现时，他能合理地宣泄、排解、转移和升华。

二、人格发展异常的表现与评估

（一）常见的人格偏差

1. 自卑心理

自己看不起自己，也担心别人看不起自己，看不到自己的价值和长处，以消极的态度看待自己，缺乏自信，无论做什么总认为自己不行。害怕失败，担心被羞辱，而一旦做不好时则认为自己无能，认为自己样样不如人，因而处于自责、不安和后悔之中，导致适应不良，由于自卑，不敢与人交往、工作缺乏主动性、不敢承担责任。

2. 敌意心理

总认为别人对自己不好，社会对自己不公平，好像戴着有色眼镜看人生，认为别人不理解他，不信任他，不支持他，因此容易与人冲突，争吵，敌视甚至仇恨，时常愤愤不平。

3. 自我中心

以自我为中心，对自我评价过高，对别人要求也过高，凡事总是先想到自己，想到自我的利益。只想别人为他服务和对他进行赞扬、肯定，只向社会和他人索取，而不想回报，常有不切实际的愿望和要求，因而易有挫折感，人际关系不良。

4. 依赖心理

缺乏主见，决策困难，总是希望或依靠别人来作决定。缺少独立性、自主性，常附和别人，压抑自己，过分寻求别人的赞同、支持，过度依赖别人的照顾，不能独立面对生活。

5. 嫉妒心理

心胸狭窄，不能容忍他人超过自己，对比自己强或优越的人，心怀醋意、讽刺和挖苦，甚至造谣、中伤和打击，将时间精力和才智浪费在与人计较、攻击或伤害他人的无益行动中，结果是既损人又害己。嫉妒心人皆有之，但不能过分，过之则害人害己。若将嫉妒心升华为竞争心，将其引导到正常竞争之中，则成为动力。

6. 偏执心理

敏感多疑、不信任人和固执是主要特点。自尊心过强，期望别人都尊重他，重视他，未给予特殊待遇便感到受了委屈，别人无意中的一句话可以被认为是针对他的，与他过不去。固执己见，很难接受不同意见，只看对他不利的一面，忽视了好的一面。时常与人相争，容易与人为敌，总是感到他人对不起自己，有意为难他。因此，与人矛盾不断，难以适应现实生活。

7. 追求完美

不能容忍自己的缺点或失败，对自己持过高的要求，对自己的缺点过分夸大。一帆风顺状态良好，一旦遇到挫折，达不到期望目标，便感到自卑，认为是自己的过错，是自己无能。谨小慎微，紧张多虑，担心失败，活得很累，影响了正常能力的发挥和人际关系。

8. 冲动性

遇事沉不住气，易发脾气，反应过激，与人争吵甚至大动干戈。冲动性对适应非常不利，破坏了心理的平衡，使人失去理智；破坏了与人的关系，影响了感情；破坏了个人形象，显得缺少修养；导致行为失控，产生许多难以预料的后果。在冲动性的驱使下，人们甚至会出现犯罪行为。

（二）人格障碍类型

1. 人格障碍的共同特征

①他们都有紊乱的心理特点和难以与人相处的人际关系。
②他们把自己所遇到的困难都归咎于命运和别人的过错。
③他们认为自己对别人没有责任可言。
④无论走到哪里总是带着猜疑、仇视和固有的想法。
⑤他们的行为伤害了别人，而自己却泰然自若。
⑥对自己的不良行为缺乏认识，很少有求助的动机。

以上所列举的特征仅供参考，对人格障碍的确诊有严格的诊断标准，必须由专业的精神科医生进行诊断，早发现早治疗。

2. 常见的人格障碍类型

人格障碍又叫病态人格或变态人格，是指人格特征显著偏离正常人的行为模式，是在没有认知障碍或没有智力障碍的情况下出现的情绪反应、动机和行为活动的异常。有文献报道国外大学生人格障碍的患病率为 1.0%～1.3%，国内调查发现大学生的患病率为 1%。人格障碍的类型很多，主要有以下几类。

（1）偏执型人格障碍。这是一种以猜疑和偏执为特点的人格障碍，主要表现为：持续、广泛、无端地猜疑敏感，常将他人的行为误解为敌意或歧视；或没有足够根据地怀疑别人有意陷害，被人利用或伤害，表现出好斗和较强的攻击性；过分自负，且无端夸张自己的重要性，遭遇拒绝或挫折时易感到委屈，总认为自己正确，责备和加罪于他人；好争辩，无幽默感，情感和行为反应固执死板，因而很难用说理或事实来改变想法；在家不能和睦，在外不能与朋友、同学友好相处，别人只好对他敬而远之。

★ 案 例

偏执型人格障碍

陈某，男，22岁，大三学生。他自幼固执、倔强，从不听人劝告，总自以为是。无论读小学、中学、大学，他总认为自己是最杰出的，任何困难对于他而言都是轻而易举可以克服的。他特别容易冲动，一点小事都能令他大发雷霆甚至出现攻击行为。自中学开始，周围的人就发现他敏感多疑、不信任任何人，在与他打交道时都特别注意和小心，否则就会被他认为不友好或有意刁难他。而且他心胸特别狭窄，容不得半点善意的批评或指正，对学习比他好的同学十分妒忌，总说他们这样不行那样不行。他现在有一性格文静的女朋友，可他对女友的言行极为关注，容不得女友与其他男性同学打交道。如果他看到有男性同学或朋友跟他女友谈话或一同走路，就认为女友在跟他们谈情说爱，总是追问不休，有时斥责女友，但事后却十分后悔，认为是自己胡乱猜忌，能主动向女友承认错误，并送礼物道歉，而且也知道女友还是很爱他，不可能移情别恋，但遇到女友再与男同学说话时又无法自控。现在他在学校基本上没有要好的朋友，他自己也感到孤独，内心十分苦恼，但总想不通为什么同学们都不愿与他交朋友。到学校心理咨询中心寻求帮助，经专业心理测验诊断为偏执型人格障碍。

（2）分裂型人格障碍。这是一种以观念、行为奇特、人际关系有明显缺陷、情感冷淡为主要特点的人格障碍。具体表现为：人际交往从避开他人到孤零远离；行为怪异而偏执，为人孤独而隐退；言语怪异；对人冷淡、缺少温暖体贴；表情淡漠；明显的社会化障碍，孤僻，多单独活动，社交被动，缺乏亲密朋友，不在乎他人的夸奖和批评，对别人的友好也无动于衷。

（3）焦虑型人格障碍。它以一贯感到紧张、提心吊胆、不安全及自卑为特征，总是需要被人喜欢和接纳，对拒绝和批评过分敏感，因习惯性地夸大日常处境中的潜在危险，而有回避某些活动的倾向。临床表现有：持久和广泛的内心紧张和忧虑体验；对遭排斥和批评过分敏感；不断追求被人接受和受到欢迎；除非得到保证被他人所接受和不会受到批评，否则拒绝与他人建立人际关系；惯于夸大生活中潜在的危险因素，达到回避某种活动的程度，但无恐惧性回避。

（4）反社会型人格障碍。这是一种破坏社会准则以及无视他人权利和感受的人格障碍。其特点为：少年期就显露出违法的品行特征，并会延续到成人时期，时常做出不符合社会要求的行为，如经常逃学、被学校开除、被公安机关拘留、习惯性吸烟喝酒、反复偷窃、鲁莽、好斗、反复违反家规或校规，幼年便有虐待动物或弱小同伴等行为；不能维持久地工作或学习；易激怒，并有攻击行为；在建立亲密的人际关系以及履行责任方面有严重问题，对亲人和朋友没有责任感和义务感，经常不承担经济义务或不赡养父母；经常撒谎，欺骗他人，以获得个人的利益；对自己或他人的安全漠不关心，危害别人时无内疚感、无同情心，缺乏羞耻心和罪责感；不能从失败和惩罚中吸取教训，所以屡教不改。

（5）依赖型人格障碍。它是以顺从和依赖为行为特征的人格障碍，表现为极端缺乏自信，没有别人的劝告和支持不敢做决定，典型特点就是没有主见，顺从依附，信赖他人，独立性差；常依赖别人的帮助，不果断，也缺乏判断力；讨厌孤独，害怕被遗弃；自我评价低，怯懦，情绪不稳定。

（6）冲动型人格障碍。它以情感爆发，伴明显行为冲动为特征。临床表现有：易与他人发生争吵和冲突；有突发的愤怒和暴力倾向，对导致的冲动行为不能自控；对事物的计划和预见能力明显受损；不能坚持任何没有即刻奖励的行为；不稳定的和反复无常的心境；容易产生人际关系的紧张或不稳定，时常导致情感危机；经常出现自杀、自伤行为。

（7）表演型人格障碍。这种又称戏剧化型人格障碍，指过分戏剧化的自我表现以及寻求别人注意的人格障碍。以过分感情化、夸张言行吸引注意力及人格不成熟为主要特征。临床表现有：表情夸张像演戏一样，以吸引注意力；具有浓厚和强烈的情绪反应和装腔作势的行为特点，暗示性高很容易受他人的影响；自我中心，强求别人符合他的需要和意志，依赖性大，常需别人的保护与支持，经常渴望表扬和同情；非常重视自己的吸引力，有时甚至不适当地表现自己；情感易变，常把自己的感受和情感加以夸张；说话夸大其词，掺杂幻想情节，希望自己总是注意的中心，而且常做一些不适宜的事情去争取成为注意的中心。

（8）强迫型人格障碍。这是一种以要求严格和完美为主要特点的人格障碍。其特点为强烈的自制和自我约束，做事情要求完美无缺，按部就班，强调秩序与条理性，不合理地要求别人按照他的方式做事，否则心里很不痛快，对别人做事很不放心，犹豫不决，常推迟或避免作出决定，常有不安全感，反复考虑计划是否得当，反复核对检查，要求严格，缺乏幽默感和灵活性。

三、大学生积极性格的培养和塑造

（一）如何培养积极的人格特质

我们认为大学生的人格培养和塑造应包括以下几方面的内容。

1. 培养把握人生的主动意识，做一个积极主动的人

一个希望培养自己具备健康的心理和促进自身成长的大学生，首先是一个对自己负责任的人，是一个具有主动意识的人。他的行为不仅仅是本我欲望的满足，更是自我意志的实现，不仅仅是人云亦云的随波逐流，更是努力朝向自己的方向和目标。主动是进步的前提，只有具备主动意识的大学生，才会主动思考关于自我的各种问题，才会去主动地认识今天的自己、勾画明天的自己、寻找实现愿望的途径，才会在自我实现的道路上不断地完善自己。换言之，自己希望自己更好，自己才会变得更好。

2. 培养自知自觉的能力，做一个自我同一的人

培养自知自觉的能力，是大学生人格培养的又一个重要内容。所谓自知自觉的能力就是能够客观地认识和评价自己，了解自己的优点和不足、了解自己需要什么和不需要什么、了解自己可以做什么和不可以做什么、了解自己喜欢什么和不喜欢什么，进而了解如何实现自己愿望。

所谓积极的自我同一性的建立就是在自己以及与社会的连续性和一致性方面确认了

"我是谁"（我的身体特点、人格特点、人际关系状况、别人对我的评价、我的潜在能力），"我从哪里来"（我的家庭、种族、遗传、生长环境），以及"我向哪里去"（我的目标、愿望）这样几个人生的基本问题。具备积极的自我同一性就意味着一个人找到了自己，懂得了如何做自己、如何确定自己的方向。因此，我们说自觉自知是建立自我同一性的前提，只有能够认识自己、学会做自己，才能够拥有开放的、博爱的、自由的生命。

3. 培养自我协调、大胆实践的能力，做一个和谐的、自我实现的人

任何人的生命历程中都少不了自身需要与环境条件的冲突、本我愿望与观念信仰的冲突，因此要培养健康的人格，就要注重培养自我的协调能力，不仅要明白自己的内心需要，还要注重外在的环境条件，学会把注意力集中在自身之外的问题上，学会找到建设性满足自己需要的途径和办法、学会在问题解决过程中享受快乐、学会感受在面临和征服巨大挑战时所经历的高峰体验。只有这样，才能建立和谐的内部和外部关系，才能够最大限度地发现自己的潜能所在，才能做一个放弃舒适和安逸去选择挑战自我的人。

4. 在实践中塑造和完善自我的人格

需要再次强调的是，人格的塑造是个具体的过程、实践的过程，它贯穿于日常生活的每一件事情、每一个观念和每一个行为。因此，大学生学习如何去培养自己健康的人格，还要到具体的社会实践中去，从学会如何认识自己、如何与人交往、如何学习、如何处理情感问题、如何择业等具体事情做起，长于思考、善于学习，让自己的个性在生活中得到磨炼和成长。

★ 拓展阅读 3-4

如何培养人格魅力

在当今社会中，为人处世的基本点就是要具备人格魅力。何为人格魅力？首先要弄清什么是人格。人格是指人的性格、气质、能力等特征的总和，也指个人的道德品质和个人能作为权利、义务的主体的资格。而人格魅力则指一个人在性格、气质、能力、道德品质等方面具有的很能吸引人的力量。在今天的社会里一个人能受到别人的欢迎、容纳，他实际上就具备了一定的人格。

1. 学会微笑

微笑的风采，包含着丰富的内涵。它是一种激发想象力和启迪智慧的力量。微笑在社交场合中，是一种必杀技。

没人会喜欢肌肉僵硬的人，不管你是面试，还是相亲，哪怕在电梯间偶遇想要搭讪的帅哥，都要面露微笑。真正的微笑不是嘴角上翘那么简单，而是张弛有度地做肌肉运动。有研究发现，露齿微笑的感染效果比抿嘴微笑高近三成，不要担心你的牙齿不齐，70%的亚洲男人都表示：自己喜欢经常微笑、又有小虎牙的女生。

2. 学会倾听

倾听属于有效沟通的必要部分，以求思想达成一致和感情的通畅。狭义的倾听是指凭借听觉器官接收言语信息，进而通过思维活动达到认知、理解的全过程；广义的倾听包括

文字交流等方式。其主体者是听者，而倾诉的主体者是诉说者。

学会倾听并不是只去听，还要去学会回应。随着对方的话语频频点头，对方说到精彩处微笑回应，能让人在你身上找到共鸣，有"得一知己"的感觉。切忌在对方说话时插嘴，这是社交场合的大忌。如果你面对的人滔滔不绝，丝毫不给你说话机会，也不要紧，你点头、赞同、微笑等一系列积极反应自会让他心生好感，你却可以在一旁暗下决心：下次打死也不联系他了！

3. 尽量让对方多说话

第一次见面时，永远留给对方说话时间！没人喜欢滔滔不绝的"话匣子"，社会心理研究发现，27%的不成功相亲都源于一方话多、另一方无语的尴尬局面。

在生活中，性格截然相反的人也可成为情侣、闺蜜，或者蓝颜知己，但对于第一次见面而言，双方并不熟悉，一切从零开始，就该遵守绝对公平的原则。建议你在对话时尽量留给对方说话时间，让人感觉到你的体贴和平等。

4. 不要谈论沉重话题

人们更喜欢那些带来"积极心理效应"的人，只要你不是去深度访谈节目组里面试，就不要在第一次见面时谈论金融危机、中东战争、公司裁员等沉重话题，否则对方因此产生的负面情绪会不自觉地"移情"到你头上，在他潜意识里，你会成为坏心情产生的源头。建议你第一次见面时尽量谈论轻松话题。

5. 说话时尽量减少口头语

与说话时手势太多一样，口头语太多，说明着你内心犹豫、徘徊不决。所以，你宁可放慢语速，也要去掉诸如"这个""那个"之类的口头语。仔细看看奥斯卡颁奖典礼，哪个明星上台时会说一串不明所以的口头语？

6. 不要透露过多个人细节

既然是第一次见面，就不要向对方透露过多个人细节，家长里短会让对方感觉你是个情感依赖者，以后一旦遇到不如意，一定会找他大吐苦水。在这种负面心理防御下，很少有人愿意与你深入交往。相反在第一次见面时，如果你只对个人情况蜻蜓点水，只说个大概，反而能给对方留下神秘感，期待与你下次见面。

7. 不要把后背靠在椅子上

谈话时把后背靠在椅子上，通常给人目中无人的感觉。剑桥大学的心理学试验表明，当面试官傲慢地"瘫"坐在椅子上时，36%的面试者会产生"此公司企业文化不佳"的想法。随意靠在椅背上与对方说话，是亲密朋友间的行为，当你面对陌生人时，建议你尽量保持后背正直，上体前倾，让人感觉你在有意拉近彼此的心理距离。

8. 目光在对方的"三角区"游荡

以对方眉心为顶角，两颧骨为底角所形成的三角形，被心理学家称为"焦点关注区"。与对方说话时，如果你的目光不断游离于这个"三角区"，将给人留下被强烈关注、自己成为焦点的感觉，这会让人对你好感倍增。相反，如果你死死地盯住对方的双眼看，反而会让他产生敌意。

9. 尽量减少说话时的手势

说话时不经意的手势会透露你的内心感受。比如当你的左手无意中拂过嘴唇,对方如果精通心理学,立刻会感觉你刚刚说了句大话,或正在撒谎。建议你在说话时尽量减少手势,但也不要两手握拳紧紧不放,这会透露你内心中的紧张感。如果你不能将双手轻松地放在腿上或桌上,可以手拿一个毛绒玩具,它能有效减轻你的精神压力。

10. 找不到共同话题时,就重复对方观点

通过简短对话,找到与对方的"交集",可以让双方交往迅速加深。但如果你碰到的人与你的经历大相径庭,思维模式截然相反,就应适当重复对方观点,以表示自己与他处于同一立场。比如,当他谈起你毫不了解的货币战争时,你可以在最后为他的言论做个总结,"因此你的意思是:这次金融海啸会让欧元遭到重挫?"这样一来,对方就会产生自我满足感,对你好感倍增!

(摘自《人格的魅力》,作者狄克·狄维士)

(二)九型人格自我评估及性格成长之路

1. 大学生的自我人格了解方法——九型人格测验

"Enneagram"一词源自希腊文 ennea(九)以及 gram(形态),可以译为九宫格(Nine-house)、九型人格或九种性格。九型人格是2000多年前印度西部研究出的人性学,后来由苏非学派所传承。其后,九型人格学说辗转流传到欧美等地,美国心理学家海伦·帕尔默早年将它用作研究人类行为及心理的专业课题,包括斯坦福大学在内的多所美国大学将其列为教材,成为心理研究课程。美国中央情报局(CIA)亦曾使用它,协助探员了解各国元首的行为特质。世界500强中的美国通用汽车公司、可口可乐、惠普等企业也早已把九型人格学运用于企业管理。

九型人格测验将有助于大学生更好地了解自身的优势和弱点,并知道在何种情形下自己的行动将更为有效。同时,还可以通过测评结论知道他人是如何看待他们自己的,以及相互间又是如何相互影响的,从而促进对自己的全面认识,同时,将九型人格运用在人际交往中,也可大大增加交往的和谐程度。九型人格具体分为以下几种类型。

(1)完美型。第一型的人爱批判自己,也爱批判别人,他们内心拥有一张列满应该与不应该的清单。他们认真尽责,希望所做的每件事都绝对正确。他们很难为了自己而轻松玩乐,因为他们以超高标准来审查自己的行为,而且老是觉得做得还不够。他们有可能因为害怕无法臻于完美而耽搁了事情。第一型的人有种道德优越感,很可能厌恶那些不守规矩的人,特别是当这些人越矩得逞时。他们是优秀的组织人才,能够紧追错误和必须完成的事项,把任务完成。

(2)助人型。第二型的人不管在时间、精力和事物三方面都表现出主动、乐于助人、普遍乐观,以及慷慨大方。由于他们不容易承认自己的需要,也难以向别人寻求帮助,所以总是无意识地通过人际关系来满足自己的需要,而且在自己最为人所需的时候感到最快乐。他们对别人的需要感觉非常敏锐,能够刚好表现出能吸引别人的那部分人格。他们善于付出更胜于接受,有时候会操控别人,为得到而付出,有时候是天生的照顾者和主持

者。为了使别人成功、美满，第二型的人能运用他们天生的同情心，给予对方真正需要的事物。

（3）成就型。第三型的人是精力超强的工作狂，他们奋力追求成功，以获得地位和赞赏。他们具有竞争性，尽管他们自认为这是一种爱的挑战，而非击败他人的欲望。无论他们处在何种竞争场合，总是把目标锁定在成功之上。他们会是成功的父母、配偶、商人、玩伴、治疗师，能够顺应身边的人们而变换形象。尽管他们和自己真实的感觉毫不相干，因为这些都会影响其成就，可是一旦受到要求，他们却可以表现出适宜的感觉。第三型的人会全心全意追求一个目标，而且永不厌倦。他们会成为杰出的团队领袖，鼓舞他人相信"天下没有不可能的事"。

（4）感觉型。第四型的人具有艺术气质、多情，他们寻求理想伴侣或一生的志向，活在生命中某项重要事物的感觉中。他们觉得必须找到真实的伙伴，自己才完美。他们倾向于找到疏离理想化的现行事物和世俗的错误。他们被高深的情绪性经验所吸引，表达出与众不同的一面。无论在任何领域，他们的生命反映出对事物重要性和意义的追求。他们很容易陷入自己的情绪，但能表现出高度的同情心，去支持处在情绪痛苦中的人。

（5）思想型。第五型的人带着距离来体验生命，避免牵扯任何情绪，认为观察更胜于参与。他们是需要高度隐私的人，如果得不到属于自己的充分时间，会感到枯竭、焦虑，因为他们用这种方式来回顾事情，并体验在日常事务中难以感觉到的安定情绪。心智生活对他们而言相当重要，他们具有对知识和资讯的热爱，通常是某个专门领域的研究者。第五型的人把生活规划成许多区块，虽然他们不喜欢预定的例行公事，却希望事先知道在工作与休闲时他们被期望的是什么。他们是杰出的决策者和具有创意的知识分子。

（6）忠诚型。第六型的人把世界看作是威胁，虽然他们可能觉察不到自己处在恐惧中。他们对威胁的来源明察秋毫，为了先行武装，他们会预想最糟可能的结果。他们这种怀疑的心智结构会产生对做事的拖延及对他人动机的猜疑。他们不喜欢权威，也可说是害怕权威，参与弱势团体运动，而且在权威中难以自处，或难以维持成功。某些第六型的人具有退缩并保护自己免受威胁的倾向；某些则先发制人，迎向前去克服它，因而表现出极大的攻击性。一旦愿意信任时，第六型的人会是忠诚的朋友和团队伙伴。

（7）活跃型。第七型的人乐观、精力充沛、迷人，而且难以捉摸。他们痛恨被束缚或控制，而且尽可能保留许多愉快的选择。在不愉快的情况下，他们会从心理上逃脱到愉快的幻想中。第七型的人是未来导向者，具有涵盖每件想要完成的事情的内在计划，而且当新的选择出现时，他们还会适时更新内容。那份想保持生命愉悦的需要，导引他们重新架构现实世界，以排除有损自我形象的负面情绪和潜在打击。他们容易接受新的经验、新的人群和新的点子，是富有创意的电脑网络工作者及理论家。

（8）领袖型。第八型的人独断，有时具攻击性，对生命抱持"一不做二不休"的态度。他们通常是领袖或极端孤立者，善于关心和保护朋友，他们知道朋友在想什么。他们关心正义和公平，并且乐意为此而战。第八型的人追求享乐，从和朋友喝酒作乐到理性的讨论都有。他们能觉察权力所在之处，使自己免受他人的控制，他们具有支配力。第八型的人会忠诚地运用自己的力量，并毫无倦怠地支持有价值的事件。

（9）和平型。第九型的人是和平使者。他们善于了解每个人的观点，却不知道自己所想、所要的是什么。他们喜欢和谐而舒适的生活，宁愿配合他人的安排，也不要制造冲突。然而，如果被人施压，他们会变得很顽固，有时甚至会动怒。他们通常兴趣很多，但是却将自己的优先事项拖到最后一分钟才做。他们还具有自我麻醉的倾向，让自己去做一些次要的活动，如看书、和朋友闲逛、看录影带等。第九型的人是很好的仲裁者，磋商对象，而且能专心执行一项团体计划。

★拓展阅读3-5

九型人格的寓言故事——和谐星球

在遥远的太空某处，一艘太空船正在四处漫游，由东往西，从南到北，穿梭宇宙星际，希望能找到无人到达过的地方，探索出新的文化、资源和思维。

某一天，太空船来到太阳系的某个星球，远远看去，星球很美丽，山青水绿，色彩缤纷，船长于是命令太空船驶近一点。

用先进仪器探索一番后，结论是这个星球有水、泥土、树木、动物，可以支持生命，是个很不错的地方。船长决定派遣船员作先行部队，到地面上探索该星球是否适合居住或殖民。

然而船员人才济济，该派谁去？

开路先锋8号

船长打开一幅关于船员的九种性格地图，发现8号的人生使命是保护、带领，特质是从不害怕、有谋略、目光长远、懂得保护身边的人，想方设法解决困难，有力量、有冲劲去克服问题。

要开山劈石做先锋，建立长远目标，他们是最佳人选。

于是，船长派遣了一群8号来到星球上，先建立一个桥头堡，并为进一步发展铺路。8号尽责地策划了很多方案、目标，不过由于工程浩大，工作繁多，8号无法一一应付，便向船长求救，要求派遣一些人来帮忙。

支援之选2号

船长再度打开船员的心理地图，发现2号的人生使命是成就他人，尽力协助他人成功，最适合做支援工作，于是又派遣2号去支援8号。

不过，问题依然存在。8号只顾看长远目标，不能兼顾细节，2号只懂支援策划，却不会自行多走一步，欠缺真正勤奋办事的人，迫使船长再考虑加派他人去协助。

忠心队员6号

打开地图，船长发现6号是团队型的人，团结、忠心、安全，最适合当士兵，于是派遣他们前去。

这时，一个国家已初具规模，有皇帝（8号）、宰相（2号）、士兵（6号），不过6号太重视安全，在探索时遇到危险便退缩，8号认为需要增派将军来带领士兵。

勇字当头3号

3号正是将军的人选。他们的人生使命是达到目标,然后再达到另一个目标。3号喜欢有成就,勇字当头,可以披荆斩棘,不怕痛楚,不受感情拖累,决定去做一件事时,无人可以阻碍他。

3号来到星球上,跟从8号的指引,带领6号向前冲,令太空船的势力急速扩大。

不过,由于3号为求目的,有时会不计成本,横冲直撞,不惜牺牲士兵,导致怨声载道,于是8号又要求太空船派人帮忙,以制约各方,取得平衡,同时能规划各种行为上的细节。

长于规划5号

太空船这次派来的是5号。

他们理性不会冲动,人生使命是收集资料和进行分析。他们搜集所有问题的资料,逐一研究,建议解决方案,建立真正细致的拓展蓝图。

有了蓝图,3号便可以根据规划带领6号去冲锋,探索新大陆、修桥筑路等工作变得更安全。

果然,有了5号的规划,工作变得顺利得多,只欠一点:3号有时为了急于求成,会不顾一切,没有跟从5号的规划方法去做。不跟从的后果,是工作效果不够好,时有遗漏,或素质欠佳。

监督使者1号

为了保证素质,太空船于是再派1号来做监督,确保所有人按着标准去做。

因为1号的人生使命正是跟从标准、原则。由于1号很有判断性,是非黑白分得清楚,颇能收监管之效,令团队运作开始畅顺。

可是不久之后,留在星球上的人又觉得有所缺乏。因为平日只有工作的份儿,没有玩乐,也欠缺士气。

这次,太空船派了7号前来。

娱人先生7号

7号的人生使命是创造可能性,最怕闷,怕不开心。

为了常常保持自己开心,他会不停娱乐自己、娱乐他人,设法带给每个人欢笑和享受。

有了7号,星球开始变得丰富,吃喝玩乐一应俱全。

心灵诗人4号

不过,本身拥有高度智慧和深度的太空人,并不愿意看见留在星球上的一群满足于吃喝玩乐这样表面、肤浅的娱乐方式,更害怕他们只顾向外发展,忽略了心灵空间,忘却本来灵性。

太空船长于是派遣4号前来。4号的人生使命是凭感觉做事,他会创作歌曲、诗章、雕塑、艺术品、画画,透视人的内心感受,带动所有人重回灵性感觉的怀抱。

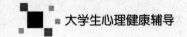

和平大使9号

至此,星球似乎什么都有了。不过人一多,纷争、冲突便出现。为了维持和平,船长把最后一种人(9号)派来。

9号的人生使命是维持和谐。他本身没有野心,又爱调解其他人的纷争,能够维护和平,制造凝聚力。

当九种人同时在星球上共存时,一个最完整、没有缺陷的团体诞生了,这九种人共同合作、互相制衡,堪称真正的梦幻组合。这个星球,就叫作"地球"。

后 记

人类本是很完美的团队,虽然人与人各有不同,但每种性格都有其角色、工作以及重要性,缺一不可。

2. 九型人格对性格培养和塑造的建议

(1)完美型。由于时时强迫自己追求完美,常常告诉自己还不够完美,经常不满足自己的表现,容易造成心理负担。所以第一型性格的人应该尝试了解成长,只是一个不断前进的过程,即使现在不够完美,人还是会慢慢成长而渐趋完美。

建议:
- 尽量避免过于太详细。
- 减少经常说应该或不应该。
- 避免有声或无声的批评。
- 不要太执着。
- 表现热情点。

切记:你要知道世界不是非黑即白,还有灰色地带。

(2)助人型。第二型的执着就是以为自己是只要我对大家好,不必期待别人任何回报。不肯承认对人亲切是想别人喜欢自己、赢取别人好感的手段。所以第二型应该尝试了解别人是别人、我是我,不要太在意别人的称赞和感谢。

建议:
- 用单独的时间反思自己的需要。
- 尝试表达你真正的意思,不要讨好对方。
- 如有需要,请说出口。
- 给别人解决自己问题的空间。

切记:你要将对别人的爱转对自己,关注自己的感受。

(3)成就型。第三型太过讲求效率,而变得不顾及自己与别人的立场,亦不太重视自己的感情世界。第三型要学习不要单以成绩或别人评价为标准,也要学习满足内心世界:失败可以是人生的宝库、正视成长的机会。

建议:
- 多点温柔。
- 留意双方的感受。

- 避免压迫别人。
- 不要过于目的性。
- 多点倾听别人。

切记：你要明白内在的成长比外在的成功更重要。

（4）感觉型。第四型想要逃避生命平凡的事物，总爱突出自己与人不同。由于自己丰富的感性，许多时得不到别人的理解和认同，容易产生孤独感。若第四型减少对得不到的事物理想化及挑剔已得到的东西，便可以更珍惜眼前所拥有的一切。

建议：
- 告诉别人你的感觉，而不要别人来猜。
- 讨论时要提防自己陷入情绪化的反应。
- 多点理智。
- 不要过于沉溺过去。
- 控制自己的情绪。

切记：你要明白陷在自己的情绪里解决不了任何问题。

（5）思想型。好奇心强的第五型，常以寻求知识去逃避内心空虚的感觉。有时会觉得周围的人无知、肤浅，所以特别喜欢独处。第五型要从思考跳入行动的阶段，直接表达意见并全力以赴。第五型要学习正视自己的感情，也体贴别人的心情。

建议：
- 让朋友知道，你不擅长马上表达自己的内在感受。
- 当你需要思考时请告知别人。
- 多点感性，多点响应别人的话。
- 尽量避免过于太详细。

切记：你要尽快地把"想"变成"行动"，多一些感性的力量。

（6）忠诚型。第六型的固执是内心常存着恐惧感，对权威态度矛盾：一方面需要有力者保护并对他忠诚，且同时又心存抗拒。第六型的过度谨慎，使得自己缺乏动力，若能扩宽视野去看待事物，不再有太强烈的矛盾和担心，便更能运用自己的力量。

建议：
- 不要有投射的倾向。
- 决定后请踏实向前。
- 多点正面思想。
- 不要过于担心。
- 控制自己的负面字眼。

切记：你要放下多余的担心和恐惧，拿出自己的力量。

（7）活泼型。第七型的人生目的是快乐，因此便固执地逃避痛苦和劳累。通常为自己订下许多计划，却很少能贯彻到底；若第七型脚踏实地完成工作，专注于某一项计划，贯彻始终，并且在处事方面以客观态度，待人方面以平静态度，这便是第七型的一大突破。

建议：
- 不要忘记每次交谈的目的。
- 集中思考。
- 多点倾听。
- 尽量避免过于太空泛。
- 多点危机感。

切记：你要敢于面对压力和痛苦，干好眼前的事情。

(8) 领袖型。第八型夸耀自己强的地方，及隐藏自己的弱点。他们对于不公平特别敏感，更深信自己的人生目标是维护正义。第八型的人要懂得控制自己的怒气，你并不能代表正义，强权并不是像你想象得那么重要。若能多一点温柔，愿意暴露自己一些弱点在人前，也不失为性格的进步。

建议：
- 不要太过习惯控制别人。
- 学会聆听，在回答之前先了解别人的观点。
- 给对方时间思考。
- 留意无心说出或做出具伤害性的言行。
- 控制自己的嗓门。

切记：你要控制自己的愤怒，关心别人的感受。

(9) 和平型。第九型因为不善表达自己，许多时候没有自己的立场；但反而能设身处地为别人着想，接受、了解别人的意见。有时他们对事情含糊其词、有时又喜欢逃避现实。第九型突破的关键在于勇于讲出自己内心的想法和感受，不要抑制自己内心的愤怒，而变得阳奉阴违。

建议：
- 如果你感到生气，请说出来。
- 尽可能切中重点。
- 多作响应，以免别人以为你拒绝。
- 尽量避免过于太被动。
- 多点危机感。

切记：你要勇于面对自己，时刻关注自己的立场。

心理探索

九型人格

下面有108个陈述，在你认为符合你的陈述后面做个记号。然后把同一数字后面的记号统计相加。拥有最多记号的数字很有可能就是你的类型号。

1. 我很容易迷茫。9
2. 我不想成为一个喜欢批评的人，但很难做到。1

3. 我喜欢研究宇宙的道理、哲理。5
4. 我很注意自己是否年轻,因为那是找乐子的本钱。7
5. 我喜欢独立自主,一切都靠自己。8
6. 当我有困难时,我会试着不让人知道。2
7. 被人误解对我而言是一件十分痛苦的事。4
8. 施比受会给我更大的满足感。2
9. 我常常设想最糟的结果而使自己陷入苦恼中。6
10. 我常常试探或考验朋友、伴侣的忠诚。6
11. 我看不起那些不像我一样坚强的人,有时我会用种种方式羞辱他们。8
12. 身体上的舒适对我非常重要。9
13. 我能触碰生活中的悲伤和不幸。4
14. 别人不能完成他的分内事,会令我失望和愤怒。1
15. 我时常拖延问题,不去解决。9
16. 我喜欢戏剧性、多彩多姿的生活。7
17. 我认为自己非常的不完善。4
18. 对感官的需求特别强烈,喜欢美食、服装、身体触觉刺激,并纵情享乐。7
19. 当别人请教我一些问题,我会巨细无遗地分析得很清楚。5
20. 我习惯推销自己,从不觉得难为情。3
21. 有时我会放纵和做出出格的事。7
22. 帮助不到别人会让我觉得痛苦。2
23. 我不喜欢人家问我关于广泛、笼统的问题。5
24. 在某方面我有放纵的倾向(例如食物、药物等)。8
25. 我宁愿适应别人,包括我的伴侣,而不会反抗他们。9
26. 我最不喜欢的一件事就是虚伪。6
27. 我知错能改,但由于执着好强,周围的人还是感觉到压力。8
28. 我常觉得很多事情都很好玩,很有趣,人生真是快乐。7
29. 我有时很欣赏自己充满权威,有时却又优柔寡断,依赖别人。6
30. 我习惯付出多于接受。2
31. 面对威胁时,我会变得焦虑,同时对抗迎面而来的危险。6
32. 我通常是等别人来接近我,而不是我去接近他们。5
33. 我喜欢当主角,希望得到大家的注意。3
34. 别人批评我,我也不会回应和辩解,因为我不想发生任何争执与冲突。9
35. 我有时期待别人的指导,有时忽略别人的忠告径直去做我想做的事。6
36. 我经常忘记自己的需要。9
37. 在重大危机中,我通常能克服我对自己的质疑和内心的焦虑。6
38. 我是一个天生的推销员,说服别人对我来说是一件轻易的事。3
39. 我不相信一个我一直都无法了解的人。9

40. 我爱依惯例行事，不大喜欢改变。8
41. 我很在乎家人，在家中表现得忠诚和包容。9
42. 我被动而优柔寡断。5
43. 我很有包容力，彬彬有礼，但跟人的感情互动不深。5
44. 我沉默寡言，好像不会关心别人似的。8
45. 当沉浸在工作或我擅长的领域时，别人会觉得我冷酷无情。6
46. 我常常保持警觉。6
47. 我不喜欢要对人尽义务的感觉。5
48. 如果不能完美地表态，就宁愿不说。5
49. 我的计划比我实际完成的还要多。7
50. 我野心勃勃，喜欢挑战和登上高峰的经验。8
51. 我倾向于独断，并自己解决问题。5
52. 我很多时候感到被遗弃。4
53. 我常常表现得十分忧郁的样子，充满痛苦而且内向。4
54. 初见陌生人时，我会表现得很冷漠、高傲。4
55. 我的面部表情严肃而生硬。1
56. 我很飘忽，常常不知自己下一刻想要什么。4
57. 我常对自己挑剔，期望不断改善自己的缺点，以成为完美的人。1
58. 我感受特别深刻，并怀疑那些总是很快乐的人。4
59. 我做事有效率，也会找捷径，模仿力特强。3
60. 我讲理、重实用。1
61. 我有很强的创造天分和想象力，喜欢将事情重新整合。4
62. 我不要求得到很多的注意力。9
63. 我喜欢每件事都井然有序，但别人会认为我过分执着。1
64. 我渴望拥有完美的心灵伴侣。4
65. 我常夸耀自己，对自己的能力十分有信心。3
66. 如果周遭的人行为太过分时，我准会让他难堪。8
67. 我外向，精力充沛，喜欢不断追求成就，这使我感觉良好。3
68. 我是一位忠实的朋友和伙伴。6
69. 我知道如何让别人喜欢我。2
70. 我很少看到别人的功劳和好处。3
71. 我很容易知道别人的功劳和好处。2
72. 我嫉妒心强，喜欢跟别人比较。3
73. 我对别人做的事总是不放心，批评一番后，自己会动手再做。1
74. 别人会说我常戴着面具做人。3
75. 有时我会激怒对方，引来莫名其妙的吵架，其实是想试探对方爱不爱我。6
76. 我会极力保护我所爱的人。8

77. 我常常刻意保持兴奋的情绪。3
78. 我只喜欢与有趣的人为友，对"闷蛋"却懒得交往，即使他们看来很有深度。7
79. 我常往外跑，四处帮助别人。2
80. 有时我会讲求效率而牺牲完美和原则。3
81. 我似乎不太懂得幽默，没有弹性。1
82. 我待人热情而有耐性。2
83. 在人群中我时常感到害羞和不安。5
84. 我喜欢效率，讨厌拖泥带水。8
85. 帮助别人达到快乐和成功是我重要的成就。2
86. 付出时，别人若不欣然接纳，我便会有挫折感。2
87. 我的肢体僵硬，不习惯别人热情的付出。1
88. 我对大部分的社交集会不太有兴趣，除非那是我熟识的和喜爱的人。5
89. 很多时我会有强烈的寂寞感。2
90. 人们很乐意向我表白他们所遭遇的问题。2
91. 我不但不会说甜言蜜语，而且别人会觉得我唠叨不停。1
92. 我常担心自由被剥夺，因此不爱承诺。7
93. 我喜欢告诉别人我所做的事和所知的一切。3
94. 我很容易认同别人所做的事和所知的一切。9
95. 我要求光明正大，为此不惜与人发生冲突。8
96. 我很有正义感，有时会支持不利的一方。8
97. 我注重小节而效率不高。1
98. 我容易感到沮丧和麻木更多于愤怒。9
99. 我不喜欢那些侵略性或过度情绪化的人。5
100. 我非常情绪化，一天的喜怒哀乐多变。4
101. 我不想别人知道我的感受与想法，除非我告诉他们。5
102. 我喜欢刺激和紧张的关系，而不是稳定和依赖的关系。1
103. 我很少用心去听别人的心情，只喜欢说说客套话和笑话。7
104. 我是循规蹈矩的人，秩序对我十分有意义。1
105. 我很难找到一种我真正感到被爱的关系。4
106. 假如我想要结束一段关系，我不是直接告诉对方而是激怒他来让他离开我。1
107. 我温和平静，不自夸，不爱与人竞争。9
108. 我有时善良可爱，有时又粗野暴躁，很难捉摸。9

测验解释：
九型人格的九角星图，如图3-2所示。九型人格的解释如表3-5所示。

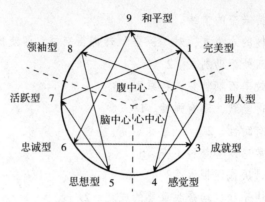

图 3-2　九型人格的九角星图

表 3-5　九型人格的解释

类型	解释
完美型 （Perfectionist）	重原则，不易妥协，黑白分明，对自己和别人均要求高，追求完美
助人型 （Helper/Giver）	渴望与别人建立良好关系，以人为本，乐于迁就他人
成就型 （Achiever/Motivator）	好胜心强，以成就去衡量自己价值的高低，是一名工作狂
感觉型 （Artist/Individualist）	情绪化，惧怕被人拒绝，觉得别人不明白自己，我行我素
思想型 （Thinker/Observer）	喜欢思考分析，求知欲强，但缺乏行动，对物质生活要求不高
忠诚型 （TeamPlayer/Loyalist）	做事小心谨慎，不易相信别人，多疑虑，喜欢群体生活，尽心尽力工作
活跃型 （Enthusiast）	乐观，喜新鲜感，爱赶潮流，不喜承受压力
领袖型 （Leader）	追求权力，讲求实力，不靠他人，有正义感
和平型 （Peace-maker）	做决策耗时长，怕纷争，难于拒绝他人，祈求和谐相处

思考时间

通过本章的学习，你如何理解"性格决定命运"以及"我命由我不由天"？

推荐赏析

电影:《黑天鹅》《少年汉尼拔》《沉默的羔羊》《人生七年》
书籍:《九型人格》《职场和恋爱中的九型人格》

参考文献

[1] 海伦·帕尔默. 九型人格 [M]. 徐杨,译. 黑龙江:哈尔滨出版社,2011.

[2] 海伦·帕尔默. 职场和恋爱中的九型人格 [M]. 徐杨,译. 北京:华夏出版社,2017.

[3] 唐·里索. 九型人格:了解自我、洞悉他人的秘诀 [M]. 徐晶,译. 海口:海南出版公司,2016.

第四章

大学生的自我意识和心理健康

案例导入

神话传说的启示

在古老的美索不达米亚文明中,有这样一个神话传说,掌管着天上与人间的皇后伊娜娜,听到她做地狱皇后的妹妹艾里斯克欧的痛苦呻吟,决定前去地狱探望妹妹。经过狭窄的地狱七重门的时候,伊娜娜先后脱去其华贵的服饰与衣物,赤裸裸地来到了地狱皇后艾里斯克欧的面前。失去了理智的艾里斯克欧,以其盛怒接待伊娜娜,夺取了她的气息并将其变为僵尸。三天后不见前往地狱的伊娜娜返回,她的忠实仆人尼苏伯四处寻求帮助。最后智慧与水之神安奇用其指甲里的泥垢做了2个非男非女的小人,让他们把维持生命的食物和水送给伊娜娜。

这两个小人神不知鬼不觉地来到了地狱的皇宫,发现艾里斯克欧赤裸地躺在床上,头发散乱,语无伦次地呻吟着:"喔……喔……我的里面啊!"

受命于安奇的两个隐身小人,用同样的语气呻吟着:"呜……呜……你的里面啊!"

艾里斯克欧又大声地叫唤着:"呜呜呜……呜呜……我的外面啊!"

两个隐身小人同样回应着:"呜呜呜……呜呜……你的外面啊!"

艾里斯克欧继续呻吟与呼叫,两个隐身小人也同样回应着她的痛苦……就这样,直到艾里斯克欧内心变得平静,停止了痛苦的呻吟。于是,康复了的艾里斯克欧要答谢帮助她的这两位小人。两位小人要回了伊娜娜的尸体,用生命之水救活了她,并与她一起重返人间。

一个不懂得自己的人是不可能懂得别人的。在我们每一个人身上都有另一个我们不认识的"他"——他在梦中向我们说话,他告诉我们,他看我们的方式是怎样迥然不同于我们看自己的方式,当我们处于无法解决的困境中时,他有时就能闪现出光亮,而这光亮将极大地改变我们的态度——那使我们走出困境的态度。

——荣格(瑞士心理学家)

第四章 大学生的自我意识和心理健康

电影《我是谁》的启示

成龙在电影《我是谁》中塑造的杰克，因为受伤失去了记忆，不知道自己是谁，来自哪里，应该站在什么立场，不知道自己该相信谁，也不知道自己应该做些什么，时时处于茫然中。他苦苦地找寻着自己……

人自诩为万物之灵，总想探索宇宙和自然的奥秘，勤奋致力于对外探索。然而，曾几何时，人类是否发现，自我的存在才是谜中之谜，对内探索才是个人发展的根基。塞万提斯说，把认识自己作为任务，这是世界上最困难的课程；同时，"认识你自己"也是镌刻在德尔斐阿波罗神庙的一句箴言，也许是受到了这句箴言的启示，所以苏格拉底提出了"认识你自己，照顾你的心灵"，警示人类去探索自我的世界。无独有偶，中国的老子说："知人者智，自知者明"。西班牙也有一句谚语："自知之明是最难得的知识"。可见，人们对自我认知的重要性有着殊途同归的智慧洞见。

那么，我们真的认识我们自己吗？从某种意义上讲，人认为自己是怎样一个人，比他真正是怎样一个人更重要，因为每个人都是按照他自己认为的样子而行动的。而一个人对自己各方面都有比较明确的了解，才能更好地适应环境，个体的发展才能获得更为满意的效果。所以，大学生正确的自我意识是心理健康的首要条件。

本章内容简介

进入大学的学生，都会思考一个问题："我是谁？""我有什么目标？""我为什么上大学？"等形而上的问题。而这些内容就是大学生自我意识的真实体现。自我意识也称自我，是个体意识发展的高级阶段。只有正确地认识自我，客观地评价自我，并愉快地接纳自我，才能发展自我，成就自我，实现人生的价值。人相遇最多的是自己，然而最难认识的也是自己，如何在认识自我、接纳自我的基础上有效地调整自我意识中的偏差，重塑或完善自我，对于每个大学生具有重要的现实意义。

第一节 什么是自我意识

本节学习目标

通过本节学习，明确什么是自我意识、自我意识的内容、自我意识的结构以及自我意识的相关理论。

如果现在问你一个问题"你是谁"，你会怎么回答，会不会觉得这个问题太简单了。难道我会不知道自己是谁吗？这里我们借用一个心理测验20问法来完成这个任务。

★ 心理测量 4-1

请你尽量写出 20 个"我是谁",如果写不出来,可以略去,继续往下写。由于这是一个用于自我分析的材料,可以不给别人看,所以想到什么就可以写什么,不要有什么顾虑。例如我叫某某某、我是一个诚实的人,等等。

(1) 我是＿＿＿＿＿＿＿＿＿＿＿＿＿＿＿＿＿＿＿＿＿＿＿＿＿＿＿＿＿＿＿＿
(2) 我是＿＿＿＿＿＿＿＿＿＿＿＿＿＿＿＿＿＿＿＿＿＿＿＿＿＿＿＿＿＿＿＿
……
……
……
(20) 我是＿＿＿＿＿＿＿＿＿＿＿＿＿＿＿＿＿＿＿＿＿＿＿＿＿＿＿＿＿＿＿

现在我们看一下自己的答案,数一数自己一共写出多少个"我是谁"。"我是谁"这个看似简单的问题似乎并不是那么容易回答。通过这个测验我们想帮助同学们对自我进行一下梳理,让同学们更好地了解自我。如果我们再仔细看一下自己的答案,也许你会惊奇地发现,"我"好像包含很多方面的内容,例如:我是大学生;我喜欢旅游;我是男(女)性;我有点内向但不失幽默感,等等。

对自己的答案进行分析,内容包括以下几个方面。

(1) 答案的数量和质量。即一共写出几个答案,答案中哪些方面的内容比较多。如果能写出 9~10 个答案,则大体上可以认为没有特别的障碍;如果只能写出 7 个或更少的答案,则可以认为会过分压抑自己。

(2) 答案内容的表现方式。有三种情况:符合客观情况的,如"我是爸爸妈妈的女儿""我是大学生"等;符合主观解释情况的,如"我是老实人""我敏感"等;中性的情况,即谁都不能做出判断的情况。如果主观评价和客观评价都有,可以认为取得平衡;如果倾向于主观或客观,则不能取得平衡。在主观评价中,最好是既说到自己好的方面(令人满意的特征),又说到自己不好的方面(令人不满意的地方)。如果只说到好的,会使人觉得是自满;只做不好的评价,又令人感到没有信心。

(3) 答案是否涉及自己的未来。哪怕只有一个答案涉及未来(如"我是未来的工程师"),也说明自己有理想和抱负,在现实生活中充满生机;如果没有一个答案涉及未来,则可能说明自己对未来考虑不多。

一般说来,综合上述方法,我们就可以客观、全面地了解自我,形成良好的自我意识。

一、自我意识的概念

当我们思考自己是怎样的一个人时,头脑中浮现的种种关于自我的想法,就是我们所说的"自我意识"。那么,什么是自我意识呢?

当代各种各样的人,尤其是年轻人,当他们前往咨询师或者治疗者那里时,他们的问题会被诊断为一种"认同危机"——这个术语已经变得很陈腐。这一事实不应该使我们忽视这个现实,"现在,自我感是缺乏的。青少年的这些问题——我是谁?我将去向何方?生活的意义是什么?——没有最终答案。"(艾伦·威利斯)更让人难过的是,"即使我知道我是谁,我作为一个个体也产生不了什么影响。"(罗洛梅)

那些人们说:"信奉这个神!信奉那个神!"神一个接一个,其实所有这些,都是他所创造的!他自己才是所有这些神……

他进入我们的世界,甚至进入我们的指甲里,像火焰蕴藏在火柴中,他像空气一样的存在,人是看不到神的,因为一旦被看到,神就不完美了。神用名字呼吸,用肢体交流,用眼睛欣赏,用耳朵聆听,用大脑思维,这只是神行为的名字,可是无论谁信奉这其中的哪一个,都是不完美的。其实人应该崇拜他自身,因为人是神的极大成者,人自身就是神的写照和诠释,就像我们听过的故事一样——《大森林奥义书》。

自我意识是指人特有的觉知现象,是人能够跳出来反省自己的能力。它使人能够超越具体的世界,生活在"可能"的世界之中。自我意识也是人类特有的反映形式,是意识发展的最高阶段,它是指个体对自己各种身心状态的认知、体验和愿望,以及对自己与周围环境之间关系的认知、体验和愿望。总之,自我意识就是自己对于所有属于自己身心状况的认识。

一个大二的女生对自己进行了这样的描述:"我就是我,一个身高不足一米六的女生,身材还可以,容貌也还行,健康状况良好,尽管小时候容易生病,但现在很少生病。我来自河北,我有一个幸福的家庭。我喜欢交朋友,我喜欢运动、看体育比赛,我是一个好胜、表面看着坚强而内心很脆弱的女孩,自尊心很强,喜欢什么事情都做到最好。在别人眼里我可能是个一帆风顺的女孩,而我的成长却经历了很多不为人知的坎坷。我的理想是有一份稳定的工作,能嫁一个好老公。在学校里,我是一个优秀的学生……"从她对自己的描述中,我们可以初步了解到,她是一个身材中等、喜欢运动和结交朋友、努力向上的大二女生。如果结合自我意识来分析,我们对于该女生的自我描述又可以做出哪些具体的理解呢?自我意识都包含哪些具体的内容呢?

二、自我意识的内容

自我意识是意识的核心部分,是一个人在社会化过程中逐步形成和发展起来的,是个体意识发展的最高阶段。从内容上看,主要包括三个方面的内容,是由美国心理学家詹姆斯(James)提出的,生理自我、社会自我、心理自我是互相影响、紧密联系、相互作用的。

1. **个体对自己身体、生理状况的意识——生理自我**

生理自我是指个体对自己身体的意识,也就是个人对自己的生理状况与特征的认识和评价,也可以称为躯体自我,包括占有感、支配欲和爱护感。如:对自己的身高、体重、外貌和性别等的认识以及温饱饥渴、劳累舒适、生理病痛等生理状态的感受都属于生理自我,这些感觉大概在人三岁左右就开始形成。

2. **个体对自己社会属性的意识——社会自我**

社会自我是指个体对自己在社会关系、人际关系中角色的认知,也就是个体对自己与周围关系的认识和评价,包括个体对自己在客观环境及各种社会关系中的角色、地位、权利、义务、责任等的意识。社会自我主要受他人看法的影响。如:与父母、同伴和老师的关系以及自己在这些圈子里的地位,生命中的重要他人,父母、老师和好友对待我们的态度都会极大程度地影响社会自我的形成。

3. 个体对自己的心理属性的意识——心理自我

心理自我是指个体对自己心理特征的意识,也可称为精神自我,包括对自己的心理活动、个性特征、心理品质等方面的认识。如:对自己的感知、记忆、思维、智力、能力、性格、气质、情绪、态度和行为特点的认识和体验。心理自我是个体自我意识的核心,在自我意识的发展中起着重要的作用。心理自我随着个体的年龄、阅历、文化水平、心理水平等的发展而逐渐成熟。它使得个体根据需要,调节和控制自己的心理和行为,修正自己的经验和观念。

三、自我意识的结构

自我意识的结构是指自我意识包括哪些成分。由于自我意识既是心理活动的主体,又是心理活动的客体,它是涉及认知、情感和意志过程的多维度、多层次的复杂的心理系统,因此,自我意识从结构上看,主要包括三个方面的内容:自我认识、自我体验和自我调控。

1. 自我认识

自我认识也叫自我认知,是主体"我"对客体"我"的认知和评价。自我认识是自我意识的认知成分,包括自我感觉、自我观察、自我分析和自我评价等内容。自我认识主要解决"我是一个什么样的人""我为什么是这样的人""我的优点有……""我的缺点是……"这样的问题,如体通过对自己容貌的审视,认为自己形象良好;分析自己的品性,认为自己诚实可信,等等。自我评价是自我认识的核心成分,它是个体在认识自己的行为和活动的基础上产生的,是通过社会比较实现的。现实生活中人们往往容易过高或过低地评价自己,这是因为一个人要想对自我进行一个客观、正确的自我评价是比较困难的。首先个体的自我发展是一个连续的、终生的过程;其次,个体在对自我进行评价时还会受到需要、动机、能力等心理因素的影响。

2. 自我体验

自我体验是主体"我"对客体"我"的情绪体验,是自我意识的情感成分,属于情绪范畴,它以情绪体验的形式表现出人对自己的态度,主要体现为"能够悦纳自己""对自己是否满意"等方面。个体的这种自我体验是在自我认识的基础上产生的一种情绪体验,这种情绪体验往往与自我认知、自我评价有关,也和自己对社会的规范、价值标准的认识有关,它包括自尊、自爱、自信、自卑、内疚、自豪感、责任感、优越感、成就感和自我效能感等。其中,自尊、自信是自我体验中最主要的方面。

3. 自我调控

自我调控是个体对自己的身心活动及与外界环境的调节和控制,它监督、调节自己的行为，调节、控制自己对自己的态度和对他人的态度。它建立在自我评价的基础上，受自我体验的影响，包括自我监督、自我激励、自我命令、自我调节和自我教育等内容，表现为自主、自立、自强、自制、自律等形式。其中，自我调节和自我教育是自我调控中最主要的方面。

自我认识、自我体验和自我调控三者之间相互联系、相互制约、相互统一于个体的自我意识之中。自我认识是其中最基础的部分，决定着自我体验的主导心境以及自我调控的主要内容；自我体验又强化着自我认识，决定着自我调控的行动力度；自我调控则是完善自我的实际途径，对自我认识、自我体验都有着调节作用。三方面整合一致，便形成了完整的自我意识。

四、自我意识的相关理论

自我意识作为人所特有的一种复杂的心理现象，并不是与生俱来的，个体的自我意识从无到有，最后达到成熟，经历了漫长的发展过程。个体的自我意识是在社会交往的过程中，在与周围环境长期相互作用的影响下，逐渐形成和发展起来的，它起始于婴幼儿时期，萌芽于少年童年期，形成于青春期，发展于青年期，完善于成年期。不少心理学家对自我意识的发展进行了研究，许多心理学家对此也提出了一些精辟的理论。在心理学家们所提出的关于自我意识的众多理论当中，弗洛伊德的人格三分结构论以及埃里克森的自我意识发展渐成说是被其他学者广为引用的理论。

1. 弗洛伊德的人格三分结构论

奥地利著名心理学家弗洛伊德，精神分析学派代表人物，他的人格结构理论和人格发展理论中都强调了自我意识的健康发展是以后心理健康的关键，认为人格由本我（id）、自我（ego）、超我（superego）三部分构成。人出生时有一个本能的我，即本我，指原始的自己，它由先天的本能、原始的欲望所组成，处于最低层，只知道满足和释放而不知道约束自己，它遵循快乐原则，它像一个幼儿，容不得紧张、希望得不到满足，易冲动，无组织，非理性。自我是本我在与现实打交道的过程中分化出来的，因为本我是一种原始的快乐欲望，在现实生活中是行不通的，所以经过大脑思考就产生了一种自我的意识，让它来解决本我与现实的矛盾和冲突，这就是自我，它遵循现实原则来适应环境中的一些条件和限制，是人与外部世界的媒介，是一个人具有的符合现实生活的理智思维。超我是人格中最文明、最有道德的部分，它是社会道德的化身，遵循道德原则行事。

2. 埃里克森的自我意识发展渐成说

埃里克森是美国著名精神病医师，新精神分析派的代表人物。他认为，人的自我意识的发展持续一生，他把自我意识的形成和发展过程划分为八个相互联系的阶段，每一个阶段都由一种对立的冲突组成，并形成相应的危机，而且，每一阶段都有相对应的发展任务需要完成。如果危机或发展任务得到积极的解决，就会增强自我的力量，使人的心理得到健康发展，更好地适应社会，同时为下一阶段的发展创造条件；如果危机或发展任务没有得到积极的解决，就会削弱自我的力量，人的心理健康就会出现问题，不能很好地适应社会，影响下一阶段的发展。这八个阶段的顺序是由遗传决定的，但是每一阶段能否顺利度过却是由环境决定的，所以这个理论又可称为心理发展社会阶段理论。这八个阶段具体如下。

(1) 婴儿期（0~1岁）。

本阶段心理危机：基本信任对不信任。

本阶段基本发展任务：获得对周围的人和周围环境的基本信任感。

本阶段特征：当婴儿受到温暖、持续地照顾时，他就能建立起信任感；缺乏照顾或照顾不够则产生不信任感。

(2) 儿童期（1~3岁）。

本阶段心理危机：自主性对羞怯和怀疑。

本阶段基本发展任务：获得自我控制感和意志力。

本阶段特征：当鼓励儿童探索自我和环境时，自主感得以发展；当儿童的探索受到抑制时，多产生羞怯感和怀疑。

(3) 学龄初期（3~6岁）。

本阶段心理危机：主动性对内疚感。

本阶段基本发展任务：形成自主性，形成"一种正视和追求有价值目标的勇气，这种勇气不为幼儿想象的失利、罪疚感和惩罚的恐惧所限制"。

本阶段特征：当鼓励儿童进行各种各样的尝试时，他们的自主性就得到促进；如果父母嘲笑孩子或过度批评他们，就会使他们产生内疚感。

(4) 学龄期（6~12岁）。

本阶段心理危机：勤奋对自卑。

本阶段基本发展任务：体验从稳定的注意和孜孜不倦的勤奋来完成工作的乐趣，获得能力。

本阶段特征：当儿童受到表扬时他们就会获得勤奋感；当他们所做的努力被认为是不充分的或差劲时，就会让他们产生自卑感。

(5) 青春期（12~18岁）。

本阶段心理危机：自我同一性对角色混乱。

本阶段基本发展任务：获得自我同一性，进而形成忠诚的品质。

本阶段特征：处于这个阶段的个体要面临的一个关键问题是"我是谁"，拥有可靠和整合特征的个体被认为是达到自我同一性；无法建立稳定和同一特征的个体将会面临角色混乱。

(6) 成年早期（18~25岁）。

本阶段心理危机：亲密对孤独。

本阶段基本发展任务：获得与朋友、配偶建立亲密关系的能力，形成"爱"的积极品质。

本阶段特征：建立一种承诺和亲密的人际关系，这个过程出现失败将导致孤独。

(7) 成年中期（25~65岁）。

本阶段心理危机：繁殖对停滞。

本阶段基本发展任务：生育和指导下一代，完成文学艺术、思想观念和物质产品的创造，形成积极品质"关怀"。

本阶段特征：个体是社会中能够进行生产的成员，为社会做出贡献，为未来创造人口，这可以通过工作、努力抚养孩子来实现；与之相反是停滞，它的特征是个体过度关注自己的幸福或认为生活是无意义的。

（8）成年后期（65岁以后）。

本阶段心理危机：自我整合对绝望。

本阶段基本发展任务：对过去的人生能够整合，能安然地面对过去的胜利和失望，形成"智慧"的积极品质。

本阶段特征：整合是指当个体回头看自己所经历的生活时会有满足感，这使得他们能够有尊严地面对死亡；如果遗憾成为主导，那么个体会感到绝望。

由上述埃里克森的自我发展阶段理论，我们可以看出，其中第五和第六个阶段是大学生所处的阶段，这两个阶段的危机和发展任务是大学生特别值得关注的，尤其是第五个阶段。青年大学生正好处于自我同一性的建立与角色混乱的发展阶段，这个阶段青少年的发展任务是形成自我同一性而避免角色混乱；发展顺利就会形成自我认同、方向明确，发展不好就会产生角色混乱。那么，到底什么是自我同一性呢？

在埃里克森看来，同一性是指：①对个人未来的方向和个人独特性的意识；②对个人以往各种身份、各种自我形象的综合感；③一种对异性伴侣和爱的对象能做出明智选择的意识；④一种对未来理想职业的向往和作为社会负责任成员的意识。也就是说，"我已经是谁""我想成为谁"和"我应该成为谁"，这几个问题应该是连贯的、统一的，也即个人的内部状态与外部环境的整合和协调一致。这一阶段的青少年对周围世界有了新的观察和思考方法，他们经常考虑自己到底是怎样一个人，他们从别人对他的态度中，从自己扮演的各种社会角色中，逐渐认清了自己。此时，他们逐渐疏远了自己的父母，从对父母的依赖中解脱出来，而与同伴们建立了亲密的友谊，从而进一步认识自己，对自己的过去、现在、将来产生一种内在的连续之感，也认识自己与他人在外表上与性格上的相同和不同，认识现实的自己和理想的自己之间的关系。

自我同一性的确立，对于青少年的健康成长、较好地适应社会和实现自身的价值都具有重要意义，同时，这种同一性的感觉也是一种不断增强的自信心，一种在过去的经历中形成的内在连续性和同一感，是一个人心理上的自我。如果这种自我感觉与一个人在他人心目中的感觉相符，很明显这将为一个人的生涯增添绚丽的色彩。

青春期的个体还没有完全建立自我同一性的话，就会进入一个心理社会的合法延缓期。在我国，大学阶段的大学生大都处于合法延缓期。在大学的四年里，很多学生开始积极地探索自我、积极地探索人生、思考人生的目的和意义。到了大三、大四，很多大学生就已经有了自己的人生目标和职业规划，并为自己日后走向社会努力锻炼和提高自己各方面的能力。

马西娅认为青少年的同一性状况有以下四种情况。

一是同一性混淆。处于这一状态的青少年对未来方向感到迷茫，不知所措，没有确定的目标、价值和打算，是最不成熟的同一性状态。曾经有这样一位同学，在大学期间转了三次专业，还是没有找到自己真正想要学的专业。

二是同一性强闭。处于这一状态的青少年对特定的目标、价值观和信仰及社会角色过早地接纳。如接受父母的包办,从小到大都按父母的旨意行事,没有自己的思想和行动。

三是同一性延缓。处于这一状态的青少年正经历着同一性危机,并积极探索自己的价值定向。现今的大多数大学生都处于这一状态。

四是同一性达成。处于这一状态的青少年已解决了同一性危机。对职业已有明确的定向。这类青少年会有自己的理想和人生目标,并为之努力奋斗。

许多研究发现,同一性达成状态是最成熟的同一性状态,处于此状态的个体表现出良好的适应性和健康心理;而同一性混淆状态的个体表现出严重的不适应问题(如焦虑、抑郁、和神经质);同一性延缓和同一性强闭状态居于中间地位,延缓状态有高水平的开放性和对环境的适应性,但也有较高的焦虑水平;强闭状态有坚定的目标投入,但盲从权威,对环境的适应性差。成龙主演的电影《我是谁》中,主人公忘记了"我"的身份时痛苦、焦虑,而现实生活中,当我们回答不出"我是谁"的问题时,也会迷茫、焦虑、抑郁。大学生学习知识、技能的同时,找到自我、建立自我同一性尤其重要。

埃里克森总结了同一性危机的几个症状:①回避选择、麻木不仁;②对人距离失调,不能建立良好的人际关系;③空虚、孤独、迫切感、充实的时间意识消失;④勤勉性的扩散,不能专注于工作或学习;⑤对他人的评价特别敏感,以病态的防御抵抗他人的批评;⑥自我否定的同一性选择,破坏、攻击或自毁、自灭。

心理探索

1. 我是谁?

请分析一下,我们前面所做的自我评估"我是谁",你所写的对于自己的描述的句子中,有哪些属于自我认识?哪些属于自我体验?哪些属于自我调控?哪些属于生理自我?哪些属于社会自我?哪些属于心理自我?

2. "我"的多面镜

(1) 准备四张白纸。请在第一张纸上写下你的现实自我是什么样子,第二张纸上写下理想中的你是什么样的,第三张纸上写下你认为你可能成为什么样的人,第四张纸上写下你认为别人眼中的你是什么样子。

(2) 对比一下你的现实自我与理想自我之间有没有差距?如果有,差距大不大?你的理想自我在现实条件下可能达成的概率有多大?

(3) 比较你的理想自我与可能自我之间有没有差距?如果有,差距大不大?

(4) 比较一下你的现实自我与投射自我之间有没有差距?询问一下你的同学、亲人、朋友、老师的意见,看看你的投射自我与他们对你的看法或评价是否一致?如果不一致,差距有多大?

3. "同一性"与你

小组讨论,"自我同一性"理论对你有什么启发?你正面临同一性危机吗?你认为如何积极解决自我同一性危机?如何完成大学阶段的心理发展任务?

第二节 认识自我，发现你的秘密

本节学习目标

通过本节学习，能够客观认识和评价自我，每个人都有优点和缺点，只有客观地认识自我，发现自己的秘密，才能扬长避短，更好地实现自己的价值。

★ 案 例 4-1

一个叫琳的女孩，她有着天使般美丽的面孔，可是骂起街来却粗俗不堪，她虽然知道自己是自损形象，但失意的人生让她无法正视自己，因为她曾吸毒，也曾放纵过自己。

一位心理学家的一本著作触动了她的心灵，她找到这位心理学家拯救自己。心理学家确信她堕落的表象下是一个出色的人。起初，他用催眠术使她回忆学生时代的她是什么样子。当时她很聪明，但是不敢表现自己，怕引起同学的嫉妒。她在体育上比男孩强，招惹来一些人的讽刺挖苦，连她姐姐都怨恨；心理学家让她做真空练习，她哭泣着写了这样一段话：你信任我，你没有把我看成坏人！你使我感到痛苦，也感到了期望，你把我带到了真实的生活，我恨你！

十年后的一天，这位心理学家在大街上与琳邂逅，他几乎认不出来她了：衣着华丽，神态自若，生气勃勃，丝毫不见过去的创伤。寒暄后，琳说："你把我看做一个特殊的人，也使我认识到了这一点。那时我非常恨你，承认我是谁，我到底是什么人，这是我一生中从未遇到的事情。人们常说承认自己的缺点是多么不容易的事情，其实承认自己的美德同样也很难。"

进入大学的学生，都会思考这样一些问题："我是怎样一个人""我的目标是什么""我活着的意义是什么"……这不仅仅因为青年期是大学生身心发展的关键期，更主要的是青年期也是大学生自我意识急剧增长、迅速发展的关键时期。你也许会发现，与高中时相比，你更喜欢分析自己，更喜欢和朋友一起探讨有关人生、生命的话题，喜欢看有关心理学方面的书籍，有意识地改变自己。你也许会说"我有时觉得最了解自己的人其实还是我自己，我经常像观察其他人那样观察我自己。不过，有时候我觉得自己是这样的，但有时觉得自己又不是这样的，常常推翻曾给自己下的结论。有时候，我又觉得我没办法把握我自己。"其实，你的感觉和很多大学生是一样的，也正是其他千千万万个同龄人正在经历的心路历程。大学阶段是一个人从青春期向成年期转变的重要时期，也是自我意识形成、发展完善的飞跃时期，如果一个大学生能在大学阶段认识到自我意识的普遍规律，能够科学地认识自我，合理地评价自我、接纳自我，善于利用每一个机会改善自我、完善自我，那么他的人生将是非常快乐和有价值的。

自我认识在自我意识的结构中起着奠基作用，只有深入认识自己，才能更好地管理自我、完善自我，"觉察是改变的开始"。只有客观认识自己，才能了解自己的兴趣与优势，找到适合自己的事业、家庭、爱情及其他关系，从而体验到幸福并给更多的人带来幸福。这不是我们人生的终极目标吗？

但是，真正认识自己又是谈何容易！这也是自古至今萦绕人类心中挥之不去的难题。原因是：一是"自我"是那么的丰富——世界有多么绚丽多彩，"自我"就有多么灿烂多姿；二是"不识庐山真面目，只缘身在此山中"，因为我们身处其中，要以自我本身去了解全面的"自我"，往往会陷入盲人摸象的片面境地；三是在社会规范及社会习俗的影响下，"自我"有一部分被压抑至内心深处，成为潜意识或无意识，"我"居明处，"它"在暗处，又怎能易于洞察；四是"吾生也有涯，而知也无涯"，生命如此短暂，以有限的生命去认识无限丰富的"自我"，是我们穷尽一生都要去面对的课题。

认识自我这么不易，是不是人就不可以认识自我了呢？心理学的研究告诉我们，认识自我不但是可能的，也是有方法的。只要我们给自己觉察自我的机会，静下心来去探访自己的内心，我们就会渐渐地走入自我认识的佳境。也许在有限的生命中，我们并不能完全做到认识自我，但是，就像对真理的追求一样，我们可能永远无法获得真理，但我们可以无限接近真理。只要我们去努力，只要我们永不停息地走向隐藏在身体和心理之中的那个"我"，我们就是在接近"认识你自己"的真谛，接近一种完满的人生状态。乔韩窗口理论便给我们打开了一扇认识自我的窗口。

一、乔韩窗口理论——认识自我的窗口

美国心理学家乔（Joseph）和哈里（Harrington）于 20 世纪 50 年代提出了关于人自我认识的窗口理论，他们认为人对自己的认识是一个不断探索、不断进步的过程，被广泛应用于理解和培养自我意识、个人发展、改善沟通、推进人际关系等各个方面。

如下图所示，每个人的自我都有以下四部分。

①自己知道、别人也知道的自我，是公开的自我（Public self）；
②自己不知道、但别人知道的自我，是盲目的自我（Blind self）；
③自己知道，别人还不知道的自我，是秘密的自我（Secret self）；
④自己和别人都不知道的自我，是未知的自我（Unconscious self）。

象限	自知	自不知
他知	公开的自我	盲目的自我
他不知	秘密的自我	未知的自我

二、多角度客观评价自我

全面认识自我是形成自我意识的基础，如果一个人能够全面地、正确地认识自我，客观地、准确地评价自己，就能够量力而行，确立合适的奋斗目标，并为实现这一目标而不懈努力。

1. 通过自我反思和自我评价来认识自我

孔子曰"吾日三省吾身"，美国哈佛大学的加德纳教授提出了多元智能理论，在该理论中，他认为自省是一种非常重要的智能。通过经常的自我分析，我们可以了解自己的生理自我、社会自我、心理自我，如我们的身体特点（如相貌、体能等）、学业、智能、情绪特点、个性特点、社会角色、社会地位等，也可以了解我们的现实自我和理想自我、可能自我。在自我分析时要注意当时自己的心理状态，要在自己相对比较平静的时候进行，尽最大努力做到客观、全面，避免"见树不见林"。

值得一提的是，在自我分析或自省进入到较深的层面时，有的人可能会对进一步的分析产生阻抗。原因是，自我分析不可避免地既可能发现自己优势的、美的一面，也可能发现自己弱势的、丑的一面，这让有些人会感到心里不舒服或恐惧。因此很多人会终止自我分析，不敢再进一步。遇到这种情况，首先要建设性地处理好自己的负面情绪，在没有做好接受自己的一切之前，不要贸然深入。在处理好自己的情绪后，你可以自己再深入分析，也可以寻求专业人士的帮助，在专业人士的陪伴下深入自我。

2. 通过他人的反馈和评价来认识自我

仅仅通过自省来认识自我是远远不够的，"当局者迷，旁观者清"，我们对自我的认识和评价是以"我"为中心的，带有很多主观色彩，因此对自我的认识和评价往往是不客观的。我们还可以通过他人对我们的反馈和评价来认识自我。但这里需要注意的是，在接收他人的反馈和评价信息时要注意这个"他人"尤其是你的"重要他人"对你的反馈是否理智，对你的评价是否客观。

除此之外，也可以借助一定的工具来了解自我，如心理测评工具、自我探索问卷或活动等。

3. 通过与他人的比较来认识自我

不管我们是不是有意的，我们经常会拿自己和某个群体中的他人（可能是某个人，也可能是某个群体）进行比较来了解自我。这是一种迅速判断自己的有效方式。问题是，如果这种比较不全面、不恰当，也容易让我们对自我的认识进入盲目乐观或盲目悲观的境地。在这种方法中，比较对象的选择特别关键。比如，两位同学都拿到学校二等奖学金，其中一位同学对这个结果很满意，觉得全班拿奖学金的学生毕竟是少数，因此对自我的评价比较积极。而另一位同学与拿一等奖学金的同学进行比较之后，对自己的表现不是很满意。由此可以看出，同样才能与成就的人对自我的评价及认识可能不同。所以，在和他人进行比较时，要客观、全面，这样才能既可以发现自己的长处，也可以发现自己的劣势。

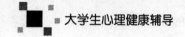

4. 通过自我比较来认识自我

人们不仅可以通过与他人的比较来认识自我，而且可以通过自我比较来认识自我，可以从比较自己的过去、现在和将来中来认识自我。

5. 通过自己的活动表现和成果来认识自我

大学生在参与各方面活动中展现出自己的聪明才智、情感取向、意志特征和道德品质，通过全面参与社团的活动认识自己。用"实践是检验真理的唯一标准"来认识自己，检查自己在活动中的表现，因此在培养大学生自我意识的过程中，要帮助他们正确分析自己的活动表现和成果，客观地认识自己的知识才能、兴趣爱好等，进一步发挥自己的长处，同时弥补自己的短处。比如自己在哪些方面可以做到得心应手，在哪些方面需要付出加倍的努力才能做好，而在哪些方面即使使出了浑身解数却仍然难以企及别人轻轻松松就可以做到的高度，在哪些方面虽然现在做得不好，但有潜能可以挖掘。其中，尤其是重大的成功和失败的经历对自我认识有着深刻的影响。一般情况下，成功的经历会提升自我评价，失败的经历会降低自我评价。

心理探索

1. 假如……

请完成下面的句子：

假如我是一种动物，我希望是……，因为……
假如我是一种昆虫，我希望是……，因为……
假如我是一种鸟，我希望是……，因为……
假如我是一朵花，我希望是……，因为……
假如我是一棵树，我希望是……，因为……
假如我是一种颜色，我希望是……，因为……
假如我是一种食物，我希望是……，因为……
假如我是一种家具，我希望是……，因为……
假如我是一种乐器，我希望是……，因为……
假如我是一种交通工具，我希望是……，因为……
假如我是一个电视节目，我希望是……，因为……
假如我是一部电影，我希望是……，因为……

可将上述你的回答与同学或朋友、亲人讨论。

2. 请认真填写下面的问题：

你最欣赏自己的2～3项。
你生命中最重要的人物2～3人。
你记得童年最开心的一件事。
在你学习或工作中最有满足感的一件事。

如果危机降临在你身上,你生命将至,只有十个小时,你最想做什么?

假如现在是50年后,你从空中眺望此处,你的感受是……最想对谁说……

200年后,你希望别人怎样评价你,记得你?

如果现在是一个礼物,你最想送给自己的一句话是什么?

3. 重要他人

请回忆一下,在你成长的过程中,谁对你的影响最大?请在一张纸上写下他(她)的名字。思考并写下:他(她)对你有什么影响?你怎么看待他(她)对你的影响?

第三节　接纳自我

本节学习目标

1. 正确理解自我体验的重要成分。
2. 自我效能感和自信的关系。
3. 理解为什么要接纳自我以及掌握有效接纳自我的方法。

★案　例 4-2

美国著名心理学家基恩,小时候亲历过一件让他终生难忘的事,正是这件事使得基恩从自卑走向了自信,也正是这种自信,使他一步步走向成功。

有一次,他躲在公园的角落里偷偷看到几个白人小孩在玩游戏,他羡慕他们,也很想与他们一起玩,但他不敢,因为自己是一个黑人小孩,心里很自卑。

这时,一位卖气球的老人举着一大把气球进了公园,白人孩子一窝蜂地跑了过去,每人买了一个,高高兴兴地把气球放飞到空中去。

白人小孩走了以后,他才胆怯地走到老人面前,低声请求:"你可以卖一个气球给我吗?"老人慈祥地说:"当然。你要一个什么颜色的?"他鼓起勇气说:"我要一个黑色的。"老人给了他一个黑色的气球。他接过气球,小手一松,黑气球慢慢地升上了天空……老人一边眯着眼睛看着气球上升,一边用手轻轻拍着他的后脑勺,说:"记住,气球能不能升起来,不是因为颜色、形状,而是气球内充满了氢气。一个人的成败不是因为种族和出身,关键是你内心有没有自信。"

你对自己满意吗?你喜欢自己吗?还是讨厌自己?我们对自我的体验在很大程度上源于是否能接纳自我。一个不能接纳自我的人会很自卑,会讨厌自己,会将大量的时间与精力用来掩饰自己的短处,不相信自己有能力去做自己想做的事,会让机会在自己面前擦肩而过……

一、自我体验的重要成分

（一）自尊

1. 什么是自尊

自尊是个人对自己的一种态度，它是自我意识中的核心要素，也是人格系统中的重要组成部分。林崇德认为自尊是自我意识中的具有评价意义的成分，是与自尊需要相联系的对自我的态度体验；自尊在自我认知的基础上产生，有情绪成分，涵盖自我体验；自尊既有自我评价成分也有自我接纳成分，自我评价来源于自我认知，自我接纳是情绪体验后的反应，自我评价是自我接纳的前提，自我接纳是自我评价的结果，但又对其有反作用，自我接纳影响自我评价的积极性；二者不同步但又是密切联系、难以割舍的有机体，自尊感强表示肯定自己、信任自己、看重自己，自尊感弱表示否定自己、轻视自己。

2. 高自尊者的特点

一般地说，自尊感强的人具有下列特点：生活适应能力强、具有积极的情感、自主性强、富有独立性、具有双性化人格特点、自我知觉强、有恰当的目标、责任感强、能成功应对批评或消极反馈、能有效处理应激、很少进行批评和自我批评。而低自尊者的特点是：心理适应能力差、心理健康水平低（包括压抑、焦虑等）、饮食不协调、很难建立和维持稳定的人际关系、处理应激的能力差。高自尊者主要关注可以提升自我的信息，寻找各种机会来提升自我、展示自我。而低自尊者则倾向于自我保护和避免失败、羞辱或拒绝。

心理学家认为，如果一个人没有健康的自尊感就不可能实现自己的潜能；如果一个社会成员不尊重自己，那么这个社会就不可能健康成长。

3. 防御性自尊与真正的自尊

高自尊者一般有助于个体的心理发展和社会适应，但这种自尊应该是真诚的、稳定的、内外一致的。

有些人希望自己被他人接受，不愿承认自己拥有消极的自我感受，这种隐藏的消极自我感受和公开表现出的积极自我感受的结合就是防御性高自尊。这样的人虽然具有很高的自尊心，但当其受到挑战时，会表现出与高自尊行为特征不一致的行为方式，比如极易受到伤害、对批评过分敏感，当他们感到他们的能力受到质疑时，为了防御由能力不足引起的焦虑，就会自吹自擂，运用过度补偿这种方式来进行防御；或者会批评和埋怨其他人，把对自己的批评转向别人；或者是在工作中过分投入，希望创造出一系列不平凡的成就；或者是用威胁或不恰当的反抗行为来应对他人对自身价值的批评和威胁。

而具有真诚的高自尊者其自我价值感和自我接纳是自然而然的，不必夸张或不断寻求能证实其积极自我观的反馈。稳定的高自尊者具有积极的、架构良好的自我价值感，很少受具体的评价性事件的影响，对威胁性信息较少防御性和极坏的反应。真正的高自尊是一种架构良好的、安全的自我价值感，它不依赖于具体结果的获得，不依赖于其成就和他人评价，也不需要持续的验证。只有当一个人的行为是自我决定的，并且与自己内心的、核心的自我相符的时候，才能发展起真正的高自尊。总之，真正的高自尊者悦纳并看重自己，对别人没有优越感，不需要通过胜过别人或其他的条件来衡量自己的价值。不会轻易受到挑战，很少使用策略去抬高其价值感，因而会不防御地加工信息。对失败虽然也会感到失望，但不会破坏其整体的价值感和自我接纳。

（二）自我效能感与自信

自尊与对自我价值和自我效能的总体评价有关。美国斯坦福大学的心理学教授班杜拉（Bandura）提出了自我效能感的概念。

1. 什么是自我效能感

自我效能感是指我们对自己有效地组织和完成某一项特殊任务的主观评价，主要基于对自己能力的判断。这类似于我们平时所说的自信（在本书中，不把自我效能感和自信做过多的区分）。自我效能感指导我们生活中的很多事情，因为一般我们会在相信能取得期待成果时采取行动，而不会在我们认为会导致失败的方面采取太多的行动。个体的自我效能感之间有着很大的差异，比如，有的人在学习方面有较好的自我效能感，而在人际交往方面自我效能感较差；有的人在技能如舞蹈方面有较好的自我效能感，但在文化课学习中自我效能感较差。

2. 自我效能感与你

根据班杜拉的理论，如果我们预期将会有成功的结果时，那么这种效能感将成为一种执行任务的动力；如果我们预期不会取得成功，那么这种效能感将成为一种阻碍因素。这些效能感和预期将会决定我们在行动上的表现，进而导致产生一定的结果。比如，你想参与学生会干部的竞选，如果你预期自己竞选成功的可能性很大，你就会在竞选前做许多准备，在竞选时由于预期产生的兴奋使你发挥正常，从而赢得竞选。

自我效能感通过选择、认知、动机、情绪和调节来运作。

自我效能的强弱会影响我们选择什么样的事情去做。如果我们有较强的自我效能感，我们会去做很多种尝试。我们还会更多地选择与我们的能力或我们试图要培养的能力（因为我们相信我们在这方面有潜能，可以通过努力来培养）有关的事情。

在认知方面，高自我效能感个体在处理情境挑战时表现出拥有更多的认知资源，更富策略上的灵活性和有效性，运用长远眼光来组织他们的生活，倾向于选择对自己有利的机会而不是选择麻烦，设想成功的结果并以此来指导自己解决问题。

在动机方面，高自我效能感个体会设立具有挑战性的目标；预期自己的努力会带来好的结果；把失败归结为可控制的因素（如不够努力、策略不合适或环境不利），而不会把失败归结为不可控制的因素（如能力不足）；把阻碍因素看成是可克服的。因此他们会在从事某项活动时付出更多的精力，坚持到底，努力达到目标。

自我效能感让人们把潜在的威胁看成一种可控制的挑战，以减少对潜在威胁的焦虑和消极情绪，从而调节个体的情绪体验。自我效能感也可以通过以下策略来调节个体的情绪体验：采取以问题为中心的应对策略来改变潜在的威胁情境；通过寻求社会支持来缓冲应激所带来的影响；运用自我安抚的方法（如幽默、放松和运动）来减轻由潜在威胁情境引起的情绪唤醒。

自我效能感可以促进免疫系统的正常运作，可以使身体更健康；可以使个体面对应激的适应力更强；可以使个体的心理和社会适应能力更强。

二、接纳独特的你——自我接纳一小步，迈向自信一大步

（一）人为什么要接纳自我

一个人之所以自卑，主要缘于不能接纳自我，对自己的缺点、弱势、错误耿耿于怀。其实，每个人都是不完美的、有缺陷的。每个人都会犯错误，然而，很多人很难接受这个简单的事实。当发现自己的缺陷时，无视自己的优点；当发现自己的美丽时，又会忘记自己的痛苦和脆弱。由于不敢面对自己的缺陷，拒不承认真实的、不完美的自我。相反，我们为自己设计了一个面具自我。无论实际上我们多么需要别人安慰、多么伤心，我们都迫切地向自己和他人保证"我很棒，我很能干，我能胜任。"我们为自己设计的面具自我可以表现为听话的孩子、勤奋自信的学生、乐观开朗的朋友等。无论这副面具表现为什么形式，其目的是遮盖我们的缺点与脆弱、痛苦，否认我们的平凡与渺小。但是，逃避现实只会耗费我们大量的精力，但如果我们勇敢地面对真实的自我就可以避免这种浪费。

奥格·曼迪诺说："每个人都是自然界最伟大的奇迹。自从上帝创造了天地万物以来，没有一个人和你一样，你是独一无二的造化。"诚然，有时候我们需要通过和他人的比较来对自己有一个定位，但这种比较是为了找到自己区别于他人的地方，找到自己的优势，而不是跟别人一较长短，总是拿别人的长处跟自己的短处比，或者总拿自己的长处跟别人的短处比。我们每个人都具有自己的独特性，因此，不要总拿自己的劣势和别人的优势比，因为你和别人不同！

一旦我们下决心时刻诚实地面对自己和他人，我们就为自尊建立了更牢固的基础。我们不会仅仅因为一次的失败而否认自己，也不会仅仅因为某个方面的出众而沾沾自喜，不会因为别人的一次否认而轻视自己，也不会时刻提防着别人在某方面比自己出色，不会时刻想着如何去证明自己比别人更优秀。因为，我就是我。

所以，一个心理健康的人、一个自信的人首先需要自我接纳。自我接纳指的是一个人对自身以及自身所具有特征所持有的一种积极的态度，即能欣然接受自己现实中的状况，不因自身优点而骄傲，也不因自己的缺点而自卑。当我们学会善待各个层次的、多个方面的内在自我，不再自我否定，那么我们就会敞开心扉，接纳他人和自然，我们的生活也变得更加和谐幸福。

（二）有效接纳自我的方法

1. 停止与自己的对立

停止与自己的对立也就是停止自我批评，停止对自己的不满和批判，停止对自己的挑剔和指责，不论自己的表现有多么糟糕，不论自己有多少不足，从现在开始，停止与自己的对立，停止做自己的敌人，要学习站在自己这一边，站在自己人性的尊严这一边，学习维护自己的尊严。告诉自己："不论我的现状如何，我选择尊重自己的生命和独特性"。

2. 停止苛求自己

要允许自己犯错，也要允许自己失败。不要因一次的错误或失败而不停地责备自己。而是要从错误以及失败中吸取教训，寻找错误和失败的原因，尽力使自己在将来不再犯第

二次错,不在同样的地方跌倒两次,把错误和失败当作学习的机会。要告诉自己:"不论我做错了什么,我选择从中吸取教训,不再犯同样的错""失败不等于不能成功,只是还没有找到成功的方法,我选择从失败中站起来,去寻找另外的方法"。

3. 停止否认或逃避自己的负性情绪

要允许自己有负性情绪,允许自己难过、伤心、焦虑,要学会与自己的负性情绪相伴,在此基础上去寻找产生负性情绪的原因是什么,如何解决。要告诉自己:"不论我产生什么样的负性情绪,我选择积极地正视、关注和体验它""不论我产生什么样的负性情绪,我选择给予它建设性的解决"。

4. 学习无条件地接纳自己

学习做自己的朋友,不论自己是不是漂亮帅气、是不是才华横溢、是不是魅力四射、是不是自信洒脱,要告诉自己:"我选择无条件地接纳自己"。

总之,首先我们要接纳自我,然后才会有真正的自尊与自信。

心理探索

自我和谐量表

心理专家对符合自我意识的和谐状态,提出五个标准,请对照你的状况,选择符合你的选项。A表示完全不符合,B表示有些不符合,C表示一半符合一半不符合,D表示有些符合,E表示完全符合。每个人对自己的看法都有其独特性,因此答案没有对错,你只要如实回答就行了。

题目:

1. 我周围的人往往觉得我对自己的看法有些矛盾。
2. 有时我会对自己在某方面的表现不满意。
3. 每当遇到困难,我总是首先分析造成困难的原因。
4. 我很难恰当地表达我对别人的情感反应。
5. 我对很多事情都有自己的观点,但我并不要求别人与我一样。
6. 我一旦形成对事情的看法,就不会再改变。
7. 我经常对自己的行为不满意。
8. 尽管有时要做一些不愿做的事,但我基本上是按自己的意愿办事的。
9. 一件事好就是好,不好就是不好,没有什么可以含糊的。
10. 如果我在某件事上不顺利,我就往往会怀疑自己的能力。
11. 我至少有几个知心的朋友。
12. 我觉得我所做的很多事情都是不该做的。
13. 不论别人怎么说,我的观点决不改变。
14. 别人常常会误解我对他们的好意。
15. 很多情况下我不得不对自己的能力表示怀疑。
16. 我朋友中有些是与我截然不同的人,这并不影响我们的关系。

17. 与别人交往过多容易暴露自己的隐私。
18. 我很了解自己对周围人的情感。
19. 我觉得自己目前的处境与我的要求相距太远。
20. 我很少去想自己所做的事是否应该。
21. 我所遇到的很多问题都无法自己解决。
22. 我很清楚自己是什么样的人。
23. 我能很自如地表达我想表达的意思。
24. 如果有了足够的证据,我也可以改变自己的观点。
25. 我很少考虑自己是一个什么样的人。
26. 把心里话告诉别人不仅得不到帮助,还可能招致麻烦。
27. 在遇到问题时,我总觉得别人都离我很远。
28. 我觉得很难发挥出自己应有的水平。
29. 我很担心自己的所作所为会引起别人的误解。
30. 如果我发现自己在某些方面表现不佳,总希望尽快弥补。
31. 每个人都在忙自己的事情,很难与他们沟通。
32. 我认为能力再强的人也可能会遇上难题。
33. 我经常感到自己是孤立无援的。
34. 一旦遇到麻烦,无论怎样做都无济于事。
35. 我总能清楚地了解自己的感受。

评价与分析:

1. 题目:1,4,7,10,12,14,15,17,19,21,23,27,28,29,31,33,6,9,13,20,25,26,34 选 A 得 1 分;B 得 2 分;C 得 3 分;D 得 4 分;E 得 5 分。

2. 题目:2,3,5,8,11,16,18,22,24,30,32,35 选 A 得 5 分;B 得 4 分;C 得 3 分;D 得 2 分;E 得 1 分。

把分数直接相加,得分越高自我和谐程度越低。在大学生中,低于 74 分为低分组,75 ~ 102 为中间组,103 分以上为高分组。

第四节 大学生自我意识偏差及其调适

> **本节学习目标**
>
> 1. 了解大学生自我意识偏差。
> 2. 掌握必要的调适方法,学会科学地认识自我、合理地接纳自我、正确地完善自我。

第四章 大学生的自我意识和心理健康

★案 例 4-3

这是一个刚入大学不久的女孩的叙述：我是一个生长在偏远山区的女孩，个性要强。当我拿到大学录取通知书的时候，多少人对我投来羡慕的目光，我飘飘然了。可自从我下火车进入寝室，我不敢再仔细看自己。因为我那早已过时的发型、过时的衣服以及其他过时的一切，都使我觉得我变矮了。在电视中看到的城市生活远不如现实的复杂。周围的人给予的不都是笑容，那份冷漠、那份藐视，有时我真的有些受不了。面对同学的嘲笑，我只是沉默，我给自己的座右铭是"忍"。同一个寝室里，我的东西别人可以随便翻、随便用，从来不打招呼，她们之间却不是这样。我并不小气，只是觉得她们的做法伤了我的自尊。大学生活刚开了个头，我不想这样生活下去，我想找回以前真诚的自我，和同学友好相处，请告诉我该怎么办？

案例分析：

我们总是在与他人的比较中进行自我认识的，像这种由于城乡差别而造成的自卑感是很常见的。如果这种差距能被赶上，是锦上添花的事情，如果赶不上也无伤大雅。人来到这个世界上必须面对这样的现实，在一生中我们能做的事情非常少，能做好的就更少了。所以，不要指望自己在所有方面都比别人强。要客观地对待别人的优势。我们要心悦诚服地看待别人的优势，坦然接受自己的不足，以彼之长补己之短，而不能耿耿于怀。

只有科学地认识自我，合理地接纳自我，正确地完善自我，才能够对自己有一个明确的自我认知和体验，才能够在大学这个阶段开启真正属于自己的人生。大学阶段是自我意识逐步发展和成熟的关键时期，在这一时期，大学生的自我意识是一个从不成熟到成熟的变化过程，如果处理不好主体我和客体我的关系，达不到生理自我、社会自我、心理自我的和谐统一，实现不了理想自我、现实自我和他人自我的同一，就会形成自我意识的偏差，并导致心理问题甚至是悲剧的发生。现实中，每个大学生自我认识的视角、方法、途径的差异导致自我意识的偏差，这种偏差按照自我意识的表现形式来看主要分为自我认识的偏差、自我体验的偏差和自我控制的偏差三种。

一、自我认识的偏差

（一）自我中心

适度的自我关注、自我分析有利于正确、客观地认识自己，有助于正确地意识到自己采取的行为和做法，从而能够及时适当地调整自己不当的行为，克服自己的不足。但也有大学生对自己过于关注，不是"我的眼里只有你"，而是"我的眼里只有我"，一切以自我为中心，只顾自己的感受和想法，不去考虑他人的感受，也不考虑对方的立场，即使是替别人着想也是站在自己的角度。在人际交往中，凡事都认为自己正确，总是抱怨，"为什么别人总是不能理解我呢？""他们应该想得到啊！"，由此而筑起一堵墙，与同学相互对立，从而产生种种矛盾冲突。事实上，我们每个人都有自己表达情绪和想法的非语言信号系统，但因为在家的时候，家人会适应你的思维和行为方式，能理解你，但在学校里别人是看不懂或者理解不了你的行为方式，这样就会产生误差。大学生生活在集体宿舍里，每个人都必须学会与人相处。虽然人们有利己的倾向，但人们都讨厌别人做事只顾自己。在一个提倡合作的社会里，如果人人都想利己，那最终受损的仍是自己。

（二）从众

从众是一种普遍存在的心理现象，它是在群体舆论的压力下，放弃个人意见而采取与大多数人一致的自我保护行为。从众心理人皆有之，但如果过强，就会有碍心理发展。在自我认识过程中，"主观的我"是因"自省"而来的，就是"我如何看待我自己"；"客观的我"是因"人言"而来的，就是"我在他人眼里是个怎样的人"。"主观的我"和"客观的我"经过比较、匹配，最后形成一个"我"，这就是"现实的我"。"主观的我"和"客观的我"之间常常产生矛盾。有些大学生过于看重自己在别人心目中的形象，过于敏感别人对自己的看法和评价，一味受"人言"所左右，也就是"从众"。

一位大学生这样自述："我是内向的人，我不喜欢打牌，而同宿舍的同学却非常热衷于打牌，常常会为此熬夜。起初，我总是不愿意参与他们的活动，可时间一久，我感到他们在疏远我，比如我一回到宿舍，他们正在进行的谈话就中止了，为此我感到很不安。现在，如果他们'三缺一'叫我时，我也会参与进去。尽管我不感兴趣，但又不愿拒绝，有时我在努力地参与其中时，又感到自己很堕落和空虚。我好像越来越不了解自己了……"由于患得患失，从而变得过分敏感、多疑、缩手缩脚，形成畏缩、胆小的性格，产生忧虑、抑郁、悲伤等负面情绪，对心理的健康发展不利。

二、自我体验的偏差

在心理学上，自我体验的偏差通常是指消极的自我体验，主要有以下几种。

（一）自卑

自卑是个体由于自我认知偏差等原因所形成的自我轻视和自我否定的情绪体验。表现为对自己认识不足，对自己的能力或品质评价过低，总认为自己多方面或某一方面不如别人，对自己不满、鄙视，担心他人不尊重自己的心理状态。这种影响在性格内向者身上表现得尤为明显。

自卑源于不合理的认知，在大学生中常见。大学生产生自卑的原因有很多，例如，身体或生理上的原因，觉得自己身材矮小、外貌不佳；家庭经济等因素，觉得自己家庭条件相对较差；能力等原因，觉得自己技不如人；经历挫折的原因，觉得自己在学习上屡屡经历失败。表面上看，自卑都有客观上的原因，但实质上，造成自卑更主要是主观原因，个体没有正确地认识这些问题，对自己缺乏正确的认识和评价。由于"现实我"与"理想我"总是存在差异，有的学生在将"现实我"与"理想我"做比较，认为"现实我"与"理想我"的差距太大感到失望，总盯着自己的缺点、不足，从而痛苦、逃避、退缩，这就是自卑。此外，自卑往往也是自尊屡屡受挫的结果。当一个人的自尊需要得不到满足，又不能恰如其分、实事求是地分析自己时就容易产生自卑心理。

一般人常认为，自卑的原因是自尊心不强或者缺乏自尊。我们却认为自卑是一种畸形变态的自尊，几乎所有严重自卑者其自尊心都有一种病态的敏感。在现实生活中，那些自尊心表现得越外显、越强烈的人，往往自卑感也越强，他们一般性格内向、情感脆弱。虽然自惭形秽，却又特别害怕别人伤害自己的尊严，过分介意他人的评价，与人交往时不容许有一点对自己的侵犯，并且会千方百计地抬高自己的形象，保持自己的优越感。由于缺乏自知，很容易与他人发生冲突。

（二）自负

自负是个体自以为是、自命不凡的一种情感体验和情绪表现。随着时代的变迁，自信已成为当今大学生较为普遍的优秀品质，他们能独立思考，对自己的未来踌躇满志。但有些同学自信过度，就变成了自负。

自负常常产生于"现实我"与"理想我"的矛盾中，一般来讲，"现实我"与"理想我"总是不一致的，两者之间总是有着距离，如何看待这两者的距离直接关系着自我体验。当对缩短两者距离充满信心时，表明个体正处于积极体验，即认为自己可以努力提高"现实我"以实现"理想我"。但有些学生自信过度，过高评价自己，在生活与学习中，处处显示自己的优越感，希望超过别人，这种自我膨胀过度的自信即是自负。自负的人往往目空一切，过分相信自己的能力，听不进师长的教诲，听不进同龄人的意见，一意孤行，骄傲自大。由于缺乏自知之明，自负的人容易失败，也容易受伤害。

三、自我控制的偏差

与自我体验相对应，在心理学上，自我控制的偏差是指消极的自我控制，主要有以下几种。

（一）逆反

逆反是指个体在生理基本成熟、心理迅速走向成熟而又未真正达到成熟的时候，渴望在思想上、行动上乃至经济上尽快独立，从而表现出较强的独立意识。在人类自我意识高涨的两个时期会出现逆反心理，而大学生处在合法延缓期，也会出现逆反。从本质上讲，逆反心理是青年人试图确立自我形象、寻求自我肯定、强调个人意志的一种手段，也是青年时期心理发展的自然要求。由于在这个时期，他们的智力发展虽已达到成熟，但阅历有限，经验不足，容易感情用事，甚至出现偏激的行为。

否定父母、否定老师、否定学校的各种管理体制，觉得周围的一切都是不合理的。逃课旷课、沉迷网络虚拟世界、听不进老师家长的劝说，甚至在明知道老师家长的话是正确的情况下，依然我行我素。曾有位同学这么说过："我知道我爸说得很有道理，按他说的做我肯定能取得很好的成就，但我就是不想听他的，他让我往东走，我偏要往西去！"这是典型的逆反者的内心写照。过分的逆反会影响大学生的心理发展和人格成熟，是不容忽视的自我意识缺陷。

（二）放纵

在大学里，不管是学习还是生活都依赖于学生的自我管理、自我教育，要过好大学生活，需要高度的自觉性。与中学生相比，大学生在自我控制上开始有了明显的自觉性、主动性，但是大学生最大的特点是感情易于冲动，对待问题容易偏激和情绪化，往往是理智让位于情感，自我控制能力的不足。放纵是指大学生不能约束自己的行为和克制自己的情绪，"跟着感觉走"。例如，一些大学生平日里觉得"好听"的课就去上，"不好听"的课就不去。明明确立了一个目标，却缺乏恒心与决心，在困难面前望而生畏，虎头蛇尾，半途而废。还有一些大学生认为在中小学寒窗苦读十余载，如今考上大学，总算解放了，不再需要埋头苦读，只求"60分万岁"，消极懒惰。

（三）盲目攀比

现在好多大学生都是家里的独子或者独女，都被爷爷奶奶、外公外婆、爸爸妈妈宠着他（她），有什么好吃的、好玩的都会先让他们得到，逐渐养成了我是独一无二的习惯。到大学之后，在集体环境中更是要做最好的那个，如果比的是学习或者能力方面还好，可偏偏是在一些物质或者享受方面盲目的攀比要做最好的。某某同学买电脑了，我也要买；某某同学买了件很漂亮的衣服，我要买更好看的；某某同学换了个iPhone10手机，我得买iPhone11；某某同学交了女朋友或男朋友，我也要谈恋爱，并且找个更漂亮的或更帅的……

我们说，自制、自律、自觉等是积极的自我控制，而放纵、逆反等则是消极的自我控制。自制力强的人，常会克制自己的情绪，做事有计划性，自我发展方向明确。自制力弱的人，常会不顾场合宣泄一番，逆反、放纵和盲目攀比都是消极的自我控制，都会给大学生的健康成长带来消极的影响。

从以上的分析我们可以看到，大学生自我意识发展过程中所出现的偏差或缺陷，主要可以归结为自我认识评价的两个极端，即过高地估计自己或过分地贬低自己，并基于此而形成消极的体验或行为控制，从而导致问题的发生，说到底是其心理还不成熟的表现。这是由其身心发展状况和成长背景决定的，并不是某个人的缺点，而是整个年龄阶段的特征。同时，我们也清楚地意识到，这些发展中的缺陷，是可以也是能够调整的。

心理探索

1. 请分析一下你的自尊属于哪种类型？你的防御性自尊是不是过强？
2. 请回答下列问题，完成后对你的自我效能感进行评估与分析。
（1）如果我尽力去做的话，我总是能够解决问题的。
（2）即使别人反对我，我仍有办法取得我所要的。
（3）对我来说，坚持理想和达成目标是轻而易举的。
（4）我自信能有效地应付任何突如其来的事情。
（5）以我的才智，我定能应付意料之外的情况。
（6）如果我付出必要的努力，我一定能解决大多数的难题。
（7）我能冷静地面对困难，因为我信赖自己处理问题的能力。
（8）面对一个难题时，我通常能找到几个解决方法。
（9）有麻烦的时候，我通常能想到一些应付的方法。
（10）无论什么事在我身上发生，我都能够应付自如。

(记分方法：完全不正确1；尚算正确2；多数正确3；完全正确4。)

说明：分数越高说明自信心越高。

1~10 你的自信心很低，甚至有点自卑，建议经常鼓励自己，相信自己是行的，正确地对待自己的优点和缺点，学会欣赏自己。

10~20 你的自信心偏低，有时候会感到信心不足，找出自己的优点，承认它们，欣赏自己。

20~30 你的自信心较高。

30~40 你的自信心非常高，但要注意正确看待自己的缺点。

思考时间

1. 通过本章的学习，你对自我的了解更深入了吗？
2. 你能接纳自我或悦纳自我吗？
3. 你的优势是什么？你的潜能是什么？
4. 你会不断地完善自己吗？你准备如何完善自己？
5. 将来你会怎么增强你的自我认知、自我管理？
6. 简述大学生自我意识的偏差以及调试方法。

推荐赏析

电影：《我是谁》
书籍：《遇见未知的自己》

参考文献

[1] 鲁忠义，安莉娟. 大学生心理健康教育 [M]. 北京：教育科学出版社. 2015.

[2] 周明明. 大学生心理健康教育项目化教程 [M]. 济南：山东人民出版社，2016.

[3] 宋宝萍. 大学生积极心理健康教育——理论与实践 [M]. 西安：西安电子科技大学出版社，2015.

[4] 黄国英，雷玉霞. 大学生心理健康教育训练教程 [M]. 北京：北京理工大学出版社，2013.

第五章

大学生学习心理

案例导入

随着电子科技日新月异的发展，大学生人手一台智能手机，有些甚至不止一台，上课玩手机已不再是什么新鲜事，课堂上"老师上面讲，底下低头一片""上课可以不带课本，却不忘揣上充电宝"。对于这种现象，很多学校也做过一些努力，比如要求上课手机放进收纳袋等，有的讲课效果可以，有的却收效甚微。

思考题：
1. 你上课玩过手机吗？都在玩什么？"低头族"现象只是出现在课堂上吗？
2. 通过上课玩手机的现象，反映出现代大学生什么样的学习心理问题？
3. 玩手机带来的都是问题吗？能玩出什么学习创意？

本章内容简介

学习是大学生的主要任务和主体活动。大学生的首要目标是学会学习，终极目标是在学会学习的基础上培养与激发创造能力。本章首先介绍大学生学习心理的基础知识，其次，提出大学生学习心理方面常见的问题并教会学生遇到问题如何进行调适，最后将学生的学习能力升华为创造力与创造性的培养与激发。

第一节 大学生学习心理基础知识

本节学习目标

使学生了解大学生学习心理方面的基础知识，了解什么是学习、为什么学习以及大学生学习的特点，同时使学生在认识学习心理的生理基础、心理结构的同时更加深入理解学习。

一、学习的含义

"学习"一词在日常生活中使用频繁,"好好学习,天天向上""学习型人才""学习做人"等等,这些都是"学习"一词的惯常用法。通常意义上,学习仅限于知识、技能的学习,比如学生上课、职工职业技能培训,而心理学意义上的"学习"是什么?陈琦、刘儒德等人给出了以下定义:学习是个体(人或动物)在特定情境下由于练习或反复经验而产生的行为或行为潜能的相对持久的变化。这一学习概念涵盖了以下四方面的内容。

第一,学习是一个广义的概念,不仅人类有学习,动物也存在学习。

第二,学习的发生是由于经验所引起的。这里的"经验"不是我们通常所说的总结出来的经验,而是指"经历",是个体通过某种活动来获得经验的过程,是个体与外界信息的相互作用的过程,即后天习得。

第三,主体身上必须发生某种变化。这种变化有时"立竿见影",立即见诸行为;也可能"盘马弯弓",引起的只是内部心理结构的改变,需要很长时间才能见诸行为,即行为潜能的变化。

第四,这种变化是相对持久保持的,并不是所有行为变化都意味着学习的发生,有些行为的变化是暂时的,如疲劳、适应等引起的变化都不能称之为学习。

二、学习与脑

1. 学习的关键期假说

大脑发展有一定的关键期。关键期是指大脑发展的一个时期,脑对某种类型的信息输入产生反应,以创造和巩固神经网络,与此相应地,儿童的某种能力容易培养和形成,过了这个时期就难以形成。对不同的人来说,脑的不同功能发展的关键期也并不完全一致,存在着一定的个体差异,在脑的不同发展上有着不平衡性。传统观点认为,关键期一旦结束,脑发育也会戛然而止,但事实证明并非如此,即使过了关键期,学习对脑的塑造作用还在继续着。只是错过了关键期之后,个体的学习要更加困难,需要花费更多的时间和精力。因此,现在人们更愿意以"敏感期"来代替"关键期"的说法,以突出关键期的相对性。

2. 脑的特异化与学习

脑扫描技术为我们解释了脑的不同区域是如何工作并对特定的任务进行加工的,如听觉皮层对外部声音加工,额叶对认知活动加工、左半球的部分区域对语言的加工。这种不同脑区执行的特定的功能被称为特异化。研究显示,大多数人都有优势大脑半球,这种大脑半球优势将影响人格、能力和学习风格。因此,了解自己的脑功能单侧优势的个别差异就非常重要,有些学生学习困难就是由这方面原因引起的。

3. 学习与脑的可塑性

大脑的逐渐成熟是一个人的遗传特征与外部经验交互作用的结果,也就是基因与环境交互的结果，服从"用进废退"原则。大脑的可塑性是指大脑的结构和功能因受学习、训练以及各种经验等因素的影响而出现动态的修复或重组。

4. 基于脑的学习

基于脑的学习强调学习应当遵从脑的活动规律，促进脑的发展。为了实现基于脑的学习，在学习中应该保证充足的睡眠、丰富的营养与运动锻炼，在心理上激活先前经验，主动利用学习策略。

三、学习的分类

学习现象是十分复杂的，既涉及学习者的内部过程又涉及外部影响，既有内容问题，又有形式问题，学习理论家从不同角度对学习进行分类，简单介绍几种分类如下：

1. 学习主体分类

（1）动物学习，动物的学习仅限于消极适应环境变化，主要是为了满足生理需要，靠直接经验获得。

（2）人类学习，人类学习具有社会性，是积极主动地学习，以语言为中介，不仅掌握具体经验，而且能掌握社会历史经验、抽象概括经验等。

（3）机器学习，是人工智能领域的重要分支，是借助于计算机科学和技术原理模拟或实现人类的学习行为，例如阿尔法围棋就是机器学习的典型例子。

2. 学习结果分类

（1）言语信息学习，指有关事物的名称、时间、地点、定义以及特征等方面的事实性信息。

（2）智力技能的学习，指个体运用符号或概念与环境交互作用的能力。

（3）认知策略的学习，指个体调控自己的注意、学习、记忆和思维等内部心理过程的技能。

（4）态度的学习，指影响个体对人、事和物采取行动的内部状态。

（5）动作技能的学习，指个体通过身体动作的质量不断改善而形成的整体动作模式。

3. 学习性质与形式分类

（1）接受学习：将他人的经验变成自己的经验，所学内容是以某种定论或确定的形式通过传授者传授的，无须自己去独立发现。学生将传授者呈现的材料加以内化和组织。

（2）发现学习：学生自己独立发现、创造经验的过程。

（3）有意义学习：学生利用原有的经验来进行新的学习、理解新的信息。

（4）机械学习：在缺乏某种先前经验的情况下，靠死记硬背进行学习。

四、学习是为了什么

1. 学习是有机体和环境取得平衡的条件

动物为了适应环境的变化而学习，人类不仅要适应环境，而且要改造环境，使之更好地为人类服务，就更需要学习。学习与生命并存，对一切具有高度组织形式的动物而言，生活就是学习。

2. 学习可以影响发育和成熟

个体的生理结构和机能为学习提供了可能性，在个体发展的一定阶段上学习什么，从何开始，都要以学习者的相应成熟为条件。但是如果个体的生理结构得不到使用的话，它的技能就会消退。如果对初生的动物剥夺其某方面的刺激作用，则可以影响其相应的感觉器官的发育和成熟。

3. 学习能激发人脑智力的潜力，从而促进个体心理的发展

达尔文小时候曾被认为是低能儿，牛顿小时候学习很差，华罗庚在初一时还补考过数学，那么是什么使他们有了很高的智力水平和伟大成就？是学习。学习把他们大脑中的潜能激发出来，成就了他们的伟大。

五、大学生学习是什么样的

大学生入学后，面临学习上的两次较大转折。一次是从中学被动学习到大学主动学习的转折，另一次是从低年级基础理论学习到高年级专业学习的转折，大学生在逐步适应上述转折的过程中，学习意识基本成熟，学习动机向深层次发展，学习自我评定能力日益增强。具体来讲，学生在这一阶段的学习具有以下特征。

1. 学习的自主性

大学生学习过程中，教师主要起指导者、促进者、信息源的作用，更多的是要求大学生抛却初高中的机械接受学习的模式，而转为自主的、探索的、发现的学习。

2. 学习的专业性

大学生入学前就确定了自己的专业或方向，因此大学的学习有很强的专业针对性，专业基础和专业实训在大学学习中占较大比重。因此，大学生的学习相较于初高中的学习极具专业性。

3. 学习的广泛性

大学生学习是全面的、广泛的，需要处理好知识、能力、素质学习的关系，还要处理好文化基础和专业知识的关系，更重要的是处理德与才的关系。

4. 学习的职业性

大学毕业，多数学生面临就业，因此大学学习是具有职业性的，在校期间的学习要为将来走上工作岗位做准备。

5. 学习的创造性

知识创新、意识创新、人才创新是创新体系的关键部分，大学生与国家创新体系紧密相关。国家社会要求大学生必须具有创新能力，同时大学生的自身条件和大学的教育条件奠定了创新学习的基础。因此，大学生的学习不仅要使自己掌握知识，更重要的是要使自己增长能力，包括思维能力、表达能力，尤其是创新能力。

> **心理探索**
>
> 联合国教科文组织把大学生的主要任务界定为"四个学会":
>
> 学会做事（learn to do）
>
> 学会做人（learn to be）
>
> 学会与人相处（learn to be with others）
>
> 学会学习（learn to how to learn）
>
> 那么问题来了：大学生学习不是学习基础课、专业基础课、专科课吗？学做人、学与人相处也是学习吗？到底什么是学习？

第二节 大学生常见的学习心理障碍及调试

> **本节学习目标**
>
> 使学生掌握如何培养学习能力以及了解如何激发学习潜能。

一、学习动机概念及作用

人的任何行为都是有原因，心理学家用动机来对行为原因进行描述。很多学生不愿学习，学习没动力，归根结底是学习动机不足的问题。学习动机是引发维持学生的学习行为，并使之指向一定学业目标的一种动力倾向。学习动机具有以下四个方面的作用。

（1）引发作用。当学生对某些知识或技能产生迫切学习的需要时，就会引发学习的内驱力，唤起内部激动状态，产生焦虑、渴求等心理体验，并最终激起一定的学习行为。

（2）定向作用。学习动机使学生行为在初始状态时就指向一定的学习目标，并推动学生为达到目标而努力学习。

（3）维持作用。学习动机的维持作用体现在学生在某项学习活动的坚持时间、出现频次以及投入状态上。

（4）调节作用。俗话说"计划赶不上变化"，动机好比汽车方向盘，要随时准备调整学习过程中的不适当行为，以保持学习的持续动力。

二、培养和激发大学生的学习动机

（1）培养学习兴趣和求知欲。"兴趣是最好的老师"，孔子曰"知之者不如好之者，好之者不如乐之者"，是指了解学习的人不如喜爱学习的人，喜爱学习的人不如以学习为乐的人。大学生爱上所学的知识和专业，是最稳定的学习动机。求知欲是对学习内容和材料本身的兴趣，大学生要在专业学习的过程中慢慢认识到所学专业和知识本身的魅力，激发学习动机。

（2）正确归因，提高自信心和效能感。阶段学习过后，我们都习惯性地对学习效果进行归因，有的归因于内部的努力和能力，有的归因于外部的任务难度和运气。大学生应该调整自己的归因，尽量将学习上的成功归因于自己的能力和努力，而不是任务简单或运气，这样可以提高学习的自信心和自我效能感；只有将成功归因于努力，才能激发更高的学习动机，形成下次学习成功的期望。

（3）培养对成就的需要和成就感。现在的年轻人中流行"佛系"说法，就是缺乏成就动机的需要和成就感，高度的趋向成功者具有很强的自信心和内归因，有较强的坚持性，更相信自己的能力，而所谓"佛系"则自我设限，或者设置不符合实际的目标，不付出足够的努力。

三、学习策略及其培养

（一）学习策略概述

"工欲善其事，必先利其器"。对于大学生而言，无论学习哪种专业、哪门课程，掌握哪种知识、技能，拥有一套有效的学习策略和方法都是极为重要的。学生如果能够掌握必要的学习策略，可以少走弯路，减少盲目地尝试。尤其是在当今的信息时代，拥有学习策略就如同拥有一把开启知识大门的金钥匙。学习策略是指学习者为了提高学习效果和效率，有目的、有意识地制定的有关学习过程的复杂的方案。

（二）常见的学习策略

1. 认知学习策略

认知策略可以理解为人的一种高级认知能力，调节着对信息加工的认知活动。合理的认知策略能够保证个体对学习内容的理解、记忆、保持和回忆。认知策略在学习策略中起着核心作用。在大学生的学习过程中，如果认知策略使用得当，就能够在很大程度上提高自己的学习效率。

（1）复述策略。第一，加强有意识记忆，善用无意识记忆。凡是学习都应当有明确的学习目的和目标，因而有意识记忆是主要的。有意识记忆，首先要做到选择明确的记忆内容。老师在课堂上强调"必须记住"的概念、原理和重点内容，就要充分理解、深入钻研、反复识记，达到有意识记忆。无意识记忆是在不知不觉中、无须经过努力的记忆。实际上，多数情况下，对人有重大影响、自己感兴趣或外界刺激强度比较大的内容都容易形成无意识记忆，如对某些广告内容、某些景观布局的记忆均属于无意识记忆。无意识记忆同样在学习中起着重要的作用，如数学家陈景润在中学时，他的老师沈元偶然提到哥德巴赫猜想，这并不是中学生需要掌握的内容，但凭着对数学强烈的兴趣，使他为这个"数学皇冠上的一颗明珠"奋斗了一生并取得举世瞩目的伟大成就。

第二，排除相互干扰。按照学习的心理规律，前后所接受的信息之间存在相互干扰的现象。先前所学的信息对后面所学信息的干扰叫作前摄抑制；后面所学信息对前面所学信息的干扰叫作倒摄抑制。最常见的例子是在小学生学习拼音字母和英文字母时发生二者识读时的相互干扰现象。因此在安排复习时，要尽量预防两种抑制的影响。在学习开始时，复习重要内容，可以克服前摄抑制的影响；在学习结束前，复习重要内容，可以克服倒摄抑制的影响。另外，要尽量避免将两种容易混淆的内容放在一起学习。刚学习语文接着学习英语，往往学习效率会打折扣，如果接着学习数学，相互干扰就会较小。另外，在学习新知识、接受新信息时，一定要调动自己的注意力，专注于所学内容，以免所接受的新信息受到无关信息的干扰，影响学习效果。

第三，运用多种感官协同记忆。心理学研究证明，人的学习83%通过视觉，11%通过听觉，3.5%通过嗅觉，1.5%通过触觉，1%通过味觉。而且，人一般可以记住自己阅读的10%，自己听到的20%，自己看到的30%，自己看到和听到的50%，交谈时自己所说的70%。这一研究结果充分说明多种感官的参与能有效地增强记忆。所以学习时做到眼到、口到、手到、心到，利用多种感官刺激大脑，能够更多地在大脑中留下回忆线索，从而增强记忆。

第四，运用多次复述记忆方法。记忆某些项目，如果我们刚刚能背诵就停止学习，记忆效果一般不会太好，而适当重复已记忆的内容，则有利于保持记忆。

根据脑认知的生理规律，某一部位兴奋的时间过长，就会产生疲劳，自动出现保护性抑制，必须适当变换兴奋中心，才能保持学习效率。例如长时间阅读某一本较难理解的书或背外语单词，会产生记忆疲劳，可以把它分成几次来学以保持学习效果。至于分散到什么程度，要根据不同的学习内容和个人情况而定。

(2) 精细加工策略。精细加工策略是一种对信息的深层次加工策略，它是寻求在识记的基础上，将新知识与头脑中已有的知识联系起来，以增加对新知识的理解，并且因为与已有知识的结合，使新知识得以牢固地保持，不致遗忘。其核心就是寻求新旧知识的联系，就是对新知识的理解的策略。精细加工策略通过为知识的建构提供更多的信息、为知识的提取提供更多的途径来增强人们的学习和记忆效果。一般说来，关于某一事物的信息越多，我们越容易记住这一事物。例如，初步接触"考拉"一词，由于它是两个汉字组成的无意义词汇，只能采用机械的方式进行记忆。如果知道这是澳大利亚特有的一种动物的名称，记住它的可能性就更大一些。如果能看到关于考拉的体型特征、生活习性、生存环境的录像，则有可能深深地记住"考拉"是什么。

对简单的陈述性知识的学习来说，精加工策略是非常有效的。例如，当我们学习正数、零、负数时，把正数与有钱、零与没钱、负数与欠钱相类比，就可以加深对三类数的意义的理解和记忆。再如，图片上有草地、风筝、蝴蝶、愉快几个词，就可以通过自由联想的方式把这几个词一起记下来。

(3) 组织策略。仅仅学习新知识是不够的，还需要整合所学新知识之间、新旧知识之间的内在联系，形成新的知识结构，这就是学习中常用的组织策略。运用组织策略可以将分散、孤立的知识集合成一个整体，好比一座图书馆，如果所有书籍混乱地堆放在一起，将很难找到我们所需要的书籍，如果分类存取，则可以很快地找到我们所需的。下面是这种策略的一些具体方法。

第一，聚类组织策略，也叫归纳法，即个体可以按照学习材料的特征或类别将它们进行整理、归类。这种方法有利于大学生将新知识相互联系，构成一个整体，形成一种结构。例如，像"一个中心两个基本点""五个一工程"或将英语单词归类，分为学习、生活、社交、娱乐等，此策略的特点，在于更重视知识之间的相互关系。

第二，概括组织法，是指摒弃枝节、提取要义、抓住主线、明确关系的一种组织方法。概括组织策略常用的有框图法和模式法等方法。①框图法：框图法首先要摒弃枝节、提取要义，用方框把关键词标出；其次是用箭头或连线，辅以关键词，把相互之间的联系、变化联结；最后组成一幅关系清晰、主线明确的框图。加涅的信息加工理论的学习模式图，就是把这种理论用框图简要地表示出来。②模式法：模式法就是利用图解的方式说明某个过程或某个原理各要素之间是如何相互联系的。教科书和科技著作中，大量的示意图、简图等就是利用模式法来组织知识的，它们略去了许多具体的枝节内容，抓住本质，以最简要的图形表达出来，形成非常清晰的形象。

2. 元认知学习策略

有一部分同学即使从小学一直上到大学，对学习的本质也没有真正了解，对自己学习的特点、优势与弱势也并不清楚。自己学习成功的经验和问题有哪些、对于不同学科应当采取哪些学习策略等问题也不太明白，而诸如此类的问题就是元认知策略所涉及的，它对掌握学习的主动性、提高自觉性和发挥主体性有重要意义。

（1）元认知策略的概述。美国心理学家弗拉维尔首先提出元认知的概念，他认为元认知"通常被广泛地定义为任何以认知过程与结果为对象的知识，或是任何调节认知过程的知识活动，它之所以被称之为元认知，是因为其核心意义是对认知的认知"。元认知通常对学习者个体而言，包括三部分：①个体有关元认知的知识，回答"认知是怎么回事？"②个体的元认知体验，回答"我是怎样认知的？"③个体元认知监控，回答"我的认知活动怎样？""如何更好地认知。"因此，实际上元认知策略就是对元认知知识的学习，对个人认知活动的自我了解、评测和调控。如果说认知策略是对认知外部信息的监控，那么元认知则是对主观认知活动的监控。学生在学习之初及学习过程中激活和维持注意与情绪状态、提出问题和制订学习计划、监控学习过程、维持或修正学习行为、评价学习结果等，都是元认知作用的表现。

（2）元认知策略的成分。第一，计划策略。面对学习任务和目的，应该采取何种认知策略和方法的选择，应该如何确定认知活动过程的安排，就需要运用自己的元认知知识和体验，也就是自己对学习的了解和以往经验来正确计划自己的学习。

第二，监控策略。在认知过程中，即时反思和评价认知活动状况，做到有自知之明，结合学习的实际效果，总结成绩、找出问题原因所在，调整心态。

第三，调节策略。在认知活动中，根据自我监控的评价与总结，有针对性地进行认知和情感调控，也就是运用认知策略，对学习方法、操作过程、心理状态等进行及时有效地调控。

如果一个人对自己的学习过程和结果没有调控能力，那么他的学习只能是盲目和低效的。所以有意识地对自己的学习过程和结果进行调节和监控，会提高学习质量。

你可以针对自己的学习目标和计划，确定一个自我调控表，每天晚上临睡前，按照表中的项目进行自我反思。

（3）元认知策略的训练加强。第一，对元认知知识的学习。学习本身有着客观的规律性，学习只有遵循学习的规律、发挥主观能动性才能得到好的效果。如果对学习是怎么回事都不了解，认知的知识贫乏，学会学习只能是纸上谈兵。

第二，提高元认知学习的认识。提高学习的自我意识，包括了解学习任务性质、特点、目标的意识，掌握学习对象特点的意识，使用学习认知策略的意识等。没有这些意识，也就不会有相应的行动。

第三，丰富元认知体验。学习在一定程度上是一种技巧、习惯和情感，要掌握学习的熟练技巧、形成习惯、培养情感，必须有丰富的自我体验，把元认知知识内化为自己的意识和认识，成为自觉的行为习惯，达到自动化的程度。

第四，形成学习素质。有了元认知的知识、意识、体验，最后将形成既符合学习规律，又具有个人特点的学习模式和学习策略体系，形成良好的学习素质。

四、克服考试焦虑

（一）考试焦虑

考试焦虑是人由于面临考试而产生的一种特殊的心理反应，它是在应试情境刺激下，受个人的认知、评价、个性、特点等影响而产生的以对考试成败的担忧和情绪紧张为主要特征的心理反应状态。学习焦虑与学习效果的关系也符合耶克斯－多德森定律，即在一定限度内，随着学习焦虑水平的提高，学习效率也随之提高，超过这个限度，学习效率随之降低。

（二）考试焦虑产生的原因

1. 主观原因

自我期望过高：成就动机过强，或者过高的预估了自己的实力，以至于对自己的学业效果产生了过高的期望，幻想"一考成名"等，当学习效果与期望不匹配时，产生严重紧张、焦虑情绪。

准备不充分：考前以及日常学习中准备不充分，没有做好平时的分散学习，"临时抱佛脚"也帮不上大忙，反而会更焦虑，没信心。

自卑人格：学生本身自卑人格严重，凡事都没自信，自然在考试这种重大场合更焦虑。

2. 客观因素

父母期望过高：父母过高的期望给孩子带来巨大的压力，父母也可能将自身没有实现的愿望投射到孩子身上，致使孩子感到巨大的负担或者产生逆反心理。

社会压力：大学生面临毕业和求知压力，考试成败决定着毕业与否甚至找到什么样的工作，因此考试成了人生前进的重负，导致学生对考试产生恐惧。

同伴竞争：同一班级、同一专业学生之间存在着竞争，更有可能影响教育资源甚至将来就业升学资源的分配，因此学生承受着来自同伴竞争的压力而焦虑。

（三）大学生考试焦虑的应对

1. 调整期望值，培养良好个性

期望值是自我确立的结果能达到的预期值和目标，它是影响学生考试焦虑的重要因素。期望值是否适度，直接影响考生的动机程度，情绪状态和品质，也直接影响考生临场水平的发挥。研究表明：过高的期望值会给学生造成较强的心理压力。因为目标定得太高，超过了自身的实际能力，就会担心没有实现的把握而失去信心，同时，也会使考生在考前过分担忧而分散注意，因此，适当调整期望值，切合实际地提出目标和期望，这是非常重要的。

2. 端正考试动机，正确评价考试意义

在当今升学，就业都需要通过考试成绩来选拔的社会中，考试成绩在学生心目中无疑占有很重要的位置，它不但会影响到考生的升学就业，而且会影响到家庭、学校、社会对考生的评价，把考试视为决定自己终身命运的"生死战"，认为考不好就没有前途的考生，肯定会背上过重的思想包袱，成天提心吊胆，害怕失败，而不能专注于学习本身。一旦考生改变了思维的刻板性，认识到成才道路的多渠道性，考试焦虑会随之降低。

3. 做好充分准备，形成良好考试状态

在知识的准备上，平时学习中养成分散复习的习惯，利用适合自己的学习策略，避免"临时抱佛脚"，这样学习效果更扎实，记忆更牢固；在情绪准备方面，考前避免产生负性情绪，保持良好心态；在生理准备方面，要保证充足的睡眠和营养，平时注意锻炼身体，尽量保证考前不生病；在物质准备方面，提前准备好考试用具，检查仔细，免得丢三落四影响答题。

心理探索

耶克斯-多德森定律——学习效果与学习动机的关系

在一定限度内，随着动机水平的提高，学习效率也随之提高，超过这个限度，学习效率随之降低，上述的一定限度即学习动机的最佳水平点。学习动机的最佳水平因任务难度而异，一般来说，学习任务比较困难，学习动机的最佳水平点会低一点，学习任务比较简单，学习动机的最佳水平点会高一些。

第三节 大学生创造力的发展与创造性学习

本节学习目标

了解什么是创新创造,为什么要创新创造,学习如何创新创造。

一、创造力的内涵

依据《韦氏大词典》的解释,"创造"一词有"赋予存在"的意思,具有"无中生有"或"首创"的性质。创造力则是一种创造的能力。陈龙安综合归纳各家有关创造力的意义,认为创造力是指个体在支持的环境下结合敏锐、流畅、变通、独创、精进的特性,通过思维的过程,对于事物产生分歧的观点,赋予事物独特新颖的意义,其结果不但使自己也使别人获得满足。可见,创造力可以理解为根据一定目的,运用已知信息,产生出新颖、独特、有社会或个人价值产品的能力。

二、创造力的两大认识支柱

想象与思维,是人们创造活动的两大认识支柱。这里的想象主要指创造性想象,这里的思维主要指创造性思维。

(一)创造性想象

作为想象的一种,创造性想象是指根据一定的目的和任务在头脑中独立地创造出新形象的心理过程。新颖性、独立性、创造性是其本质特征。它能够结合以往的经验,在想象中形成新的设想,提出新的假设,是创造性活动顺利开展的关键。科研发现和创见、生产技术和产品的改进发明、文学艺术的构思塑造,甚至儿童的画画和游戏,都离不开创造性想象,比如,将词语"苹果"和"月亮"发生联系,就是借助于创造性想象。

(二)创造性思维

创造性思维,是相对于以固定、惰性的思路为特征的习惯性思维而提出的,是一种高度灵活、新颖独特的思维方式,它常常在强烈的创造动机和外在启示的激发下,借助于各种具体的思维方式(包括直觉和灵感),以渐进性或突发性的形式,对已有的知识经验进行不同方向、不同程度的再组合、再创造,从而获得新颖、独特有价值的新观念、新知识、新产品等创造性成果。创造性思维是发散性思维和聚合性思维相结合的产物。创造性思维活动的完整过程,是从发散思维到聚合思维,再从聚合思维到发散思维的多次循环和不断深化。因此,创造性思维能突破常规和传统,不拘于已有的结论,以新颖、独特的方式解决新的问题,它是整个创造活动的实质和核心。

三、创造力的影响因素

(一) 创造力和智力

一些研究表明,智能特征和创造才能之间显示了一种低水平的相关或完全不相关。也就是说,越聪明的个体不一定就具有创造力,但这并不表示创造不依靠智力。加德纳曾对弗洛伊德(S. Freud)进行了分析研究,得到的结论是弗洛伊德是极其聪明的。加德纳认为,弗洛伊德是言语智力的天才,这让他很容易学习外语并进行广泛阅读,且他在科学方面也极有天赋,这些为他成为精神分析的开山鼻祖打下了坚实的基础。智力与创造力的关系类似于汽车和驾驶员之间的关系。驾驶员的技术会影响汽车的驾驶方式,同样,一个人的创造力可以决定他如何发挥他的智力。可以说,创造力是智力活动的最高表现。

(二) 创造力与人格

人格因素与创造力之间的关系极为密切。心理学家吉尔福特认为,具有创造性的个体具有以下特征:①高度的自觉性和独立性;②旺盛的求知欲;③强烈的好奇心;④知识面广,善于观察;⑤工作讲究条理、准确性和严格性;⑥有丰富的想象力、敏锐的直觉、喜好抽象思维,对智力活动有广泛兴趣;⑦幽默感;⑧意志品质出众、能排除外界干扰长时间地关注某个兴趣中的问题。而不利于创造性的人格特质则表现为:缺乏观察力和求知欲,看问题角度单一,想象力贫乏,害怕失败、保守固执、缺乏自信、依赖权威等。

根据国内外研究,创造性学生具有兴趣广泛、专心致志、有强烈的好奇心、自信独立、勇敢、富有幽默感、甘愿冒险等特点。其中强烈的好奇心、自信独立和专心致志这三个特质是最基本也是最重要的。

1. 强烈的好奇心

好奇心意味着对新异事物的敏感、对未知事物强烈的探索欲望和对真知的执着追求。巴甫洛夫对狗看见食物就流口水的好奇心,促使他创立了高级神经活动生理学;伽利略对教室吊灯摆动的好奇心,驱使他发现了摆的等时性原理,实现科学计时……法国作家法朗士说:好奇心造就科学家和诗人。它是创造的出发点、动机和推动力。其次,好奇心意味着不满足于问题只有一个答案,他会尽力寻找多个答案,在多个答案中做最优的选择。好奇心还意味着一种开放的姿态,不受任何先入为主的束缚,不迷信于任何定律和权威。俄国罗巴切夫斯基正是推翻了连小学生都已熟知的"三角形的内角之和等于180度"的几何定律,才建立起完全不同于欧式几何学的非欧几何学,从而对现代物理学、天文学及人类的时空观念的变革产生了深远影响。

2. 自信独立

高度的独立性,尤其是独立思考的能力,是创新者必备的素质。爱因斯坦说:"不下决心培养独立思考习惯的人,便失去了生活中最大的乐趣——创造。"独立性使人不盲从、不轻附众议;善于独立思考的人常对事物有敏锐的洞察力,从而达到独出心裁、别具创新的境界。然而独立性却需要有充分的自信心作为支撑,因为我们每个人都曾或多或少地受到社会以及群体力量的影响，一旦你特立独行，往往会面临或被排斥、被嘲讽或接受再教育的境地。因此，培养自己的自信心和冒险精神，鼓励每一个创造性想法，对培养创造能力有极大的作用。

3. 专心致志

"知止而后能定，定而后能静，静而后能安，安而后能虑，虑而后能得。"只有定下心来，将自己的意念集中于你所做的事情，才能给创造性的想法以诞生的空间。

四、如何创新创造

我国著名教育家陶行知先生说过："处处皆创造之地，天天是创造之时，人人是创造之人。"大学生是具有较高智力水平的人群，更具有发挥创造力的潜在优势，况且他们正处于思想最活跃的时期，对各种事物充满好奇心和探索欲，其专业学习也是一种思维的系统训练，加上拥有较多向专家学者学习与交流的机会，这都为他们创造力的发挥提供了得天独厚的优势。日本学者把青年期结束之前的创造思维的开发分为三个时期：启蒙期（3~9岁）、培养期（9~22岁）和结实期（22~28岁），其中培养期是开发创造思维的关键期，必须注意强化脑的机能，着重打下科学创造的基础，为过渡到有社会价值的发明创造奠定基础。可见，大学阶段是创造力培养的关键期，充分利用好创造力培养的关键期，有意识地提升自己的创造力素质，是大学生提升自己综合素质的核心任务。那么，大学生如何培养创造力呢？

（一）丰富知识与经验

创造力不是空中楼阁，它依赖于坚实的知识基础和精湛的专门技能。个体只有精通所学专业领域的知识，并努力开发创造所必需的技能和洞察力，才有可能表现出不同于其他个体的创造力。一些心理学研究表明，创造力与个体知识结构之间存在十分密切的关系。合理的知识结构（即由一定的基础理论知识、较深厚的专业知识、广泛的邻近学科知识及有关的学科发展前沿知识组成的网状知识结构）有利于同化原有的知识或概念，形成新的观点和概念。同时，在合理的知识结构中，知识越丰富，产生新设想、新观念的可能性越大。可以说，丰富的知识和经验是提高创造力的前提。然而，另一方面，如果不恰当地运用自己丰富的知识经验，也会成为个体发挥创造力的羁绊。因此大学生在不断地扩充自己的知识结构、丰富自己知识经验的同时，还要在尊重、学习和借鉴的基础上，勤于思考，敢于对已有的知识经验质疑，才不会使自己的独创精神淹没在书海中。

（二）培养发散性思维

创造性思维所面对的首先就是一个具有广泛联系和无限可能性的世界，其联系的方式和程度远比我们想象的要复杂。正如仅仅7个音符，能组合出一切最美妙的音乐，26个英文字母组合成了从莎士比亚戏剧到联合国宣言一切可能的文化一样，需要从本质上承认事物的普遍联系性，承认在事物表面联系的背后隐藏着诸多鲜为人知的可能性。于是发散性思维变成了一切创造的最初条件。美国心理学家吉尔福特坚持认为，发散思维是创新思维的核心。发散思维能力与创造力的关系非常密切，因此大学生可以进行一些发散思维训练，如一题多解等，能够有效地提高大学生的发散思维能力。

（三）潜意识与创造

弗洛伊德把人的意识比作冰山，露在海面的部分是意识，即能知觉到的记忆或能觉察到的心理活动，它大约只占整个冰山的1/3；而海面以下绝大部分是不能意识到的那部分记忆或没有觉察到的心理活动，被称为潜意识，它时刻影响着人的心理和行为。研究表明，潜意识活动会影响人的创造性，潜意识作用于人类创造活动主要有三种形态：平时的自然流露、睡眠中的构思和灵感的喷涌。每个人都会有过这样的体验：我们对一个问题百思不得其解，答案却在意外的场合中突然获得，也就是我们常说的灵感。灵感的发生正是我们所思考的东西在潜意识中酝酿滋长，一旦酝酿成熟，就涌现在意识中了。

然而，潜意识对创造的作用是建立在对有关问题的充分准备之上的。音乐家柴可夫斯基毫无疑问是最伟大的音乐天才之一，有时也被缺乏灵感所苦，他说："灵感是一个客人，不是一请就到，而需要像健牛般竭尽全力的努力，最后才能达到豁然开朗的心理状态。"因为灵感和直觉闪现的突发性、瞬时性和高速性往往使人猝不及防，而为了及时捕捉灵感，我们就要随时随身准备纸和笔把突然跃入脑际的思想火花记录并及时进行精加工，利用这种手段进行验证，才有可能实现创造性的发明和发现。

（四）积极营造创造的心理氛围

1. 脑力激荡法

几个人一起思考同一问题时所产生的效益往往大于一个人的，这种思考和解决问题的方式，一方面能提高对问题认识的广度和深度，另一方面在讨论的基础上会产生心理学家所称的"社会促进"现象，即当一个人看到其他人正在完成某个任务时，自己也会积极地思考。

2. 积极参加科学研究，培养科学能力

许多创造性成果都是科研的结果，因此应当积极参与有关科研活动，培养实事求是的科学态度；通过系统的科学训练，可以掌握科研的步骤，在科研实践活动中往往能够激发出创造的火花。

> **心理探索**

托兰斯创造型人格自量表

该测验需要被试者根据与自己相符的情况在每项后面的括号里打上"√"或"×"。

（1）办事情、观察事物或听人说话时能专心致志。（　　）
（2）说话、作文时经常用类比的方法。（　　）
（3）能全神贯注地读书、写字和绘画。（　　）
（4）完成老师布置的作业后总能有一种兴奋感。（　　）
（5）敢于向权威挑战。（　　）
（6）习惯于寻找事物的各种原因。（　　）

(7) 能仔细地观察事物。（ ）

(8) 能从别人的谈话中发现问题。（ ）

(9) 在进行创造性思维活动时，经常忘记时间。（ ）

(10) 能主动发现问题，并能找出与之有关的各种关系。（ ）

(11) 除日常生活外，平时大部分时间都在读书学习。（ ）

(12) 对周围的事物总持有好奇心。（ ）

(13) 对某一问题有新发现时，精神上总是感到异常兴奋。（ ）

(14) 通常能预测事物的结果，并能验证这一结果的正确性。（ ）

(15) 即使遇到困难和挫折，也不气馁。（ ）

(16) 经常思考事物的新答案和新结果。（ ）

(17) 具有敏锐的观察力以及提出问题的能力。（ ）

(18) 在学习中，有自己选定的独特研究课题，并能采取自己独有的发现方法和研究方法。（ ）

(19) 遇到问题时，常能从多方面探索可能性，而不是固定在一种思路或局限于某一方面。（ ）

(20) 总有新设想在脑子里涌现，即使在游玩时也能产生新设想。（ ）

评价标准：每个打"√"的得一分，最后算出总分。创造力等级：0~9分差、10~13分一般、14~17分好、18~20分很好。

思考时间

美国教育心理学家斯金纳说"如果我们将学过的东西忘得一干二净，最后剩下来的东西就是教育的本质。"通过本章学习，你怎么认识这句话？

推荐赏析

电影：《阿基拉和拼字大赛》

参考文献

[1] 陈琦，刘儒德. 教育心理学 [M]. 北京：北京师范大学出版社，2007.

[2] 河北省教师教育专家委员会. 大学生心理发展与教育 [M]. 石家庄：河北人民出版社，2007.

第六章

大学生情商与情绪管理

案例导入

2018年10月28日，重庆22路公交车行至南滨公园站时，驾驶员冉某提醒到壹号家居馆的乘客在此站下车，乘客刘某未下车。当车继续行驶后，刘某发现车辆已过自己的目的地站，要求下车，但该处无公交车站，驾驶员冉某未停车。刘某从座位起身走到正在驾驶的冉某右后侧，靠在冉某旁边的扶手立柱上指责冉某，冉某多次转头与刘某解释、争吵，双方争执逐步升级，并相互有攻击性语言。后来刘某与冉某发生肢体冲突，导致车辆失控向左偏离越过中心实线，与对向正常行驶的红色小轿车相撞后，冲上车沿、撞断护栏坠入江中，导致15个鲜活的生命消逝。

思考题：

1. 你如何看待这起事件？
2. 你认为在事情发生的当下，这起事件当事人的情绪状态与事件结果之间有着怎样的联系？
3. 你认为应如何提高情绪管理能力？怎样才能避免伤害性事件的发生？

本章内容简介

大学生正处于思想活跃、情绪变化较快的发展阶段。大学生的情绪具有丰富性和复杂性、波动性和两极性、冲动性和暴发性，情感具有一定的细腻内隐性。情绪管理能力对大学生的生活和学习、情感等具有很大的影响。本章主要探讨情绪的含义、功能，情绪产生的原因，情绪与健康之间的关系，情绪理论以及情绪调控的方法，情商的含义及如何提高情商等。通过本章的学习，可帮助大学生较为全面地认识情绪，深入了解自身情绪情感的特点，找到自己的核心情绪，以及核心情绪产生的原因，并学会管理这些核心情绪，能够保持良好的生命状态，提升生命质量。

★ 案 例 6-1

做自己情绪的主人

在一家盐铺里有一个小学徒,每天都愁眉苦脸,抱怨自己起早贪黑,不知道什么时候才能当上掌柜。一天,老掌柜又听到他在抱怨,于是让小学徒从柜上取出两包同等分量的盐来。

小学徒取来盐,不知道老掌柜要做什么。这时候老掌柜说,"你拿一杯水来,把一包盐放进去。"徒弟照做了,"尝尝是什么味道的?"徒弟尝了一口,立刻吐了出来,"太咸了,咸得发苦。"

老掌柜又将小学徒带到了一个湖边,说,"现在你把另一包盐倒进湖里,再尝一下是什么味道的?"他把盐倒进去,尝了尝,"没有味道啊,很清凉。"

老掌柜坐在这个总爱怨天尤人的小学徒身边,说:"人生的苦就像这些盐,总有一定的分量,不会多也不会少。你把自己的心放大,再多的苦也就不觉得了。"

从湖边回来,小学徒再也不埋怨了,慢慢变成了一个积极上进的人,学到了很多本领,终于有一天也当上了掌柜。

现代社会,人们承受着越来越大的压力,很容易生出这样那样的抱怨,抑郁、焦虑、心烦等字眼层出不穷,几乎成了人们的口头禅,这种状况也波及了大学校园,在大学生中间,痛苦焦灼、消沉无奈、怨天尤人的症状比比皆是。

那么,究竟是什么原因让我们陷入如此的浮躁当中,失去了原本的恬静和优雅呢?究竟这些挥之不去的阴霾是怎样侵入我们生活的呢?这都是情绪惹的祸。我们在感知周围世界的时候,都持有某种态度,而且这种态度不是理性的分析判断,而是一种特殊的感性体验。有些事情能让我们感觉愉快,而有些事情却让我们愤怒;有些事情会让我们欣喜,有些事情却让我们厌恶。所有这些愉快、幸福、欢喜、兴奋或者痛苦、悲伤、恐惧、愤怒的态度就是我们的情绪。

有一个故事,一对双胞胎小姐妹和她们的妈妈一起到公园里散步,在玫瑰花圃旁边,姐姐一脸沮丧地对妈妈说,"妈妈,这里一点都不讨人喜欢!""为什么呢?""因为这里的每一朵玫瑰花下面都有刺!它们扎到我了!"过了一会儿,妹妹一脸欣喜地跑过来对妈妈说,"妈妈,这儿真是一个好地方!""为什么呢,孩子?""因为这里的每丛刺上都有一朵玫瑰花!它们闻起来是多么香啊!"母亲望着眼前的一切,陷入了沉思。两个孩子拥有不同的心情,是由于她们将不同的视角投向了这个世界。世界本身没有任何改变,改变情绪的只是我们的态度。所以说,情绪其实控制在我们自己的手中。

情绪集建设性和破坏性为一体,会给我们带来安宁平和的心境,也会让我们饱受内心恶魔的摧残。大学生正处于成长的关键时期,心理上经历着急剧的变化,情绪起伏波动大,情感体验丰富复杂,在处理学习、社交、爱情、择业、挫折等复杂问题时,很容易陷入情绪困扰,长期持续的不良情绪还会危害大学生的身心健康。但并不是说只能在情绪困扰中听之任之,每一个人都拥有世界上最伟大的力量,即自我调整和自我疗愈的能力,我们有能力知道自己内心的真相，尊重并调整我们的情绪，这是送给自己和周围人最好的礼物。每一个人都可以通过改变思想来改变情绪，然后改变行为，进而改变人生。

孟子有一句话，"大人者，不失其赤子之心也。"意思是有德有才的人都是能保持童真般纯朴的人，赤子之心是没有被情绪的阴霾所污染的心灵，能够保持这样的情绪，就无愧为具备人性光芒的伟大人物。在大学生的成长指标里，情绪成长是一个关键要素，只有从宽阔的视野去观察、思考、想象、认知、感觉与行动，才能触摸自己生命更深、更宽广的层次。

心理探索

请根据你的实际情况对下列问题作出判断，表示肯定记 1 分，表示否定记 0 分。
1. 做任何事都给自己规定出具体可行的目标。
2. 对小事不计较，不感情用事。
3. 能把不愉快的事放在一边去做更重要的事。
4. 喜欢将遇到的麻烦事写在纸上分析。
5. 失败时能思考原因，而不是总情绪低落。
6. 遇到问题时能够倾听他人意见。
7. 在工作和学习上能够容忍别人比自己强。
8. 很小的进步就能让自己有满足感。
9. 有自己的休闲时间，爱好和娱乐。
10. 对于不可能实现的事，能够很快打消念头。

评分标准：

0～2 分：情绪极不稳定，容易患得患失。

3～5 分：情绪不太稳定，时好时坏，难以决定一些重大的事情。

6～8 分：情绪较为稳定，擅长处理问题。

9～10 分：情绪非常稳定，处理事情沉着大胆，不畏惧困难。

第一节 大学生情绪认知

本节学习目标

1. 掌握情绪的概念。
2. 理解情绪的表现状态、情绪的功能。
3. 了解情绪产生的原因，理解情绪的经典理论。

★案 例 6-2

某女士吃火锅时，因不满服务员态度怠慢，在微博上发帖投诉，火锅店的服务员十分恼火，私下找到该女士，要求删帖。但不论服务员怎么说，该女士就是不删微博，还冷言热讽："叫你加汤，那么慢，服务态度那么差，投诉的就是你！""请你把微博删掉，有事我们私下说。""你他妈是谁，删不删微博是我的事。"服务员感觉受到了侮辱，非常气愤，一时之间失去了理智，去了开水间，用塑料盆接了九十九度的开水，冲到该女士身边，从头上淋下去！最后导致该女士全身烫伤。

对于当代大学生来说，情绪是个体行为的重要驱动力，它影响着大学生的态度、行为和人格的形成。中国文化典籍《大学》中说，"知止而后有定，定而后能静，静而后能安，安而后能虑，虑而后能得。"意思是知道应该达到什么样的境界，才能够使自己的志向坚定；有了坚定的志向才能够做到镇静平和；拥有镇静平和的心境才能够安心做事；安心做事才能周密思考；周密思考才能够有所收获。我们对待情绪也有一个这样的过程，了解情绪是怎么回事，都有哪些类型和外部表现，健康的情绪具备什么标准，我们才能专注于调控情绪，理性行动，缜密客观地思考，最终得到成长。

一、情绪的基本解读

既然情绪在我们生命中有着如此重要的地位，那么究竟什么是情绪，情绪从何处而来，又奔何处而去，有什么样的外在表现，有哪些功能呢？就让我们来解开情绪的密码。

（一）情绪的概念

对于情绪的概念，历来有很多种说法，但一般认为，情绪是人们对客观事物能否满足自己需要的一种主观体验以及所产生的身心激动状态，即人们对外界刺激所引起的生理和心理变化的一种主观体验，是人对客观事物的态度体验以及相应的行为反应。一般认为，情绪是以个体愿望和需要为中介的一种心理活动，包含情绪体验、情绪唤醒、情绪行为等复杂成分，分为积极情绪和消极情绪两种类型。

我们可以从主观体验、生理唤醒、外在行为三个角度来理解这个概念。

1. 主观体验的角度

从个人主观体验的角度来说，情绪是指人从对事物的态度中产生的体验。个体受到某种外界刺激后，能够产生带有主观性的身心激动状态，表现为喜、怒、哀、惧、爱、恶等形式。能满足人某种需要的事物，会引起满意、喜悦、愉快等肯定的情绪体验，反之则引起不满、忧愁、恐惧否定的情绪体验。

2. 生理唤醒的角度

情绪经验的产生，往往在情绪状态下伴随有一定程度的生理唤醒，如呼吸急促、心跳加快、四肢发抖、肌肉紧张等。心理学研究初步证明，完成情绪的功能系统可能包括下丘脑、边缘叶、丘脑核团等生理结构，丘脑核团是获得情绪的核心结构，丘脑中存在一种叫丘觉的遗传结构，有一种丘觉便能够控制情绪体验的产生。

3. 外在行为的角度

情绪一般伴有外在的行为表现，即面部表情、肢体动作和言语表达，例如当人觉得羞愧时会脸红、出汗；当人觉得生气时会握紧拳头，声调提高；当人觉得害怕时会睁大眼睛，喊叫出声等。

（二）情绪的产生原因

人们经常会提出一个问题，即情绪究竟是人天生就有的，还是后天习得的？这就涉及情绪从哪里来的问题。达尔文认为情绪是天生就有的，他在《人类与动物的情绪表达》中通过对比人和动物生气时的表情指出，人的情绪表达是物种进化的遗迹，二者之间具有千丝万缕的联系。还有一些研究者认为，情绪的产生有遗传的因素，更多丰富和复杂的情绪体验则是后天习得的结果。

图 6-1 所示为人的基本情绪：快乐、愤怒、悲哀、恐惧。

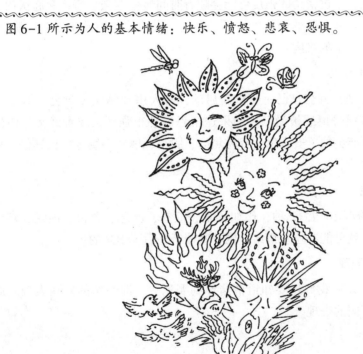

图 6-1 人的基本情绪：快乐、愤怒、悲哀、恐惧

图说：人的情绪产生原因有哪些？

一般我们认为，人的基本情绪，如高兴、愉快、惊奇、恐惧、厌恶、生气、悲伤、愤怒等是先天就具备的，但是大量的情绪来自外界刺激的反应态度。同样的行为和事件，有时候会引起完全不同的情绪，就证明事情本身并不决定情绪，情绪是由个人的态度、信念和价值观决定的。通过改变一个人看待事物的态度和观念，就可以改变情绪，由此证明了重要的一点，即情绪是可以控制的。

(三) 情绪的特性

1. 情绪是复杂的

情绪很复杂，通常由几个同时发生的部分或不同反应构成。

2. 情绪往往是自动化的

情绪往往是人们对内在和外在事件不自主的、自动化的反应。

3. 情绪无法直接改变

我们可以改变促发情绪体验的事件，或者改变我们对促发事件的认知，但是无法直接改变情绪体验。我们无法让自己去感受某个情绪，然后就真的感受到那种情绪。

4. 情绪是突发的，而且起起伏伏

情绪通常突然出现，不过情绪的强度可能会随着时间慢慢增强。情绪起起伏伏，就像海上的波浪一般不停歇。大多数的情绪维持不了多久，大约几秒钟或几分钟后就消失了，所以给情绪觉察带来了一定的难度。

5. 情绪是自我延伸的

情绪一旦曾经被启动，就会自己一直重新启动，有人用"情绪爱自己"来形容。比如，一个孩子在小的时候恐惧感被激活，如果这个恐惧感很强烈，或者经常经历恐惧情绪，这个孩子长大后可能会缺乏安全感，容易焦虑、胆小、敏感多疑等，比其他人更容易体验到害怕、恐惧等情绪。

6. 有些情绪很普遍

人类共有的情绪约有 10 至 12 种，比如喜悦、愤怒、厌恶、恐惧、内疚、嫉妒、悲伤、惊讶等。人们天生就可能有这些情绪，也有些情绪是后天学来的。

(四) 情绪的外在表现

明白了情绪从哪里来，我们还要知道情绪要到哪里去，即情绪的外在表现。通常认为，情绪可以有四种不同的表现。

1. 心境

心境指的就是我们平时常说的心情，是一种微弱、弥散和持久的情绪状态。心境的好坏往往源于某个具体而直接的原因，并会伴随一段时间，对人产生持续性的影响。愉快的心境能够让人思维敏捷、精神饱满、宽容随和；而不愉快的心境会让人思维迟钝、萎靡不振、敏感多疑。心境的表达一般是指向自我的表达，是外界刺激在自身意识层面上的反应，但是一般不容易被觉察和被客观认识。

2. 激情

激情也是我们平时所说的激动，是对某一事件或者原因的激烈反应。是一种猛烈、迅疾和短暂的情绪状态。激情有积极和消极两方面的影响，作为一种心理能量的宣泄，激情有益于平衡人的身心健康，但过激情绪也会容易导致强烈的生理应激反应，出现危险。激情的表达多指向他人和环境，愤怒的表情、指责咆哮、摔打东西都是激情的对外表达方式。

3. 应激

应激是在没有预料的情境下和危急情况下做出的情绪反应状态，是一种对突发事件的警觉和迅速反应。人在应激状态下往往会导致大脑皮层的兴奋和呼吸心率等生理变化。应激对维持人的正常心理活动起到了很大作用，积极的应激表达为沉着冷静、思维活跃、勇敢果断；消极的应激则表达为惊慌失措、一筹莫展、丧失判断。适度的应激是顺利完成各项活动的必要条件，有益于个体的身心健康，但是长期处于紧张的应激状态则会影响身心的正常机能，诱发疾病。

4. 热情

在心境、激情和应激之外，还有第四种情绪表达状态，即热情。热情是较之前三者更为持久、稳定和深刻的情绪状态。热情的表达方式能够指向理想、信念等精神领域，实现情绪的升华。例如我们通常所说的对于艺术的热情就是一种情绪的能量升华。这种表达方式能够使消极情绪得到宣泄，并为人们高层次的需要提供动力，是情绪表达最好的方式。

★拓展阅读6-1

情绪和情感的联系和区别

1. 情绪和情感都是人对客观事物的态度体验，反映着客观事物与人的需要之间的关系。
2. 情绪与情感产生的基础不同，情绪的产生离不开生理反应；情感的产生则与社会认知密切相关。
3. 情绪具有情境性、激动性和暂时性；情感具有稳定性、深刻性和持久性。
4. 情绪表现有明显的外显性，面部表情是情绪的主要表现形式；而情感表现经常以内隐的形式存在或以微妙的方式流露。

（五）情绪的主要功能

1. 自我防御功能

从生理学的角度来看，情绪是由于大脑贮藏经验回忆和大脑与身体的相互协调和推动而产生的，所以情绪具有自我防御的功能。我们可以用恐惧来对抗身心的威胁，用愤怒来对抗不公正的待遇，由此使身心保持一个平衡的状态。就像美国心理学家马提纳（Martina）所指出的，"连接身体与心灵的自然愈合能力，最强而有力的途径就是情绪。"

2. 社会适应功能

情绪能够通过个体与外在事件之间的反应过程，调节个体与环境之间的关系。情绪的各种功能是在社会学习和认知活动过程中体现出来的，又能够调整社会群体之间的互动，提高个体的社会适应能力。例如羞耻感能够使人保持与社会习俗的一致性，同情心有助于构建良好的社会关系等。

3. 激励强化功能

适度的情绪反应能够激励人的活动，推动人高效率地完成任务，并能够使个人能力得到强化。例如正是由于在优秀人士面前的自卑，才能够促使我们奋发图强；正是由于失败带来的沮丧和失落，才能够激励我们重新振作。每种情绪都有它的意义和价值，能够给人力量和指引。同时，在紧急情况下，愤怒、恐惧等消极情绪能让人提高警觉，而积极情绪则能够强化人的各种能力，让人变得更加自信、冷静、坚定，富有幽默感和创造力。

4. 信号表达功能

表情是表达人内心状态的窗口，还有情绪的外在表现，即可以向他人传递自己的思想和感受，又可以从中判断他人的态度和倾向。更深一步讲，每种情绪都可以代表一种信号，引导我们发现问题和解决问题。例如正面情绪的信号能够告诉我们事情正在按照预想的方向发展，负面情绪的信号告诉我们出现了问题需要解决。情绪的信号表达功能能够帮助我们清晰判断并合理解决问题，提供给我们成长的机会。

二、情绪的经典理论

心理学家们经过研究，提出了关于情绪的多种不同见解，其中的经典理论能进一步加深我们对情绪的认识。

（一）情绪的外周理论

1884年和1885年，美国心理学家詹姆士（James）和丹麦生理学家兰格（Lange）提出了两种相类似的情绪理论，认为情绪的产生是由于植物性神经的系统活动，人们将这种理论称为情绪的外周理论。在詹姆斯看来，情绪是对身体变化的知觉，有机体的生理变化在先，情绪在后。他说，"我们觉得难过是因为我们哭泣，发怒是因为我们打人，害怕是因为我们发抖；而不是因为我们难过、发怒或害怕，所以才哭泣、打人或发抖。"在兰格看来，情绪是内脏活动的结果，强调情绪与血管变化的关系。他指出，"血管运动的混乱、血管宽度的改变以及各个器官中血液量的变化，才是激情真正的最初原因。"

詹姆斯与兰格对情绪产生的具体过程虽然认识不同，但他们有着相同的基本观念，即情绪刺激引起身体的生理反应，而生理反应则进一步导致了情绪体验的产生。詹姆斯—兰格的情绪外周理论指出了情绪与机体变化的直接关系，强调了植物性神经系统在情绪产生中的作用，具有一定的合理性，但是由于片面强调植物性神经系统的作用，而忽视中枢神经系统的调控作用，也引起了很多争论。例如美国生理学家坎农（Cannon）提出的丘脑情绪理论，就是对詹姆斯—兰格情绪外周理论的批评。这一产生于20世纪20至30年代的情绪理论强调了中枢神经系统在情绪发生中的作用，认为情绪的中心不在外周神经系统，而在中枢神经系统的丘脑，情绪伴随着生理变化而产生。

（二）情绪的认知评价理论

早期的情绪心理学家们侧重于情绪的生理机制研究，强调情绪与有机体的生理唤醒之间的密切联系。美国女心理学家阿诺德（Arnold）则在20世纪50年代提出了一种新的情绪认知理论，强调情绪的体验不仅是由单纯的生理唤醒决定，而是生理唤醒和认知评价相结合的产物。大脑皮层的兴奋是情绪行为最重要的条件。20世纪60年代初期阿诺德发表的《情绪与人格》中首次提出"评价"的概念，她强调，刺激情景并不直接决定情绪的性质，从刺激出现到情绪的产生，要经过人的评价与估量，情绪产生的基本过程是刺激—评价—情绪，不同的评价会产生不同的情绪反应，而引起不同的情绪体验和行为模式，即评价—兴奋理论。

如图6-2所示，阿诺德之后，在认知心理学领域里，情绪的认知评价理论出现了两个分支，一是以美国心理学家沙赫特为代表的认知—激活理论，二是以美国心理学家拉扎勒斯为代表的纯认知理论学派。沙赫特提出情绪受环境影响、生理唤醒和认知过程三种因素所制约，其中认知对情绪的产生起着关键作用，所以这一理论又被称为情绪三因素说。拉扎勒斯则关注个人的社会经验在评价中的作用，认为人在社会中具有个体差异，不同的人与所处的具体环境形成决定了其评价的差别，进而决定了其具体的情绪，强调认知因素在情绪中具有的重要作用。

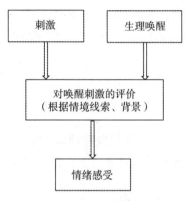

图6-2　情绪的认知评价理论

（三）情绪的动机理论

除了早期的情绪理论和后来发展的生理—评价相结合理论之外，还有一些心理学家主张情绪具有动机的性质，其中最有代表性的是伊扎德从整个人格系统出发建立的情绪动机—分化理论系统。这一理论强调以情绪为核心，以人格结构为基础，研究情绪的性质与功能，其核心观点主要包括三方面的内容，一是情绪与人格系统，二是情绪系统及功能，三是情绪激活与调节。

（1）情绪与人格系统方面，伊扎德提出人格具有六个子系统：体内平衡系统、内驱力系统、情绪系统、知觉系统、认知系统和动作系统。这六个子系统又组合成四种类型的动机结构：内驱力、情绪、情绪—认知相互作用、情绪—认知结构。其中，情绪系统是这个庞大动机系统的核心动力，这些子系统中的各种情绪体验是促使有机体采取行动的动机力量。

（2）情绪系统及功能方面，伊扎德认为情绪包含神经生理、表情行为和情感体验三个子系统。情绪产生涉及的神经生理结构包括丘脑、杏仁核、脑干、松果体、新皮层、内分泌系统、躯体神经系统、自主神经系统等；情绪产生涉及的表情行为包括神经肌肉活动和感觉的反馈；情绪产生涉及的情感体验是由躯体和脸部活动模式的反馈信号进入意识状态而形成的。这三个系统相互作用，并与情绪系统以外的其他人格子系统相联系，实现情绪和其他系统的相互作用。

（3）情绪激活与调节方面，伊扎德提出四种激活系统：神经系统、感觉系统、情绪激活的动机系统、情绪激活的认知系统。他认为这四种情绪激活系统从神经系统到认知加工系统之间由低级向高级发展。它们的运动受到个体差异、社会因素和刺激特征的影响。这个观点的提出解决了生理和认知两大激活方式对立的矛盾，肯定了非认知因素对情绪的激活作用。

了解情绪是管理和调控情绪的基础，在大学生的学习和生活中，情绪带来了很多显而易见的影响，例如在学习中，经常有一些学生平时成绩非常好，却因为过度紧张在考试中失利；还有一些学生去企业面试，技能和知识都很过硬，恰恰因为没有稳定住自己的情绪而紧张怯场，给考官留下不好的印象。这些紧张、焦虑等消极情绪影响了正常的自我表现，而处在积极的情绪状态，会让人思维敏捷、能力超常，比平时更加富有创造力。那么如何让情绪发挥它积极的一面为我们服务呢？这就需要在了解情绪的同时，还能够管理情绪。

心理探索

自我觉察训练

以同意或者不同意为标准判断下列问题，并从回答问题的过程中评价自己是否具有良好的自我觉察能力。

1. 不论以前、现在还是未来，我都是一个容易成功的人。
2. 大家很乐于与我交朋友。
3. 我会过上快乐充实的生活。
4. 我容易让人亲近，接近我的人会感到愉快。
5. 我会在自己所选的职业中获得巨大成功。
6. 我很聪明，懂得如何找到适合自己的舞台。
7. 我是一个富有创造性的人。
8. 我正在实现梦想的旅途中。
9. 我有勇气承受困难与挫折。
10. 不论任何失败，我都能够跌倒后爬起来继续前行。

情绪的自我觉察

通过表现各种情绪并探究自己的情绪，提高自我情绪的觉察能力。

1. 表现出惊奇、愤怒、高兴、害怕、悲伤、厌恶等情绪表情。
2. 写出代表喜、怒、哀、惧四种基本情绪的词语，写得越多越好。

喜_____

怒_____

哀_____

惧_____

3. 列举出自己现在的一些情绪特征,并描述情绪产生的背景和原因。

情绪描述:＿＿＿＿＿＿＿＿＿＿＿＿＿＿＿＿＿＿＿＿＿＿＿＿＿＿＿＿＿＿＿＿

情绪产生的原因:＿＿＿＿＿＿＿＿＿＿＿＿＿＿＿＿＿＿＿＿＿＿＿＿＿＿＿

第二节　大学生情绪管理

本节学习目标

1. 理解情绪管理的内涵、情绪管理的作用和情绪管理的误区。
2. 掌握情绪管理的内容和步骤。
3. 理解情绪智商,了解提高情商的方法。

通过上一节的学习,你可能已经认识到情绪已经成为一种不可忽视的心理现象和社会现象,需要加以科学有效的管理。特别对于大学生来说,由于情绪的易冲动、缺乏自控力和稳定性等特征,因此更需要情绪的引导、调节和控制。

大学的宗旨就是培养人、发展人和完善人,在大学生中做好情绪管理的工作不仅有利于他们心理的健康成长,有利于开发其身心潜能、塑造其健全的人格,更有助于其建立和谐的人际关系,让他们感受到心灵成长的愉悦。

一、情绪管理的内涵

我们已经了解过关于情绪的基本知识和基础理论,知道情绪困扰会带来很多不良的后果,很多人在负面情绪出现时束手无策,造成不可收拾的局面。但是面对同样的事情,也有人能够做出正确的情绪选择,并引导行为方式向积极的方面发展。这就是情绪管理的价值。

情绪管理是对个体的情绪进行控制和调节的过程,但又不等同于情绪控制和情绪调节。情绪控制和情绪调节的指向对象是负面情绪,而情绪管理的对象包括情绪的诸多方面,它研究的是如何引导人们认识自身的情绪,提高情绪智力,培养驾驭情绪的能力,建立和维护良好的情绪状态,其核心是开发人的情绪能量,提高自我意识,实现社会价值,完善人格修养。

人们一般从两个角度来界定情绪管理的概念,一是管理学,一是心理学。

管理学认为,情绪管理是现代管理科学发展的产物,是社会发展到一定阶段出现的一种新的管理理念和管理方式。情绪管理的过程是对个体或群体的情绪进行控制和调节的过程,关注情绪的健康表达,着眼于信任人、尊重人、关心人、发挥人的潜能,注重通过协调、沟通、交流和激励,发挥人自身的作用和人际沟通的作用,创造出一个相互尊重、相互对话、相互协作的和谐环境。

心理学认为，情绪管理是人成长发展的重要手段。强调情绪管理的目的是推动个体自身的生存与发展，包括情绪认知、情绪觉察、情绪评价、情绪管理等一系列的过程。

大学生特别是刚进入大学的新生很容易由于对现实的不适应，出现人际关系冷漠、人生信念缺失、学习热情不高等状况，引起情绪的波动，发展成自暴自弃、悲观失望、游戏人生等问题，要想解决这些问题，就要引导他们正确认识自我情绪管理的重要性，妥善管理好自己的情绪，形成健康、健全的人格。

二、情绪管理的作用

对于大学生来讲，情绪管理主要有以下几点作用。

1. 有利于建立和谐的人际关系

在和谐的人际关系中，大学生能够获得充分的自我价值感，推动人格品质、理想信念和行为方式的提升和改善，加快其社会化的进程。其中情绪起到了重要的信号表达和感染强化的作用，有助于个体认知、表达和调控自我的情绪，觉察和把握他人的失望情绪，在与他人的情绪互动中培养自身的情绪调控能力，进而拥有和谐稳定的人际关系。

2. 有利于促进身心的健康发展

由于情绪与人们的身心健康有着密切的关系，不良情绪不仅会造成生理机制的紊乱，导致各种躯体疾病，还会抑制大脑皮层的活动，使人的意识狭窄，判断力减弱，甚至精神错乱、神志不清，导致各种神经症状。相反，积极情绪可以直接作用于脑垂体，保持内分泌的适度平衡，使全身各系统、器官的功能更加协调、健全，有利于身体健康。所以，情绪管理能促使大学生通过对自己情绪的认知、调控来建立和维护良好的情绪状态，促进身心健康。

3. 有利于塑造健全的人格品质

健全的人格一般表现为情绪理性、冷静、脾气温和、有满足感、与别人相处愉快等要素，这证明情绪与人格密切相关，也说明了提高情绪管理能力对发展健全人格具有重要的意义。有效调控情绪能使大学生保持良好、积极、稳定的情绪，有助于培养其乐观向上、积极进取、百折不挠的良好品质，并培养真诚友好、善解人意等性格，而对不良情绪缺乏管理任其泛滥则会导致大学生人格出现缺陷和障碍。

三、造成情绪管理困难的因素

（一）遗传与生理因素

有些婴儿天生就比其他婴儿敏感，比如抑郁质和胆汁质的人，他们的情绪基线比较低，情绪感受性较高，情绪敏感度高又强烈，这样的人们在情绪管理方面天然就比别人具有更大的难度和挑战。

（二）缺乏情绪管理的技巧

原生家庭对情绪的认识如果是空白的，父母和祖辈本身就没有觉察情绪、管理情绪的意识，在这样环境长大的你可能就不具备这种意识。

另外一种可能是被父母保护或自我保护得特别好，社会经验严重不足，以至于缺少反思自我的意识，以为自己有任性的资本，影响了人格成熟的机会。

（三）动机不强

如果你每次生气，别人就顺着你，就能达到自己的目的，要学习管理愤怒情绪就会特别困难。一生气就能随心所欲，会增加爆发脾气的动机。而管理愤怒情绪的动机就会减弱。

如果你只有在非常悲伤、郁闷、哭泣时，别人才会倾听和帮助你，那么你很难停止悲伤。

下面的情况会降低管理情绪的动机：①情绪可能传递重要的信息，或是使他人为你做事。②情绪可能引发你自己的行为，让你做出对自己重要的事情。③情绪可能认可你对于一个情境的看法。④情绪让你比没有情绪时感到好过一些。

（四）情绪化与心理超载

情绪是自动化的、突发的。情绪一旦被启动，就会自己一再被启动，因为情绪让我们对和情绪相关的事件更敏感。比如，小时候体验过恐惧的人，长大后恐惧被启动的阈值就会降低。所以，当人们处在情绪化状态时，理性功能往往减弱，产生心理超载，极度恐惧、极度愤怒或其他强烈的情绪就像掉入失控的大海旋涡。在那一刻，人像是被情绪控制、湮灭了，好像在一片情绪的汪洋大海中无着无落，这时候的心理往往产生退行性的防御机制，要进行情绪管理是非常困难的。

（五）对情绪管理的误解

1. 负面情绪都是不好的，要想办法赶快消除

我们通常会认为那些给我们带来愉悦感受的情绪，比如喜悦、轻松、兴奋、温暖、亲近等是好情绪，而那些给我们带来痛苦感受的，比如愤怒、悲伤、恐惧、紧张、焦虑等是坏情绪。

每一种情绪都是有意义的，情绪其实没有好坏之分，它只是人对于自己在环境中的愿望、需要是否被满足的主观体验和感受。情绪的背后是愿望、需要。不管是正面情绪还是负面情绪，都是我们对环境与我们之间关系的一种体验和感受，是我们的愿望或需要是否被满足的体验和感受。情绪就像一个晴雨表，或者像一个闹钟，正面的情绪传达的是我们的愿望或需要被满足的信号，负面情绪传达的是我们的愿望或需要没有被满足的信号。我们都知道"两国交战，不斩来使"的道理，如果我们把"使者"消灭了，就消除了双方之间沟通的桥梁。情绪就像是一个信差或使者，如果没有情绪，我们如何知道我们的愿望或需要有没有被满足？——尤其是那些隐形的需要——比如情感需要、尊重需要？如果没有负面情绪，我们就不知道我们痛苦的是什么。所以，管理情绪的前提是接纳情绪，当情绪产生时，不抗拒、不抵触，尝试着去接纳它、理解它，才能很好地去管理它。

情绪本身没有好坏，但是由于情绪带来的反应或者结果是有好坏的，比如由于愤怒，你可能会产生攻击行为，比如指责别人，甚至于有暴力行为，这些行为反应会伤害他人，也会破坏你的人际关系。同时，愤怒也会对自己的身体产生不良影响，比如血压升高、内分泌失调等。所以，情绪本身不是问题，如何应对和管理情绪才是问题。

2. 对情绪要么忽视，要么压抑

有时人们认为有情绪是一件很丢脸的事，有时忽视情绪，有时压制情绪。

很多时候我们对微弱的情绪或者并不强烈的情绪要么是忽视的，要么是不重视的，认为一个人有情绪是正常的，微弱的情绪或小的情绪不去管理，反正也没产生多么恶劣的影响，直到情绪大到已经产生了破坏性的影响，才不得不去正视自己的情绪，或者是后知后觉地认识到情绪给自己带来了多么大的伤害。但是，当情绪强烈到一定程度的时候，人就容易被情绪裹挟或被情绪劫持，甚至于被情绪淹没，这时候已然超出了人们的控制能力，产生情绪超载，这给情绪管理带来了极大的困难和挑战。《后汉书·丁鸿列传》讲了丁鸿谏东汉和帝整理朝纲的故事，由此派生出一个成语"防微杜渐"，意思是指当错误的思想和行为刚有苗头或征兆时，就加以预防与制止，坚决不让它继续发展。防微杜渐的理念同样适用于情绪管理。所以，当情绪还比较微弱的时候，这时候开始去关注它、管理它，是相对比较容易的。

如果把情绪比作一条河，那么很多人面对负面情绪的处理方法，就是建起高大的堤岸，将它堵在那里。这或许能挡一时的水流，却会越积越多，最终水流突破堤坝，泛滥成灾。情绪终究是要表达出来的，不在此时，就在那时，不是以这种方式，就是以另一种方式。压抑的本质就是在意识中避开某种东西，和它保持距离。压抑情绪不等于它消失了，虽然我们意识不到了，但它在潜意识层面还在运作——即在心灵的后台运行。压抑只顾眼下这一刻，只是"看起来不难受了"，但无益于长远后果。在弗洛伊德看来，压抑的东西从来不会消失，它会以行动化或躯体化的形式表达出来，而且是以不可控的方式表达出来。如情绪积攒到一定程度之后的爆发，或生活中各种"弗洛伊德"式错误——如口误、遗忘等各种心理症状会导致心身疾病。所以，压抑会导致失控性行为和失控性情绪，即潜意识对个体的控制。

四、情绪管理的内容和步骤

一般来说，情绪管理包括以下四个方面的内容：觉察情绪、解读情绪、表达情绪和自我激励。通过这些内容，我们可以觉察到自身的情绪，分析其产生的根源，摆脱消极情绪带来的负面影响，并运用情绪的作用激励自己达到预定目标。

（一）觉察情绪

当情绪还没有强大到超出我们的理性，还在我们的管理能力范围之内的时候，是比较容易管理的。而管理情绪的第一步是觉察，情绪觉察在情绪管理中占有重要的地位，它就像一串"0"前面的"1"。如果没有对情绪的觉察，情绪管理就是无稽之谈。只有清晰地觉察自己的情绪，及时发现和总结自己的问题，才能设定解决问题的目标和方案。

情绪觉察指的是对自己和他人情绪的认知，即在自己出现某种情绪时能迅速地觉察到，是一个人对当下情绪反应不带评判的观察与描述。初始情绪引起的次级反应（如强烈的羞耻感、焦虑或暴怒）是许多情绪痛苦的来源。初始情绪往往是为了适应情境而产生，通常是适当的。在不评判的氛围暴露初始情绪，才能降低这种衍生出来的痛苦。

要做到觉察情绪，需要不带评判地体验情绪，不试图压制情绪、阻挡情绪或分散对情绪的注意力，不紧抓着情绪不放。如果评判负面情绪是不好的，那么每当痛苦的情绪出现时，自然会产生内疚、羞愧、愤怒或焦虑的感受，这些只会让痛苦更为强烈和难以忍受。当痛苦超过自己的忍受程度，人往往会启动心理防御机制，把这些情绪防御掉，情绪的觉察也就无从谈起。

情绪觉察一般包括觉察自己的情绪和觉察他人的情绪。

觉察自己的情绪包括了解自己的情绪模式、把握自己情绪活动的规律等。了解自己的情绪模式，要注意在平时培养客观全面的自我意识，认识到自己在情绪表现上的优缺点，并能够随时感受自己的情绪，分析产生此情绪的原因；另外，每一个人在生活中都有情绪化的时候，而且很多情绪的出现都是有规律的，如果能对自己情绪的规律性保持清晰的意识，就能够抑制不良情绪的干扰。当觉察到情绪后，试着对自己的情绪进行描述，并对当下的情绪进行命名。沙赫特提出的情绪三因素说认为，情绪受环境影响、生理唤醒和认知过程三种因素所制约。所以，在觉察和描述情绪时，可以从当时的促发事件、自己的生理反应（如身体某一部位发抖、心跳加快、汗毛直立等）、自己对事件的认知三个方面去入手。

觉察他人情绪的能力是在自我觉察能力的基础上产生的，通过捕捉他人的语调、语气、表情、手势等来实现，在这个过程中对他人情绪进行直观的感受和理性的判断。要细致观察，用心感受，这是人际交往中必备的情绪素质和修养。

（二）解读情绪

1. 任何情绪都有其意义和功能。深入理解每一种情绪，是管理情绪的重要一环

（1）恐惧。面对危及生命、健康或福祉的情况，恐惧能组织我们的反应，让我们专注于逃离危险。恐惧是一种高能量的情绪，恐惧是维持动物生存的第一重要工具，它可以提高神经系统的灵敏度，并能使意识性增强，这对我们提高对潜在问题的警觉性很有帮助。它使我们获得本不能得到的信息，它使我们迅速作出反应，并在必要条件下选择逃避。人活着不能也不应该完全没有恐惧。

（2）愤怒。当重要目标或活动受到阻碍，或是自己或重要他人即将受到攻击，这时愤怒能组织我们的反应，让我们专注于自我防御、支配与掌控。愤怒给我们力量去改变一个不能接受的情况。愤怒的背后往往是对自己渺小和无力的恐惧。

（3）厌恶。面对冒犯及污染的情境和事情，厌恶组织我们的反应，让我们专注于拒绝及远离某种物件、事件或情境。

（4）悲伤。失去重要的人或东西，以及面对失去或未达成的目标时，悲伤组织我们的反应，让我们专注于重视的人、事、物与追求的目标，并向他人求助。失去提醒珍惜，从失去里获得力量，使我们更能珍惜自己仍然拥有的，包括记忆。

（5）焦虑/紧张。事情很重要，需要额外的专注和照顾；已拥有的资源与能力不足，须添加更多所需。同样也指引我们找寻方向。焦虑、紧张常常跟本人对自己的身份定位搞不清楚或者本人与系统的关系不清晰或者误解有关。

（6）爱。爱组织我们与繁衍及生存有关的反应，让我们重视与他人的结合及依附。

（7）快乐。快乐会组织我们的反应，对于自己、开心的人及所属社群发挥最佳功能，让我们专注于继续从事增进愉悦、提升个人及社会价值的活动。

2. 对促发事件进行多方面解读，或者合理归因

在此介绍一下 ABC 情绪理论。该理论非常强调情绪中的认知因素在情绪管理中的作用。

ABC 情绪理论由美国心理学家艾利斯提出。其基本观点是：激发事件 A（Activating event）只是引发情绪和行为后果 C（Consequence）的间接原因，而引起 C 的直接原因则是个体对激发事件 A 的认知和评价而产生的信念 B（Belief）。即人的消极情绪和行为结果（C），不是由于某一激发事件（A）直接引发的，而是由于经受这一事件的个体对它不正确的认知和评价所产生的错误信念（B）所直接引起。

人们的不合理信念常常具有以下三个特征。

（1）绝对化的要求。人们常常以自己的意愿为出发点，认为某事物必定发生或不发生的想法。它常常表现为将"期待""想要"等绝对化为"必须""应该"或"一定要"等。例如，"我必须成功""你必须对我好"等。这种绝对化的要求之所以不合理，是因为每一客观事物都有其自身的发展规律，不可能依个人的意志为转移。

（2）过分概括化的倾向。这是一种以偏概全的不合理思维方式的表现，它常常把"有时""某些"过分概括化为"总是""所有"等。用艾利斯的话来说，这就好像凭一本书的封面来判定它的好坏一样。它具体体现于人们对自己或他人的不合理评价上，典型特征是以某一件或某几件事来评价自身或他人的整体价值。例如，自己做错了一件事，就认为自己整个人都不好，这种片面的自我否定往往导致自卑自弃、自罪自责等不良情绪。而这种评价一旦指向他人，就会一味地指责别人，产生怨怼、敌意等消极情绪。

（3）糟糕至极的评价。这种观念认为如果一件不好的事情发生，那将是非常可怕和糟糕。例如，"我没考上理想的大学，一切都完蛋了"，还有些人遭受一次失败后，就会认为自己"一无是处、毫无价值""永远都不会成功了""别人不会瞧得起我了"。这种想法是非理性的，因为对任何一件事情来说，都会有比之更坏的情况发生，所以没有一件事情可被定义为糟糕至极。

基于 ABC 情绪理论，可以通过改变认知、信念来改变情绪。

★拓展阅读6-2

改变能改变的，接纳不能改变的

我们不能左右天气，但可以调整心情；
我们不能改变容貌，但可以舒展笑容；
我们不能控制他人，但可以主宰自己；

我们不能预知明天，但可以利用今天；
我们不能事事顺利，但可以样样尽力！

（三）表达情绪

许多人对情绪表达也是有误区的，认为喜怒形于色是不够成熟、不够稳重的表现。

情绪表达的目的也是为了发展人际交往能力。人们在交往过程中会因为交往内容和方式的改变而体验到各种情绪，将这些情绪准确地表达出来，可以在合理表达自己感受的同时，增进彼此的了解，营造和谐的人际关系氛围。而错误的情绪表达方式却容易让彼此关系变得紧张。同时，有一句话说"表达即治疗"，如果一个人的情绪没有得到有效的表达，情绪的能量积压在心中，往往会不利于身心健康。所以，情绪表达不是问题，不合理的情绪表达才是问题。常见的不合理的情绪表达主要体现在"情绪化"地表达情绪，这时候的理性脑被情绪脑控制了，情绪的强度非常大，以至于人更多是在歇斯底里地进行情绪宣泄，而不是恰当地表达情绪。所以，我们提倡表达情绪而不是"情绪化"地表达。

情绪管理要求我们在知己知彼的基础上合理地、恰当地表达情绪，建立良好互动的人际关系。合理的情绪表达包括接纳、分享、肯定等，即对别人的情绪做出及时反馈，与对方分享各自的感受，认可并有效引导他人的情绪。

具体来说，情绪表达需要注意的是以下几个方面。

（1）什么时候表达？及时觉察情绪，在情绪可控范围内及时表达。另一方面要看当时所处的环境和情境是否适合表达，选择表达的时机很重要。

（2）在哪里表达？表达的场合也需要斟酌。

（3）对谁表达？情绪表达的对象是否愿意包容我们的情绪？他们当前的心理状态是否能够支持我们当前的情绪？

（4）如何表达？提倡温和的语言表达或温和的肢体表达，或者其他非伤害性的表达。如果是对人表达情绪，表达时不要含有任何对对方的攻击，只谈自己的感受或情绪，并强调这是自己的情绪，对方不需要为我们的情绪负责。

总之，情绪表达的原则是：非伤害性表达，时机恰当，评估对方当前的接受程度。只谈感受，不争道理。只表达自己，不评价别人。谁的情绪谁负责，不找替罪羊。

（四）自我激励

自我激励即为自己树立目标并为之付出努力，以建立和维护良好的情绪状态，包括能一如既往地保持高度热情，不断明确目标并专注于目标等。有建设性的自我激励能够促进人们通过自我激励培养良好的情绪，控制情绪低潮，保持乐观心态，走向自我完善。

对于同样一件事情，不同的态度、信念和价值观会导致不同的情绪状态，自我激励可以将情绪引导上正确的发展轨道，让个体变得更加积极、乐观、自信，面对挫折时也能很快从低谷中摆脱出来，重新起步。

★ 案 例 6-3

积极情绪的收获

渔村里住着甲乙两位船长，两个人每天都带着水手们出海捕鱼。有人问，"你们为什么要天天出海捕鱼？"甲船长一脸无奈地回答，"没办法，为了赚钱养家啊！"乙船长则精神抖擞、神采奕奕地答道，"我喜欢海的澎湃汹涌，我每天都能体验到大海带给我的欢乐。努力劳动而获得丰收的过程有着最大的成就感。"

乙船长为了捕到大鱼，不仅勤修船、勤补网，还时常研究水文。他和他的水手们捕鱼量越来越高，几乎每次都是满载而归。而甲船长每日愁眉不展，水手们也士气低落，每日只能捕到很少的鱼。

有一天两位船长相约同时出海，这时一只大鱼出现了。

甲船长先看见大鱼，却怕鱼撞翻船，眼睁睁地看着大鱼游走了；而乙船长做好了充分的准备，充满信心地率领水手们与大鱼搏斗，终于齐心协力将大鱼拖回了渔村。

从这个故事里我们可以明白情绪管理的重要性，要学会管理自己的情绪，保持阳光般的心态，乐观地对待生活，积极地应对挑战，才能抓住瞬间而至的机遇，这也是每一个人都应该具备的情绪管理和调节的能力。

五、情绪智商

（一）情绪智商的内涵

情绪智商也就是我们经常提到的 EQ（Emotional Quotient），EQ 是与 IQ（Intelligence Quotient）对比提出的概念，简单说，就是人们理解、控制和利用情绪的能力。情商是一种心灵力量，是一种为人的涵养和性格因素。它包含了如何认识和管理自己的情绪、如何培养自我激励的心灵动力、如何认识他人的情绪并建立良好的人际关系等内容。清楚认识和正确运用情绪帮助自己，同时通过了解和分享别人的看法和感受建立良好的人际关系。

情绪智商最初由美国心理学家萨洛维和梅耶在 1990 年提出，用来描述对成功至关重要的情绪特征，将其界定为个体觉察自己及他人的情绪，并用来指导自己的思想和行为的能力。沙洛维通过五个方面描述了情绪智力：对自身情绪的认识能力、对自身情绪的管理与控制能力、情绪的自我激励能力、对他人情绪的认识能力、处理良好人际关系的能力。梅耶则从个人情绪的自我意识出发，将情绪智力分成了三大类型：一是能有效地管理自己情绪的自我觉知型；二是在恶劣情绪的反复中无力自拔的自我沉溺型；三是能认知自己的不良情绪但缺乏自我调节能力的认可型。

经过研究，他们将情绪智力的概念进行了更加清晰、明确的界定，认为情绪智力包含三种能力：一是准确认知自己和他人情绪的能力，二是有效调节自己和他人情绪的能力，三是运用情绪信息指导思维方式的能力。

20 世纪 90 年代中期，美国哈佛大学的心理学家丹尼尔·戈尔曼在此基础上，创作了《情绪智力》一书，形成了关于情绪智商的基本观点和理论体系。他认为一个人的成功，智力只占百分之二十的因素，而情绪智商占百分之八十的因素，情绪智力是决定一个人成功与否的关键因素，在个体发展中起着比智力更大的作用，并且情商可以通过经验和练习得到明显提高。他指出，"情绪潜能决定了我们怎样才能充分而又完美地发挥我们所拥有的各种能力，包括我们的智力"。戈尔曼在《情绪智力》一书中丰富了情绪智力的概念，将情绪智力概括为自我觉察能力、情绪管理能力、自我激励能力、控制冲动能力和人际技巧五种能力。由于这种观念引起了反对和赞同多方面的反应，沙洛维和梅耶又对这一概念做了进一步的修订，将情绪智力最终界定为以自我意识为基础，包括乐观、同理心、情绪自制和情绪伪装等在内的综合概念，指出情绪智力应包括感知、评价和表达情绪的能力，以情绪促进思维过程的能力，理解、感悟和获得情绪知识的能力，对情绪进行有效调控的能力等，具体可以从以下五方面来进行阐述情商。

（1）能够清楚地认识自身的情绪特征，在事件中能够立刻察觉到自己的情绪、并找出产生情绪的原因，利用它做出正确的决定。

（2）能妥善管理和控制自己的情绪，并想办法自我安慰来摆脱消极情绪，既不因为悲伤或沮丧而意志消沉，也不会因愤怒和焦虑而丧失理智。

（3）面对消极情绪时，能够自我激励，专注于既定目标，克服重重困难，提高自己的自省能力和创造力，面对挫折和诱惑时能够咬紧牙关，控制一时的冲动。

（4）能真正站在他人的角度上认识他人的情绪，了解他人的感受，察觉他人的需要，体会他人的感情，与他人产生共鸣，培养同理心。

（5）能建立和维持和谐的人际关系，通过倾听、沟通、交流，管理自身和他人的情绪，在良好的互动中推动个人和他人的成长。

★拓展阅读6-3

智商 IQ 和情商 EQ

①每个人都是具有 IQ 与 EQ 两方面的才能。
②IQ 高的人，在智力方面很强大，但在生活方面却无能为力。
③EQ 高的人具有很强的社交能力，工作愉快而且投入，感情生活丰富而有分寸。
④IQ 是先天条件，EQ 可以靠后天的努力来提升。

（二）情绪智商对大学生的作用

1. 推动大学生清晰认知自我，提高自身的心理承受力

一方面，很多大学生在自我认知上存在很大缺陷，对自己的评价也不够客观，常常过高地评价自己，造成自负；或是过低评价自己，形成自卑，理想自我与现实自我的距离过大影响了对现实的态度和行为。另一方面，大学生的情绪特征多表现为心理不稳定、易冲动、承受能力差，取得成绩时容易目空一切，有一点点失败又深受打击。这就需要运用良好的情商推动他们对自己形成正确的认知，增强面对成功和对抗挫折的能力，培养他们稳定、积极、乐观的人格。

2. 帮助大学生正确认识他人，营造出和谐的人际关系

很多大学生在家庭生活中养成了自我、排他的性格，影响了进入大学后对现实生活的

适应能力，导致在与人交往时，缺乏基本的交往能力和技巧，以自我为中心，过分苛求挑剔别人，却不懂得了解和分享别人的看法和感受，造成人际关系的淡漠。所以需要运用情商的作用，帮助他们学会理解他人、分享合作，处理好大学里的人际关系。

3. 促使大学生顺利走向社会，实现个人与社会的平衡

大学阶段是完成个人向社会化转变的重要阶段，最终目的是促进个人与社会的和谐一致，促进人的全面发展，这就要求大学生在学校中就做好融入社会的准备。然而很多大学生的个人成长与社会不协调，难以适应社会。因此，大学生要注重情绪的引导、控制与调节，达到良好的情商水平，使个人与社会协调发展，最终达到个人成长与社会进步和谐平衡的状态。

情绪管理的最终目的就是做自己情绪的主人。要知道，积极情绪和消极情绪都具有推动力，我们要学会利用积极情绪，也无须逃避一些负面情绪。重要的是要学会因势利导，为我所用。有一位画家喜爱兰花，平日里花费了许多时间培育兰花。有一天他要外出写生一段时间，临行前交代学生们好好照顾他的兰花，学生们却在打闹时不小心将花盆摔碎了，画家的兰花也不幸夭折。学生们都很害怕，不知道怎么跟画家解释。可画家回来后却没有责怪学生们，他说，"我种兰花，一是为了陶冶性情，二是为了美化环境，而不是为了生气的。"这位画家懂得用宽容和豁达管理自己的情绪。如果说我们的心灵就像一个房间，那么去用心整理和经营，就会发现把他打造得井井有条、窗明几净并没有我们想象的那么难，而且，只要去做都会有成效，现在的每一步努力，都能够决定我们的将来。

（三）如何提高情绪智商

世界卫生组织提出过对健康的定义，即"不仅仅是没有疾病和虚弱，而是在身体上、心理上和社会适应能力上的完好状态。"完善和安适的心理状态是健康人生的重要标准之一，而在心理层面中，情绪状态又占有重要的地位。所以我们需要了解情绪，认识到情绪智商的影响力，并学会提高自己的情绪智商。

在生活中谁都会遇到挫折，如果保持乐观的情绪，重整旗鼓，就能够战胜困难走进阳光。特别是对于大学生来说，培养良好的情绪智商，是自我完善、自我实现的重要途径。当然，情商的建设不是一蹴而就的，而是要在生活中不断总结和磨炼。戈尔曼等人经过研究，提出了提高情商的"五步法"，一要为自己设定情商目标，二要评估自己现在的情商水平，三要设定提高情商的具体计划，四要反复练习直到形成习惯，五要从他人的反馈中寻找差距继续提高。

1. 设定目标

良好的情商一般有下列标准：敏锐的觉察力，随时随地都能够清晰地觉察自己处于怎样的情绪状态；充分的理解力，理解哪些态度、信念和价值观导致了这种情绪的出现；合理的运用力，能够认识到积极情绪的推动力和消极情绪的正面价值，并合理运用它们实现自我成长；强大的摆脱力，能够迅速从某种不良情绪中摆脱出来，进入具有积极意义的情绪状态中。

2. 自我评估

苏格拉底有一句名言，"认识你自己"。认识自己是提高自己的基础。自我评估的第一个意义是通过自我评估知道自己的优势在哪里，将其进一步强化；看到自己的欠缺在哪里，然后努力改善。自我评估的第二个意义是寻找适合自己的提高方法。只有能够清晰了解自己的情绪模式，知道自己的情绪诱因和情绪盲点，能够采取有效的措施，调整自身的情绪。

3. 制订计划

设定了情商提高的目标，并对自己有了一个清晰的认识，下一步就是要根据自身情况，制订切实可行的计划，诸如多看书了解相关知识，多参与社交活动锻炼能力，多进行自省提高修养等。以处理人际关系为例，就可以制订如下的具体计划：有意识地训练自己换位思考的能力；多参加公益活动培养自己的爱心；参与团队活动提高自己的沟通协调能力等。

4. 实践强化

有了努力目标，有了自我认知，有了确切计划，就要进入最重要的实践环节。在切实的努力中，提高自己的情商。在实践的层面，有许多具体的技巧，例如在遇到困难时提醒自己开朗豁达；在遇到消极情绪时学会合理宣泄；在紧张和焦虑时帮助自己放松娱乐；在与人相处时提醒自己顾及他人的情绪等，在具体的实践当中不断强化良好情商的形成。

5. 评价反馈

是否真正拥有了完善的情商，还需要他人的反馈作为一面镜子来观察，在他人的评价中来看到不足，今后继续努力。同时也可以在与人沟通的过程中从他人身上学习。"三人行必有我师"，在生活中，许多人身上都具备我们所没有的优势，在出色的人身上，我们可以学到宽容、理解、细心、大度等优点，用榜样的力量推动我们提高自己的情商；在我们厌恶的人身上，我们同样可以反省自己。例如从多嘴的人身上学会沉默，从脾气暴躁的人身上学会忍耐，把他们当作反面教材，推动自己的成长。

良好的情商，能够潜移默化地塑造性格、锤炼个性、改变生活。当我们学会了解自己、提高自己、了解他人、改善关系，我们就会品尝到生活的甘甜，拓宽自己的道路，最终成为想要的自己，获得想要的生活。

心理探索

回答下列问题，看看自己管理消极情绪的能力。

1. 发现自己的情绪。

(1) 我最想要：_____。

(2) 我最希望：_____。

(3) 我常因为_____而感到快乐。

(4) 我常因为_____而感到生气。

（5）我常因为_____而感到难过。
（6）我常因为_____而感到委屈。
2. 分析情绪产生的原因。
我快乐是因为_____。
我生气是因为_____。
我难过是因为_____。
我委屈是因为_____。
3. 引导自己思考对策。
这些事情让我有哪些改变？
这些改变是我愿意看到的吗？
针对这些事情我希望怎么做呢？
我将计划付诸行动以后会发生情绪的变化吗？

第三节 大学生情绪困扰及调控

本节学习目标

1. 理解大学生情绪发展的特点。
2. 理解大学生情绪困扰产生原因，掌握情绪调控方法。

★ 案 例 6-4

禅院里有一片空地，小和尚觉得难看，就建议师父撒点草籽。师父便买回来草籽叫小和尚去播种。一阵风吹来把草籽吹得四处都是，小和尚大喊，"不好了，种子都被吹走了！""没关系，被风吹走的多半是空的，撒下去也发不了芽。"师父说，"随性！"撒完种子，引来一群小鸟来啄食。"种子都被鸟吃掉了！"小和尚很生气。"没关系，这么多种子是吃不完的。"师父说，"随遇！"夜里下了一场雨，小和尚一早就哭丧着脸去找师父，"师父怎么办，好多草籽都被雨冲走了！""冲到哪儿就在那儿发芽！"师父说，"随缘！"过去了几天，光秃秃的地面上居然泛出了绿意，小和尚高兴极了，师父点点头，"随喜！"

随性，随遇，随缘，随喜，这就是内心的从容境界。无论遇到怎样的恶劣环境，都阻挡不了这些草籽的生长，最终收获一片生机。大学生在成长的过程中，都曾经经历过失望、迷惘、彷徨、愤怒甚至绝望，但是只要勇敢面对，用心调整，打开心扉，这些问题都会能得到解决。

一、大学生情绪发展的特点

由于生理阶段、心理发展、社会文化和成长环境的影响，导致大学生的情绪发展具有自身鲜明的特色。具体表现为以下几点。

（一）情绪体验丰富多样

大学生处在心理发展由不成熟向成熟转变的过渡期，他们的情绪既表现出未成年人的天真幼稚，又表现出成年人的深思熟虑，几乎人类所有的各种情绪，都能够在他们身上体现出来。在自我意识的发展上，大学生产生了丰富的自我体验，表现出强烈的自我尊重需求，容易产生自卑、自负等情绪体验；在人际交往过程中，大学生的交际范围日益扩大到老师、同学、朋友之中，并表现出更加细腻、复杂的情绪特征；在社会实践活动中，大学生在了解社会、学习道德规范的过程中，也开始思考自己的身份、角色、价值等问题。更有一些同学开始接触两性情感，爱情的介入更使大学生的情绪表现得更加多姿多彩。

（二）情绪表现缺乏稳定

虽然随着认识水平的提高和知识经验的积累，大学生已经具有了一定的情绪控制能力，但是仍然带有明显的波动性，受到学习成绩、社会交往、交友恋爱的影响，情绪时而激动时而平静，时而积极时而消极，波动起伏较大。同时，大学生生理与心理之间的矛盾、个人需要与社会满足之间的矛盾、理想我与现实我之间的矛盾，在情绪上还反映出两个极端的摇摆不定，情绪容易从一个极端跳到另一个极端，在成绩面前得意忘形，在挫折面前垂头丧气，引发情绪问题的产生。

（三）情绪状态难于控制

在大学生当中，部分学生能够很好地控制自己的情绪，大多数同学能够通过一些方式很快缓解不良情绪，但是也不乏有人不能合理控制情绪，在外界刺激下表现出强烈的情绪体验，并产生冲动性的情绪行为。因为容易冲动，更导致在强烈刺激下情绪的突然爆发，失去理智，发生打架斗殴等攻击事件，这些学生往往是校园问题发生的高危人群。

（四）情绪发展阶段分明

不同年级的大学生有着不同的课程设置、培养目标和学习任务，也面临着不同的个人问题，导致其情绪特点也随之呈现出鲜明的阶段性和层次性。大学新生一般面对的是入学后的角色转变和适应问题；二三年级学生面临的是学业问题、恋爱问题等带来的情绪困扰；而毕业生更多关注于毕业后的社会角色转化、就业等问题。另外，个体差异、家庭教育和个人期望的差别也会导致不同情绪状况的出现。

（五）情绪暴露内外不一

对于外界刺激，大学生有些情绪反应会表现得迅速敏感，不善于隐藏，喜怒哀乐都直接暴露在外，但是有一些情绪反应会隐藏很深，不形于色，表现出内隐、含蓄的特点，呈现出内心状态和外在表现的不一致，特别是在一些特殊的场合和特殊情况下，内心感受和外在表现甚至完全脱节。例如有些学生明明在考试问题上非常关注，却表现出漠不关心的情绪；有些学生对于某一异性明明倾慕不已，却表现出冷淡排斥的情绪。这些都是由于大学生心理发展的不成熟和强烈的自尊心导致的。

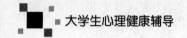

二、大学生情绪困扰的原因

从大学生情绪发展的特点中，可以看出他们必然会受到很多情绪问题的困扰。那么这些情绪特征的形成和情绪困扰的出现都有哪些引发因素呢？

（一）认知缺乏

很多大学生因为对正确的人生观缺乏认识，导致人生目标不明确，人生态度不端正，人生信念不坚定，对自己的个性、心理发展造成了消极的影响。随着经济的飞速发展，人们生活水平的提高与行为方式的多样，社会上出现的错误价值取向也给大学生带来了影响，导致他们出现种种情绪问题。加上大学生自我认知能力不足，存在自我发展的困惑，对自我的评价过低，也导致了情绪问题的产生。

（二）压力过大

现代社会，压力已经成为人们生活中不可避免的要素。大学生也需要应对各种压力，比如不适应自主学习方式、四六级考试等带来的学习压力；比如家庭经济状况，高额学费以及攀比虚荣思想带来的经济压力；再比如社会竞争日趋激烈、高校扩招带来的就业压力等，大学生要应对多重压力，导致情绪进入悲观烦躁的状态。

（三）社交障碍

大学生除了学习之外，还需要面对一个重要的问题，那就是人际交往。大学是一个社会的缩影，对于离开家庭生活进入集体生活的大学生们来说，学会处理人与人之间的关系更是一个必修的课题。然而很多学生因为性格孤僻、崇尚自我、不当竞争等原因导致了人际关系的恶化，缺乏正确的引导，久而久之便会出现不同程度的自闭、消沉、冷漠，引发不安和苦恼。

★拓展阅读6-4

大学生健康情绪的标准

1. 热爱学习、热爱生活，具有获取知识，掌握技能以解决现实问题的能力。
2. 积极参与社会活动，能够克服生活中的困难与挫折，并获得快乐体验。
3. 保持健康，控制因身体疲劳、睡眠不足、疾病等引起的情绪不稳定。
4. 能找出方法应付挫折情境，缓解生活中的不愉快，解除情绪困扰。
5. 悦纳自己和他人的优点，客观认识他人和自己的优势和不足，能够觉察自己的情绪，理解他人的情绪，乐于与他人交往。
6. 情绪基调积极、乐观、愉快、稳定，对不良情绪具有调控能力，情绪反应适度，理智感、道德感、美感等高级社会情感能得到良好的发展。

三、大学生情绪调控的方法

我们应该相信，每一个人都是自己生命的主宰和自己情绪的主人，当出现情绪问题时，不怨天尤人也不盲目消沉，而能够积极进行情绪调适。下面我们来介绍一些常用的情绪调适方法，一面通过学习外在技巧治标，一面通过提高内在修养来治本。

(一) 学习外在技巧转移和化解情绪

1. 情绪转移

(1) 情绪冷却法。当情绪即将爆发时，通过降低说话的音量、放慢语速、在心中默数数字等，有意识地平心静气。

(2) 环境转移法。当感到即将控制不住愤怒时，换一个环境，避开矛盾，等待自己心平气和。

(3) 注意转移法。把注意力转移到使自己感兴趣的事物上去，例如散步、看电影、读书、打球、聊天等，让情绪平静下来，在活动中增进积极的情绪体验。

2. 宣泄释放

(1) 找人倾诉。遇到挫折失败和负面情绪的困扰，最好的办法就是找到知心好友或者信任的老师、家长一吐为快，把内心的消极情绪宣泄出来。

(2) 放声哭泣。科学研究证明，哭泣能够释放某种化学物质，让人得到释放和平静，在极为悲伤和委屈的时候，不妨尽情地痛哭一场。

(3) 剧烈活动。运动量较大的体育运动、体力劳动和激烈的舞蹈都有助于释放紧张的情绪，消除压抑和郁闷。

3. 自我暗示

(1) 积极心理暗示。在内心有意识地暗示自己要保持好的心情和乐观的情绪，例如对着镜子向自己微笑暗示良好的情绪状态，调动人的内在因素，发挥主观能动性。

(2) 积极语言暗示。利用语言的指导和暗示作用，来调适和放松心理的紧张状态，使不良情绪得到缓解，这里的语言可以包括言语语言和书面语言两种，比如大喊口号或者写些激励的话语贴在墙上都可以帮助缓解不良情绪，保持心理平衡。

(3) 合理情绪暗示。找出一种合乎内心需要的理由来为自己的情绪辩解，以此来安慰自己，缓解内心的痛苦。这种方法可以起到积极的自我保护作用。例如失败了就暗示自己"胜败乃兵家常事""塞翁失马，焉知非福"，通过自我安慰来摆脱烦恼。

4. 放松练习

(1) 放松想象法。选择一个安静的环境，然后闭上眼睛，想象一些美好的景物、幸福的经历和美好的梦想，在想象的同时伴随呼吸调整，最后慢慢睁开眼，通过想象可以有效地使自己得到放松。

图 6-3：一个人坐在椅子上的想象。

图 6-3　一个人坐在椅子上的想象

图说：想象能带给我们哪些好处？

（2）音乐调节法。科学研究证明，音乐对人的生理和心理有着明显的影响，旋律优美、柔和悦耳的音乐，能够使人情绪安宁、舒适愉快，节奏鲜明、雄壮有力的音乐能够使人情绪振奋、激昂奋进，所以可以通过选择不同的音乐来调整自己的情绪状态。

（3）松弛训练法。这是一种通过肌体的主动放松来缓解焦虑情绪，增强情绪控制能力的有效方法，对于过度焦虑、烦躁恐惧等情绪的调试都有一定的效果。放松的同时可以结合想象和音乐，使人全身松弛、轻松舒适、内心宁静。

★拓展阅读 6-5

放松想象训练

1. 找一个舒适的体态，轻轻地闭上眼睛，做三次深呼吸，想象自己正处在一个非常宁静的环境之中。

2. 使正常的呼吸变为慢速、深长、均匀而自然的腹式呼吸，呼气时尤其要放慢并完全呼出，集中注意力，按照从右到左、自上而下、先四肢后躯干的顺序体验肌肉放松的感觉。

3. 在语言的引导下发挥想象，并体验其中的感觉。

我感到舒适。我的呼吸很深。我的面颊温热，眉间舒展，额头清凉。我的整个身体都感到舒适和放松。我沉醉在大自然的怀抱里，这里风和日丽，碧空如洗，流水潺潺，鸟语花香。我仿佛躺在绿油油的草地上，感受着大自然的恩赐，憧憬着美好的未来。我从内心深处体验到了舒适、轻松和愉快。我感到情绪安宁，头脑清晰。我感到我在缓慢呼吸的同时全身肌肉逐渐松弛，紧张焦虑也随之消失了。现在，我的身体和心理都进入了最佳的放松状态。

4. 再做三次深长的呼吸，慢慢地睁开眼睛，结束练习，体验放松后的感觉。

（二）提高内在修养扎实心灵基本功

1. 培养自信宽容的品质

（1）对待自己自信豁达。要培养宽容忍让的品质，首先要树立自信，认可和悦纳自己才能够接受和包容别人，这就要培养恰如其分的自信心，欣赏自己并喜爱自己，同时能够坦然接纳自己的缺陷，并通过刻苦和勤奋做出积极的改变。

（2）对待他人宽厚大度。提高个人修养，不仅要自尊自爱，还要豁达大度、心胸开阔、宽以待人，俗话说"宰相肚里能撑船"，要明白每一个人包括自己在内都有各自的优缺点，要学会尊重他人，并以宽大的胸怀体谅和包容他人。

2. 培养豁达乐观的心态

（1）学会辩证思维。任何事物都有它的正反两面，就像有阳光的地方就一定会有阴影一样，所以看待任何事物都不能一味地肯定或者一味地否定，应该用辩证思维思考问题，将事物的不利方面转化成积极方面，从失去当中发现收获，从苦难中经历成长，成为心智上的强者。

（2）培养正确态度。压力和挫折能够给人带来强烈的挫败感和消极的情绪反应，能否经得起这些打击，不仅在于压力和挫折本身的强度，更在于人们的态度。挫折其实并不可怕，我们完全可以依靠自己的力量面对它、正视它、解决它或摆脱它。而且，挫折和磨难也能促人奋起、促人成熟，让人变得坚强，在这个过程中就会促使人更加豁达和乐观。

（3）树立健康观念。积极向上的人生观和价值观能使人始终保持积极乐观的生活态度，对未来充满信心。有了正确的人生观和价值观，才能指导我们正确处理压力，合理评价自己，培养高尚的道德情感，真正实现心胸开阔，豁达大度，用微笑面对各种困难和挫折的考验。

3. 培养坚忍不拔的意志

（1）做好点滴小事。日常生活、平凡小事都可以培养意志品质，如按时作息、按时锻炼身体、按时完成作业等在我们看来是小事，如果能够脚踏实地、始终如一地认真坚持，就是对意志最好的锻炼。而意志薄弱的人最明显的特征就是在小事上得过且过，为自己找借口。

（2）勇于克服困难。在学习生活中遇到困难是必然的现象，那么对待困难的态度就能够看出一个人意志发展的水平，在克服困难的过程中也能够培养人的坚毅、顽强和果断。事实表明，越困难的事情越需要意志力的支撑，越能够培养意志。所以，我们还应该善于利用所遇到的困难，在风雨中锤炼有力的翅膀，锻炼和培养坚韧不拔的意志。

（3）锻炼自控能力。自我控制能力是培养意志的关键。控制自己表现在两个方面，一是督促自己作出决定和执行决定，克服恐惧、羞怯、犹豫和懒惰的情绪；二是在实际行动中控制冲动行为。大学生要提高自制力，可以通过参加体育锻炼、对比榜样的行为、制订文字计划等方式实现。

现代社会人们越来越关注心理成长和情绪的调整，总结出了许多种情绪调适的方法，我们所列举的只是其中的一部分，应对不良情绪，我们还可以通过寻找和培养自己的重要他人，建立自己的社会支持系统等等方法来实现，必要时还可以向专业人士和专业机构求助。

四、大学生常见的情绪问题

大学生是一个特殊的群体，在这个特殊群体当中，也出现了几种表现较为突出的情绪问题，所以我们有必要分析一些多见的情绪问题及解决方法，以便于在日常生活中进行自我对照和自我调适。

（一）抑郁

抑郁是大学生经常体验到的一种情绪。简单说，抑郁是指一段非特定时期的悲伤、苦闷的心境，这种心境持续的时间可长可短，被具体事件引发或自发形成，伴随着厌恶、羞愧、自卑、焦虑、罪恶感等消极的情绪体验。对大多数人来说，抑郁只是偶尔出现，会随着时间的推移而消失。但是如果长期具有抑郁心境，则会导致抑郁症。

大学生的抑郁情绪可以由多种精神因素引起，如较低的自我效能感、复杂的学校人际环境、缺乏温暖的家庭环境、不恰当的父母教养方式、过于封闭的自我和不合理的情绪归因以及其他有关的负面生活事件的影响，一般来说，性格内向、敏感、依赖性强、有过心理创伤体验的大学生容易出现抑郁情绪。

大学生的抑郁情绪主要从以下几个方面表现出来：情绪低落，整天无精打采，对学习和生活丧失兴趣，对今后的生活没有信心，缺乏年轻人应有的朝气；思维迟缓，不能集中精力，容易走神发呆，记忆力变差，容易遗忘，丢三落四，思考能力受到抑制；行为被动，做事情缺乏主动性，逃避集体活动，在人群中紧张不安，丧失人际交往的信心，体验不到生活的快乐；身体不适，常伴有入睡困难或嗜睡、饮食紊乱或没有胃口、体重骤减或骤增等生理症状。

我们还可以借助很多方法摆脱抑郁情绪的困扰，例如保持生活的规律性，寻找适合自己的心态调整方式，培养业余爱好，向老师、家长和亲友求助，合理设定学习目标等，程度严重时也可以借助药物和专业咨询的帮助。

（二）焦虑

焦虑本身是一种正常的情绪状态，是人在面临不良处境时的一种紧张状态，可以视为人的一种行为内驱力和具有自我保护功能的适应性行为。适度的焦虑是正常的，可以成为推动个体行为的动力。作为一种情绪障碍而出现的焦虑，一般指的是过度焦虑而引发的失常情绪，伴随有紧张、不安、惧怕、愤怒、烦躁、压抑等情绪体验。

大学生焦虑过度会引发生理、心理、行为和认知等层面的症状，例如在生理上表现为自主神经功能失调，出现呼吸困难、出汗、心悸、发抖、口干、肌肉紧张等症状；在心理上表现为持续性的精神紧张、不安、担忧、恐惧；在行为上表现为容易急躁、过度敏感、逃避行为等状态，在认知上出现注意力分散、思维混乱、记忆力下降、头脑失控等不良反应。

引起大学生过度焦虑有多种原因，考试压力、激烈的人际竞争、对自己过高的期望值、因生活环境适应困难、对自己体貌的过分关注都有可能产生过度焦虑。在行为规范中由于某些失当行为而引起的自责和罪恶感，例如考试作弊被抓、陷入情感纠纷、不良竞争等，也容易引发焦虑。

美国学者沃尔玛创立的系统脱敏疗法是现在常用的对抗过度焦虑情绪的干预手段。系统脱敏疗法主要是通过一些手段，诱导焦虑者缓慢地暴露出导致焦虑的情境，然后通过心理放松训练来对抗焦虑情绪，从而达到消除焦虑的目的。对于大学生来说，如果焦虑的程度没有到极为严重，主要是靠自身科学地认知引起焦虑的原因，放松自己的情绪，将注意力从焦虑事件中转移出来。如果焦虑状况比较严重和持久，影响到了正常的学习和生活适应，就需要及时寻求心理咨询者的帮助和治疗。

（三）自卑

自卑是一种消极的情感体验，是个体由于某种生理或心理缺陷或其他原因所导致的消极自我认知体验。这也是大学生常见的情绪问题，主要源于自我评价过低、自信心不足、担心他人轻视而给予内心的消极心理暗示，一般伴有悲观失望、自暴自弃等情绪。

大学生的自卑主要表现在：对自己的能力和品质评价过低，过分夸大自己的缺陷；对失败经验耿耿于怀难以自拔，怀疑自己的能力；对他人的评价过于敏感，自我封闭；逃避现实，放弃本来可以达到成功的努力等。

导致大学生产生自卑情绪既有主观方面的原因，也有客观方面的原因。客观因素主要体现在大学生自身成长环境和文化背景、经济条件存在的差异，个人先天条件的缺陷，家庭环境的不良影响等方面；主观因素主要体现在大学生理想自我和现实自我之间存在较大差距，自身的交际能力和环境适应能力较差，失恋或单相思等情感困扰等方面。

要克服自卑感，首先要学会辩证地看待别人和自己的形象，欣然接受自己，不仅要看到他人的长处，也要看到自己的优势，根据自己的兴趣、爱好、能力来积极调整自己的发展目标，并为此努力，实现自己的价值；其次要正确地对待自卑情绪，分析产生自卑情绪的原因，然后通过积极客观的自我评价来消除自卑感；最后还要在此基础上懂得扬长补短，通过努力奋斗提高和发展自己，用知识和思想进行自我完善，做出一些成就来补偿自己自身的缺陷，建立和维护自己的自信和自尊。

（四）愤怒

愤怒是一种暂时性的情绪状态，产生于人的自尊心受挫、人格受侮辱、人身安全受威胁、不公正待遇、目的不能达到等外在条件。愤怒情绪本身并没有积极和消极之分，适当地表达愤怒还会产生积极的效果，但是如果愤怒情绪表达不当则容易产生恶果。压抑愤怒会将不良情绪转移到自己身上，给自身情绪造成压力，无故的迁怒于人会给他人造成压抑和伤害，这些都是应该避免的。

表达不当的愤怒是一种十分危险的情绪，一方面因为愤怒情绪容易引发心悸、失眠、高血压、胃溃疡和心脏病等疾患，另一方面这种情绪容易失控而导致程度不断加深，引起事态的恶化，最后造成不可收拾的局面。特别是对于大学生来说，易冲动的情绪特征更加剧了愤怒造成的危害。

现实生活中，很多大学生会因为几句口舌之争、一点不顺心的事，或出口伤人，或拳脚相加，肆意地表达愤怒情绪，更有甚者还会丧失理智，导致伤人甚至犯罪，大学生中很多危机事件都是在怒气之下发生的。

对于愤怒情绪的调适，可以从以下几个方面进行，一是做好情绪觉察，这样可以留意自身的情绪变化，及时调整或抑制情绪，将愤怒情绪切断在源头；二是理智疏导情绪，遇到事情懂得沉着冷静、换位思考，用宽容大度的胸怀适当做出让步；三是恰当表达情绪，遇到事情时，先思考后行动，选择最好的方式来解决，换一种方式陈述自己的观点。

（五）嫉妒

在心理学中认为，嫉妒是人类的一种本能，是人们企图缩小和消除差距，恢复原有平衡，维持自身生存和发展的正常心理防御机制，嫉妒之心人皆有之，轻微的嫉妒可以使人有危机意识，促使人迎头赶上。但是，因为他人在某些方面优于自己，而产生带有忧虑、愤怒和怨恨体验的复杂情绪，并发展到伤害他人的行为，便是一种心理障碍的表现了。

大学生中不健康的嫉妒情绪有几种主要的类型，一是嫉妒他人在学业和个人成长中的优秀；二是嫉妒他人在形象上的出众和个人素质上的专长；三是嫉妒他人经济条件的优越；四是嫉妒他人在人际交往中的受欢迎和恋爱的成功。表现为贬低他人、诋毁他人名誉、对他人表现出傲慢和敌意等行为。不健康的嫉妒会导致自己心态失衡，人际关系持续恶化、伤人伤己等后果，就像巴尔扎克所说的，"嫉妒者会遭受比任何人都强烈的痛苦，自己的不幸和别人的幸福都会让他痛苦万分。"

面对嫉妒，我们应该客观地认识和评价自我，增强自信；与他人正确比较，良性竞争；泰然处理生活中的得失荣辱，克服虚荣；调整自我价值的确认方式，提高能力。克服嫉妒情绪并将其转化为推动成长的动力，保持良好的心态，让自己体验到学习和生活的快乐。

我们必须为自己的情绪负责，把情绪的控制权拿回自己的手上。不论现在处于什么境况之中，在心灵的最深处，我们都愿意向着积极的方向发展，能够在健康、和谐、积极的氛围里，让心灵得以舒展、悦纳和提升，就实现了我们的成长愿景，真诚地希望每一个人都在内心里点亮一盏灯，哪怕微弱的光，也要在暗夜里照亮你我安详的脸庞。

心理探索

1. 克服消极

(1) 我的消极思想。写下自己所发现的消极思想，例如我什么事都做不好、我总是迟到、大家都看不起我、我很笨等，想到什么就写什么。

(2) 我的错误认识。写下导致你出现这些思想的错误认识，包括以偏概全、瞎猜疑等。

(3) 我的合理反驳。找一种更合理、更坦然的观点反驳错误的观点。例如在反驳"我很笨"时可以写"其实这只是我自己的看法，有些时候我反应也很快，更多时候我做事踏实认真"等。

2. 突破困境

尝试用正面语句代替所列出的负面语句，也就是用积极的想法去突破困境。

(1) 这问题没法解决。
(2) 我有很大压力。
(3) 从来没有想过。
(4) 以前从来没有人做过。
(5) 以前试过都不成功。
(6) 我做不好这件事。

思考时间

1. 通过本章的学习，你对情绪以及情绪管理有了哪些了解？
2. 你知道了哪些关于情绪的经典理论？
3. 你能够准确觉察自己的情绪吗？你计划怎样提高自己的情绪智商？
4. 你的情绪中有哪些消极的地方，你今后又将如何改变自己？

推荐赏析

电影：《头脑特工队》

参考文献

[1] 艾利斯. 我的情绪为何总被他人左右 [M]. 北京：机械工业出版社，2015.
[2] 丹尼尔·戈尔曼. 情绪智力 [M]. 北京：中信出版社，2010.

第七章

大学生人际交往

案例导入

2004年2月23日，云南省昆明市云南大学6幢317号宿舍发现4具男性尸体，经查死者是该校生化学院生物技术专业2000级的4名学生——唐学礼、杨开红、邵瑞杰和龚博。云南省公安厅和昆明市公安局在经过现场勘查和调查访问后认定，4人的同学马加爵为此案重大犯罪嫌疑人。同学们描述对他的印象——他这人太怪了，给人一种阴沉沉的感觉，没有人敢接近他；当他在篮球场打球时，如果别人没打好或不小心撞到他一下，他就会翻脸骂人，时间一长，没人敢跟他一起打球了；每次同别人闹不愉快，他从不反思自己，总认为是别人找他麻烦。后来，大家只能以远离的方式对待他，但没有料到他会如此极端。

2013年4月16日，上海复旦大学2010级硕士研究生黄洋同学因急性肝损伤经抢救无效去世。警方通报在学生的饮水机残留水中检测出有毒化合物——N-二甲基亚硝胺，2013年4月16日上午，上海警方证实，中毒研究生同寝室的林森浩有重大作案嫌疑。同学对林森浩的评价是性格比较安静，很腼腆但有时候有点古怪，不太顾及别人的感受，想做什么就做什么，活在自我的世界中，会做一些不可思议的事情。

2017年3月22日，广州南方医科大学高层学生公寓发生一起恶性伤害事件。2013级学生刘某持刀行凶，两名同学在阻止过程中受到伤害，一死一伤……

思考题：

1. 这些恶性事件折射出了大学生在与人相处方面的问题，交往与合作成了大学期间非常重要的一门"必修课"。那么什么是人际交往，大学生人际交往的特点有哪些？

2. 大学生应如何提高与人沟通的能力建立良好的人际关系？

本章内容简介

马克思曾经说："交往是人类的必然伴侣。"可以说，每个人从出生的那一刻起，便开始和周围的人、环境发生各种各样的联系，未来人生中的每一天都会在人际交往中度过，每个身处社会的人时刻都会处于各种纷繁复杂的人际关系的网络之中，生活中无法回避与别人的交往。

对于大学生而言，人际交往同样是大学生活中一个重要的组成部分，大学生的所有活动都是在与人交往的过程中进行并实现的。良好的人际关系会促进大学生身心的健康发展，为将来事业成功奠定基础。

大学中各种层面的人际关系——师生关系、同学关系、寝室关系、同乡关系等，都需要大学生独自面对，这难免会出现处理不当的情况，让大学生深受其困，给自己的情绪带来困扰，给生活学习造成影响。

因此，大学生明确人际交往的意义和作用，了解和突破大学生人际交往中的心理障碍，正确认识和把握人际交往中的原则和艺术，是大学阶段需要完成的重要课题。

第一节 人际交往概述

本节学习目标

1. 通过本节的学习，使学生能明确人际交往与人际关系的含义。
2. 了解大学生人际交往和建立良好人际关系的意义及重要性。

一、人际交往与人际关系

（一）人际交往的含义

人际交往，简称社交，是指人与人之间在心理上和行为上发生相互联系的过程，其实这是人与人之间相对稳定的情感联系。人际交往作为一种社会现象有两个特点：一是交往双方互为主体；二是交往双方行为互动，双方在影响他人的同时也在接受他人的影响。

（二）人际关系的建立

人际交往是人际关系的起点和前提，人际交往是人际关系赖以建立的途径，而人际关系的好坏将直接影响人际交往的质量和频率，两者分别从动态和静态的两个角度反映人际关系的状态。

1. 人际关系建立和发展的基本条件

人际关系的发展和变化取决于人际交往的过程中社会需要被满足的程度，只有双方在相互交往中各自的社会需要被满足，交往的双方才能够保持友好、信赖的关系。良好的人际关系的建立是以下面几个基本条件为前提的。

（1）交往水平与交往质量。交往水平与交往质量是指人们之间彼此交往的频率广度和深度，其中交往频率只是交往质量的一个条件，人与人之间，虽然彼此之间交往频繁，但是一般的交往并没有得到深化，如某些同事之间或合作伙伴的交往，因此要特别注意提高交往质量，彼此坦诚相待，包容接纳，才能建立起良好的人际关系。

（2）信念与价值观的一致。信念与价值观是一个人的人生观，意志行为的思想基础，如果人们的信念与价值观一致，那么他们就有共同的语言和活动，寻求共同需要的满足，因此他们之间便能建立起深厚的情感和亲密的关系。

（3）兴趣和爱好的一致。兴趣和爱好的一致也是建立和发展人际关系的一个重要条件，志趣相投会使双方更容易结为朋友，相互之间注重情感上的价值，注重彼此在思想情感上的交流，较少带有功利性。

2. 人际关系的建立和发展过程

人际关系是一个不断变化的过程，它的发展是有阶段性的，一般分为6个阶段。

（1）零接触阶段。当两个人彼此没有注意到对方时，双方处于零接触阶段，这时两个人是完全无关的，不存在任何意义上的情感联系。

（2）单向注意和双向注意阶段。人际关系开始于一方，注意对方或双方彼此注意这一段的人际关系，彼此有一个初步的印象和判断，但只有一些简单的基础，还不存在相互情感的卷入。

（3）表面接触阶段。大部分人际关系都将保持在表面接触水平，在这种水平的人际关系下，双方情感投入的程度都很低。

（4）亲密接触阶段。在这一阶段彼此可能相聚的时间增加，谈话内容也越来越深入和广泛，彼此可能有承诺，人际关系在这一阶段发生了质的变化，双方的信任感、安全感已经得到保障，并且有较深入的情感投入，此时出现继续维持亲密关系的情况，或是可能因为关系太近而感到不舒服，从而回到上一阶段，甚至会因为双方出现了摩擦或误会而使关系进入恶化阶段。

（5）恶化阶段。所有的关系都会进入恶化期，也不是所有的关系都能停留在亲密期，你们之间的关系越是亲密越容易发生冲突。有些客观因素如出国、第三方介入、转学等都可能使双方产生冲突，如果双方冲突无法顺利解决，可能导致关系的终止，情感反而可能会得以深化，当然也有少数关系会一直停留在恶化期中，除非使用建设性的方法才能恢复到亲密期，否则可能进入解离阶段。

（6）解离阶段。人际关系的可能结果之一，是彼此关系解离的原因之一，有时可能是时空或情境的限制，自然在某一阶段终止，也可能因为是亲密切磋，感情关系恶化，例如离婚、朋友绝交等关系的解离，有可能使人感到痛苦，也可能让人觉得解脱。

二、大学生人际交往意义

（一）人际交往是促进大学生社会化进程的重要途径

人际交往有助于促进大学生社会化的进程。所谓社会化，是指个体经过与社会环境的交互作用而实现的发展自我、改变自我的过程。这是一个自然人成长为一个社会人的过程，每个人都会经历一个从只会吃饭、睡觉、哭闹的婴儿，到学会走路、穿衣、说话，再到学会社会所需要的知识、技能和规范的过程，不同层面的人际交往活动贯穿在这个过程中，推动着人的社会性的发展。人际交往是人的社会化的起点，如果一个人长期处于与他人隔离的环境，被剥夺与人交往的权利，不论小孩或大人都将失去心智及人性。

★ 拓展阅读 7-1

1954 年，加拿大麦克吉尔大学的心理学家首先进行了"感觉剥夺"实验：实验中给被试者戴上半透明的护目镜，使其难以产生视觉；用空气调节器发出的单调声音限制其听觉；手臂戴上纸筒套袖和手套，腿脚用夹板固定，限制其触觉。被试者单独待在实验室里，几小时后开始感到恐慌，进而产生幻觉……在实验室连续待了三四天后，被试者会产生许多病理心理现象：出现错觉幻觉；注意力涣散，思维迟钝；紧张、焦虑、恐惧等，实验后需数日方能恢复正常。

（二）人际交往是学生个性发展与完善的条件

人际交往活动是大学生个性发展和完善的条件。大学生在人际交往中加深对认识自己，获得更多展示自己的机会，进而使自我得到发展和完善。正如法国作家巴比塞说的："个性和集体配合起来，不会失去个性，相反，只有在集体中，个性才能得到高度的觉醒和完善。"大学时期是人生发展的关键期，人的个性定格期，积极的人际交往有助于大学生培养良好的个性。和谐的人际关系将对今后的家庭生活、个人事业的发展提供助益。

（三）人际交往是保持学生身心健康的重要保证

心理学家认为，人类的心理适应，最主要的就是对人际关系的适应，人类的心理变态主要与人际关系的失调直接相关。良好的人际关系使人获得安全感和归属感，给人精神上的愉悦和满足，促进心理健康；不良的人际关系使人感到压抑和紧张，承受孤独与寂寞、身心健康就会受到损害。所以，人际交往的时间和空间越大，人的精神生活就越丰富，得到支持与帮助的机会就越多，越能保持心理平衡。特别是大学生，通过与同学间的相互交往，诉说各自的喜怒哀乐，能够增强相互之间思想感情的交流，使自己能为别人所接受、理解、关心和关爱。亲密的交往和真挚的友情，可以提高学生的自尊，增强战胜困难、抵抗挫败的信心，减少内心的孤独感、缓解内在冲突。

（四）人际交往是学生事业成功的保证

美国著名的成功教育学家戴尔·卡耐基把专业技术称为硬本领，处理人际关系的能力称为软本领，他认为：一个人事业的成功，只有 15% 是由于他的专业技术，另外的 85% 要靠人际关系、处事技巧。也就是说"机遇偏爱有关系的人"。一个人事业的成功，真才实学自然是必不可少的，但同时他人的帮助和支持也是必不可少的。社会各界的成功人士大都有一个共同点就是注重良好的人际关系，并善于处理人际关系。人际关系是人与人之间的信息与情感的传递过程。不论是组织还是个人，都有一种对和谐的人际关系与良好的人力技能环境的需求。

★拓展阅读 7-2

福特汽车公司在新泽西有一家分工厂,过去曾因管理混乱差点倒闭。后来总公司派去了一位很能干的人物,在他到任后的第三天,就发现了问题的症结:偌大的厂房里,一道道流水线如同一道道屏障隔断了工人们之间的直接交流;机器的轰鸣声,试车线上滚动轴发出的噪声更使人们关于工作的信息交流越发难以实现。

由于工厂濒临倒闭,过去的领导一味要生产任务,而将工人们一同聚餐、共同娱乐时间压缩到了最低线。所有这些,使得员工们彼此谈心、交往的机会微乎其微,工厂的凄凉景象很快使他们工作的热情大减,人际关系的冷漠也使员工本来很坏的心情雪上加霜。组织内出现了混乱,人们口角不断,不必要的争议也开始增多,有的人还干脆就破罐破摔,工厂的情势每况愈下。

这位新任的管理者在敏锐地觉察到这一根本问题后,果断地决定以后员工的午餐费由厂里负担,希望所有的人都能留下来聚餐,共渡难关。在员工看来,工厂可能到了最后关头,需要大干一番了,所以心甘情愿地努力工作,其实这位经理的真实意图就在于给员工们一个互相沟通的机会,以建立信任空间,使组织的人际关系有所改观。

在每天中午大家就餐时,经理还亲自在食堂的一角架起了烤肉架,免费为每位员工烤肉。一番辛苦没有白费,在那段日子,员工们餐桌上谈论的话题都是有关工厂未来的走向问题,大家纷纷献计献策,并将工作中的问题主动拿出来讨论,寻求最佳的解决途径。

这个做法拯救了企业不良的人际关系,使所有的成员又都回到了一个和谐的氛围中去了。尽管机器的噪声还是不止,但已经挡不住人们内心深处的交流了。2个月后,工厂业绩回转,5个月后,工厂奇迹般地开始赢利了。这个工厂至今还保持着这一传统,中午的午餐大家欢聚一堂,由经理亲自派送烤肉。

心理探索

大一学生陈羽(化名)一直觉得自己是一个不太会和别人交往的人。进入大学,令她最担心的一件事就是和同学能否融洽相处。陈羽在高中时就经常因为不会说话而得罪同学,进入大学以后心理总害怕自己的不善言辞得不到同学的喜欢,所以便尽量少在同学面前说话,可是两个月过去了,她发现身边的同学都找到了谈得来的伙伴,只有自己总是一个人独来独往,显得有些不合群,这让陈羽再一次为交朋友陷入苦恼。她在心里暗暗给自己定了一个目标——要在大学期间好好学习关于人际交往方面的知识。

思考:
1. 什么是人际交往?
2. 人际交往和人际关系有怎样的联系?

第二节 大学生人际交往中的问题

> **本节学习目标**
> 1. 了解大学生人际交往的特点。
> 2. 了解大学生人际交往中常见的心理障碍。

进入大学有不少同学会遇到和上述案例类似的情况,被人际交往中的烦恼所困扰,那么如何走出这样的困境呢?我们就需要了解大学生人际交往的特点,以及大学生在人际交往活动中会遇到的心理障碍有哪些。

一、大学生人际交往特点

(一)交往愿望迫切

随着身心成长成熟,自我意识增强,兴趣广泛,思想活跃,大学生人际交往的愿望变得迫切。他们力图通过交往丰富阅历、扩展眼界、充实知识、学习处世,并增加展示和锻炼自己机会,透过交往获得他人的理解、关心和尊重。大学学习较中学时相对轻松,使得大学有充裕的时间去思考和进行交往活动。

(二)交往范围广泛

大学生人际关系的社会性大大地强化,他们积极参与社会交往,以此增长和积累社会经验。大学生跨过了"两耳不闻窗外事,一心只读圣贤书"的中学阶段,迈入大学之门,生活面扩大,接触的人群多样化,与社会的接触比中学时更加频繁与密切,人际交往呈现出前所未有的开放趋势。

(三)交往意识独立

大学生的独立意识普遍增强,不仅理性地思考、判断、处理自身的问题,也关心社会,批判地接受知识,批判地看待其他事物,有着强烈的体现个性见解和疑问心理。大学生在自我意识和社会关系相互协调的基础上,开始树立自我的个性,支持自己的主张,以独立的人格和态度处世,积极自主地开展人际交往活动。

(四)交往能力增强

大学生开始学会在交往中运用恰当温和的方式,主动适应各种各样性格的人,提升自己接受不同意见的能力,对社会、同性和异性的鉴赏能力不断增强。善于使用多种交往方式,扩展交往范围。大学生交往对象由以前的家人、同学扩展到在社交场合认识的其他人,但大学生活的特性也决定着大学生的交往对象主要在同寝室、同班级、同乡、同学之间，围绕学习、娱乐、思想交流、感情沟通而展开。

（五）交往内容多样

大学生交往的内容除了专业知识以外，涉及文学、艺术、体育、政治、外交、人生、理想、爱情和社会问题等各个方面。大学的社团活动、聚会、体育活动、娱乐、结伴出游以及其他一些集体活动多丰富着大学生交往的内容。

二、大学生人交往中的心理障碍

人际交往是一个复杂的过程，大学生渴望与人交往，渴望和谐的人际环境。但现实中很多大学生常常被人际交往所困，这其中有社会发展，家庭环境和学校教育的因素作用，同时也有大学生自身的认知、情绪、人格等心理方面的原因。大学生在人际交往中常见的心理障碍有以下几点。

（一）认知障碍

认知偏差是导致大学生人际交往出现问题主要原因之一。认知是指人在群体中对自我、他人的认识。大学生在交往中往往不能够正确认识自己或他人，导致认知偏差。这是因为大学生的心理发展程度，决定了大学生的阅历有限，对人和社会了解较浅，心理尚不够成熟造成的。这种认知偏差主要表现在以下几个方面。

1. 对自我的认知偏差

对自我的认知偏差表现为过低或过高地评价自己。失去了对自己客观正确的评判，在人际交往的过程中做出一些不恰当的行为或决定。对自我的认知偏差有以下两种心理状态。

（1）自卑心理。自卑通常指人们由主观和客观原因造成的妄自菲薄、缺乏自信，认为自己某些方面不如他人的一种自我意识。个体心理学提出自卑情结是人类共有的，阿德勒说："自卑感本身并不是变态的，它们是人类地位之所以增进的原因"，这句话诠释了适当的自卑是促使个体超越自我、追求卓越的内在动力，但过分自卑使人丧失信心，在人群中变得羞怯，不自然，因此过度地自卑会使人在交往中过度地约束自己的行为，限制自己潜能的发挥，无法自然地表达自己的情感，做出一些不适当的反应，同时也会使得对方感到压抑和困难，久而久之便会影响人际关系的发展。

（2）自负心理。自负是由于自己过高的评价自己因而会轻视他人的一种心理状态。大学生与人交往时，有些人觉得自己才华出众，能力颇强，或经济条件好，于是狂妄自大，目中无人，不屑与人交往，表面看是对人际交往的超越态度，其实质是孤立了自己。

★拓展阅读7-3

正确看待自己

美国前总统林肯小时候长得很丑，声音沙哑，说话结巴，语言跟不上思维，他在人生的历程中经历了种种坎坷，亲人去世，竞选州长失败，竞选参议员失败，面对这一次次人生的打击和挫折，他并没有灰心，而是努力取长补短，始终对自己充满信心。最后他惊人地把自己所有的毛病都变成一种长处和风格，甚至他说话时沙哑的声音都成了他演讲成功的一个不可忽视的因素，林肯在51岁时终于当上了美国总统。

2. 对他人认知偏差

心理学研究表明，对交往对象与交往关系的看法和态度直接影响到人际互动关系的性质和趋势，以下几种心理效应常常导致人们对交往对象时产生认知偏差。

（1）首因效应。这又称第一印象效应，指交往双方形成的第一次印象对今后交往关系的影响，也即是"先入为主"带来的效果。虽然这些第一印象并非总是正确的，但却是最鲜明、最牢固的，并且决定着以后双方交往的进程。如对某人第一印象良好，人们就愿意接近他，对于他的言行给予较多的理解和信任；反之，第一印象不好，人们不愿接近他，对他的言行不予理解和信任。

（2）晕轮效应。这又称"光环效应"，是由美国著名心理学家桑戴克提出的，指人们在交往认知中，对方的某个特别突出的特点、品质就会掩盖人们对对方的其他品质和特点的正确了解。这种效应容易使人们在人际交往中形成以点概面或以偏概全的主观印象，常常失去了对一个人客观的、全面的了解。

（3）投射效应。这是指将自己的特点归因到其他人身上的倾向。在认知和对他人形成印象时，以为他人也具备与自己相似的特性的现象，把自己的感情、意志、特性投射到他人身上并强加于人，即推己及人的认知障碍。比如，一个心地善良的人会以为别人都是善良的；一个心胸狭窄的人就会觉得别人都是小肚鸡肠等等。

（4）刻板效应。这就是所谓类化作用，按照预想的类型将人分为不同种类，然后贴上标签，按图索骥。比如，提起教师便想到"文质彬彬"，说到商人，就会想到"唯利是图"。刻板印象常常是一种偏见，人们不仅对接触过的人会产生刻板印象，还会根据一些不是十分真实的间接资料对未接触过的人产生刻板印象。

（二）人格障碍

（1）猜疑心理。这种心理表现在交往过程中，自我牵连倾向太重，总觉得其他什么事情都会与自己有关，对他人的言行过分敏感、多疑。

（2）嫉妒心理。这种心理是生怕别人超过自己而产生的一种情绪体验，是一种狭隘心理。嫉妒实质是对某些方面比自己强的人产生的一种忌恨。嫉妒者当看到他人的才华、进步、成绩、专长甚至相貌超过自己时就不舒服、不愉快甚至恼怒，千方百计采取诽谤、贬低、攻击和背后议论等方式进行诋毁，甚至妄图置人于死地而后快。这是一种人与人之间的不良关系的体现。

（3）孤独心理。孤独心理是指孤单寂寞的心态。通常表现为渴望与人交往，也不存在厌烦他人、对他人有戒备的心理，在与人交际时一切如常，绝不会有使人感到不舒服的表现。孤独感是一种重要的心理保护机制，每当人产生孤独感，就会意识到自己应该做些事情来排解，说明应该关注自己的社会关系、社会情感和社会网络联系。

（4）恐惧心理。恐惧心理是指对某些事物或特殊情境产生比较强烈的害怕情绪。恐惧症原称恐怖性神经症，是神经症的一种。以过分和不合理地惧怕外界某种客观事物或情境为主要表现，患者明知这种恐惧反应是过分的或不合理的，但仍反复出现。难以控制。恐惧发作时常常伴有明显的焦虑和自主神经症状，患者极力回避导致恐惧的客观事物或情境，或是带着畏惧去忍受，因而影响其正常活动。

心理探索

姜岚（化名）是一名大一的新生，入学没多久就发现寝室的同学不太愿意和自己接近，感到自己受到了排挤，想调换寝室，于是鼓起勇气和辅导员提出了自己的想法。姜岚说寝室的同学和自己对待学习的态度不一样，他们都是很爱玩，回到寝室大部分时间都是打游戏或者聊天，对考试成绩也不是很看重，大家的目标只是拿到毕业证就可以，而姜岚给自己的目标是，大学四年除了学好专业知识拿到奖学金之外，还想补充其他的知识，将来为自己就业增加竞争力。因此她和室友基本没有共同的话题，连作息时间都有很大的差异。不管是上课还是去食堂吃饭，其他的人都是三两结伴而行，只有姜岚总是落单的那一个。这点让她心里觉得越来越烦恼……

思考题：
姜岚和同学之间发生了什么？怎么看待这类事情的发生呢？

第三节　大学生人际交往的原则和技巧

本节学习目标

1. 了解大学生人际交往的原则。
2. 掌握大学生人际交往中的技巧。

★案　例

孟利（化名），是一名大三的学生，性格内向，家在农村，经济比较困难，成绩优秀，正在备考研究生。

李向（化名），孟利的同寝室同学，性格开朗，家在城市，经济条件较好，学习成绩一般，也在备考研究生。

两人大学以来一直是同寝室室友，关系比较好，但最近因为一些小事产生了激烈的冲突。

那天孟利去自习室复习，李向要求孟利帮他占座，孟利虽然不情愿但还是答应了，到了自习室发现已没有相邻的两个座位，便把李向的书放到了相隔的座椅上，李向看到后问孟利：你是不愿意和我一起所以故意把书放在了一边吧？孟利看了一眼李向没有回应，李向冷嘲热讽了几句，拿起书气呼呼地走了。

接下来的几天李向时不时找机会得挖苦孟利，让孟利心里很不舒服，感觉自己的自尊心受到了严重的伤害。直到前几天孟利再也忍不住了和李向发生了肢体冲突，在慌乱中划伤了李向。虽然伤口不严重但是孟利还是当场就向李向道歉，但李向并不接受孟利的歉意，并放下狠话要"灭了"孟利。孟利看着身材高大的李向和他那狰狞的表情，不免心生恐惧。接下来几天孟利总担心李向对自己下毒手，一时间曾萌生了要先下手为强的想法，但是又被自己的这个想法吓了一跳。这些事情一直折磨着孟利，已经严重影响到了他学习状态和睡眠。

思考：
面对孟利此时的处境你怎么看？如果你是孟利你会怎么做？

一、人际交往原则

人际交往能力是一个人进入社会的必备技能，要想在社会中站稳脚跟，让自己的未来有所作为，大学生应该努力提高自己的人际交往能力，而掌握人际交往应遵循的原则是第一步。

（一）平等原则

在人际交往中我们需要明确，每个人在人格上都是平等的，没有高低贵贱之分，不应该因为同学之间的家庭情况、成长经历、个人长相而差别对待。

（二）尊重原则

人际交往的双方互为主体，因此在交往中每个人都要尊重他人，同时也要自尊。尊重他人包括尊重他人的人格、情感、风俗习惯和价值观。自尊是指维护自己的人格不被他人侵犯。

（三）诚信原则

信任是人与人建立关系的基础，真诚是人与人发展关系的保障，坚持诚信原则才能使交往双方的关系逐步深入。交往中真心帮助他人，以诚恳的态度指出朋友的缺点不足，都可以促进彼此的情感深化。

★拓展阅读7-4

立木为信与烽火戏诸侯

春秋战国时，秦国的商鞅在秦孝公的支持下主持变法。当时战争频繁、人心惶惶，为了树立威信，推进改革，商鞅下令在都城南门外立一根三丈长的木头，并当众许下诺言：谁能把这根木头搬到北门，赏金十两。围观的人不相信如此轻而易举的事能得到如此高的赏赐，结果没人肯出手一试。于是，商鞅将赏金提高到五十两。重赏之下必有勇夫，终于有人站起将木头扛到了北门。商鞅立即赏了他五十两。商鞅这一举动，在百姓心中树立起了威信，而商鞅接下来的变法就很快在秦国推广开了。新法使秦国渐渐强盛，最终统一了中国。

而在商鞅"立木为信"的地方，400年以前却发生过一场令人啼笑皆非的"烽火戏诸侯"的闹剧。周幽王有个宠妃叫褒姒，为博取她的一笑，周幽王下令在都城附近20多座烽火台上点起烽火——烽火是边关报警的信号，只有在外敌入侵需要召唤诸侯救援的时候才能点燃。结果诸侯们见到烽火，率领兵将们匆匆赶到，弄明白这是君王为博妻一笑的花招后愤然离去。褒姒看到平日威仪赫赫的诸侯们手足无措的样子，终于开心一笑。五年后，西夷太戎大举攻周，幽王烽火再燃而诸侯未到——谁也不愿再上第二次当了，结果幽王被逼自刎而褒姒也被俘虏。

一个"立木取信"，一诺千金；一个帝王无信，戏玩"狼来了"的游戏。结果前者变法成功，国势强盛；后者自取其辱，身死国亡。可见，"信"对一个国家的兴衰存亡起着非常重要的作用。

（四）宽容原则

世界上不存在完全相同的两片树叶，每个人都有自己的立场和观点，我们要以开放的姿态去接纳他人与自己的不同之处。勿以自我为中心，一味以自己的想法要求和改变别人，只能让身边的人离你越来越远。

（五）互利原则

人际交往是一种双向行为，"来而不往非礼也"，只有单方获得好处的人际交往是不能长久的。所以要双方都受益，不仅是物质的，还有精神的，但主要是精神上的。如思想上沟通交流，既满足了双方各自的友谊需要，又促进了相互间关系的发展。有人认为，爱一个人就不能要求回报，这不符合交往互利原则，因此是错误的。人际交往是相互满足对方需要的活动，人际关系的发展决定于双方需要满足的程度。如果双方在相互交往中有所要求，也有所期待，都获得了各自的需要的满足，相互之间越加信任和依赖，关系越加密切。同学交往常犯的一个错误就是"好事一次做尽"，以为自己全心全意为对方做事就一定会关系融洽、密切，事实上并非如此。因为人一味接受别人的付出，就会使他感到无法回报或没有机会回报，愧疚感就会让受惠方选择疏远。正确的做法是留有余地，适当地保持距离，因为彼此心灵都需要一点空间。如果你想帮助别人，而且想和别人维持长久的关系，那么不妨适当地给别人一个机会，让别人有所回报，不至于因为内心的压力而疏远了双方的关系。当然，如果一方只索取不给予，交往也会中断。总之，互利性越高交往双方关系就越稳定、密切；互利性越低，交往的双方关系就越疏远。

（六）适度原则

（1）交往的时间要适度。交往需要中，除了交往友谊以外，还有学习、劳动。大学生的主要任务是学习，学习需强调交往的重要性而投入大量的时间和精力，需要注意不要把太多的时间投入到过度的与人交往中。

（2）交往的程度要适度。美国心理学家莱欧·博格说，保持良好关系的重要方法，是保持一个"能感受到对方的体温又不挨扎"的最佳距离。距离产生美，人际交往应该疏密有度，保持一定的距离，否则双方心理健康和人际关系发展都不利。把握一定的交往频度，才能使今后的人际关系发展上进退自如。

★ 拓展阅读 7-5

豪猪们冬天挤在一起取暖，靠得太近，会使它们因彼此而受伤，离得太远，寒冷又难以忍受。几番聚散，它们最后发现了彼此可以相安的那个距离，凡违规者要受到警告，用一句简单的话说：请保持相当距离。用这种方法，彼此取暖的需要可以满足了，而且彼此不至互刺。

★ 心理测量 7-1

人际信任量表

使用以下标准表明你对下列每一项陈述同意或不同意的程度：1＝完全同意，2＝部分同意，3＝同意与不同意相等，4＝部分不同意，5＝完全不同意。

1. 在我们这个社会里虚伪的现象越来越多了。
2. 与陌生人打交道时，你最好小心，除非他们拿出可以证明其值得信任的依据。
3. 除非我们吸引更多的人进入政界，这个国家的前途将十分黯淡。
4. 阻止多数人触犯法律的是恐惧、社会廉耻或惩罚而不是良心。
5. 考试时老师不到场监考可能会导致更多的人作弊。
6. 通常父母在遵守诺言方面是可以信赖的。
7. 联合国永远也不会成为维持世界和平的有效力量。
8. 法院是我们都能受到公正对待的场所。
9. 如果得知公众听到和看到的新闻有多少已被歪曲，多数人会感到震惊的。
10. 不管人们怎样表白，最好还是认为多数人主要关心其自身幸福。
11. 尽管在报纸、收音机和电视中均可看到新闻，但我们很难得到关于公共事件的客观报道。
12. 未来似乎很有希望。
13. 如果真正了解到国际上正在发生的政治事件，那么公众有理由比现在更加担心。
14. 多数获选官员在竞选中的许诺是诚恳的。
15. 许多重大的全国性体育比赛均受到某种形式的操纵和利用。
16. 多数专家有关其知识局限性的表白是可信的。
17. 多数父母关于实施惩罚的威胁是可信的。
18. 多数人如果说出自己的打算就一定会去实现。
19. 在这个竞争的年代里，如果不保持警惕别人就可能占你的便宜。
20. 多数理想主义者是诚恳的并按照他们自己所宣扬的信条行事。
21. 多数推销人员在描述他们的产品时是诚实的。
22. 多数学生即使在有把握不会被发现时也不作弊。
23. 多数维修人员即使认为你不懂其专业知识也不会多收费。
24. 对保险公司的控告有相当一部分是假的。

25. 多数人诚实地回答民意测验中的问题。

评分指南：

1. 项目 6，8，12，14，16，17，18，20，21，22，23 和 25 正序记分。

2. 其余项目：1，2，3，4，5，7，9，10，11，13，15，19 和 24 反序记分。如得 1 分则记 5 分，如得 5 分则记 1 分。

3. 所有项目得分累加即为总分。

4. 得高分者人际信任度也高。

二、人际交往技巧

人际交往既是一种能力，也是一种技术，良好的人际关系既有个人性格特征的原因，还有后天练习的结果。在人际交往中掌握下面几个小技巧，能够帮助你建立和谐的人际关系。

（一）识别情绪

人际交往中了解他人的情绪是至关重要的。情绪是内心情感的反应，通过对情绪的理解就能够更准确判定如何进行交往活动，做好人际关系管理。人的情绪除了通过语言直接表达，非语言也是一个非常重要的识别渠道。例如一些细微的动作和表情，都会真实地呈现出内在的情绪状态。准确识别对方的情绪，做出更睿智的选择，有助于打造积极的人际关系网络，让自己处理事物时得到更多的助力。

（二）倾听他人

倾听是人际交往中最重要的一项技能。高科技带来了快节奏，人们的生活瞬息万变，压力越来越大，而人与人之间的耐心却越来越少，人们好像都没有太多的时间真正地倾听别人说话。在沟通中，要么是只顾着表达自己的观点；要么是耳朵听着别人讲话，但心里想着自己的事情，虽然花了很长的时间在沟通，但不能达到我们期望的效果。因此学会倾听，是有效沟通的基本前提。沟通中的关键不是你说了什么，而是你听到了什么。相较于只顾自己滔滔不绝的人来说，善于倾听对方的人更受欢迎。

古人用他们的智慧，对倾听的含义做了精深的诠释。我们从古代繁体的"聽"字上就能够看出，听包含着三个层面的意义——用耳朵去听，用眼睛去观察，用心去体会。

（三）表达自己

在人际交往中双方互为主体性，在交往中通过交流彼此的思想和感受，增加了解，增进感情。在交往的过程中，学会倾听别人的同时，清楚地表达自己，也是非常重要的。表达需要注意一下三个方面的技巧。

（1）适时。说在该说时，止在该止处。

（2）适量。谈话声音大小适量。

（3）适度。根据不同对象把握深浅程度；根据不同场合把握得体度；根据个人身份把握分寸度。

（四）乐观心态

有句话说态度决定一切，成功的心态使人成功，快乐的心态使人快乐，可见一个怎样的心态直接决定着事情的发展方向。所以想成为受欢迎的人，要先让自己具备受欢迎的心态。首先要有意识地培养自己积极快乐的心态，因为谁都喜欢和一个积极阳光的人在一起，而不喜欢和一个整天唉声叹气的人交往。

（五）乐于赞美

赞美是予人最好的礼物，人人都喜欢受到别人的称赞。被人认可和接纳是人的天性使然。但是需要注意的是真诚的赞美要和客套的恭维区别开，只有发自内心地赞美才具有价值，真诚的赞美，就如同给你们的友谊洒下一缕冬日的阳光。

★心理测量7-2

人际特质问卷

1. 如果你突然急需一笔钱，但你正好没钱，你会向班上哪位同学借？为什么？
2. 如果你的男（女）朋友来找你，你不想理会，你会请班上哪位同学帮你去打发他（她），为什么？
3. 如果你想侃大山，你会去找班上哪位同学？为什么？
4. 如果你心情不好，想找人谈谈，你会去找班上哪位同学？为什么？
5. 如果你想谈论专业的或者严肃的问题，你会去找班上哪位同学？为什么？
6. 如果你必须参加一个正式的场合，但你没有正式的服装，你会向班上哪位同学借，为什么？
7. 如果你在生活上遇到一个大麻烦需要人帮忙，你第一个想到的班上同学是谁？为什么？
8. 你觉得班上人缘最好的人是谁？为什么？
9. 你觉得班上最神秘的人是谁？为什么？
10. 你觉得班上最有魅力的人是谁？为什么？
11. 你觉得班上的好好先生是谁？为什么？

心理探索

神奇的白纸

1. 设计理念：明白面对相同的事物，每个人都有不同的视角，和不同的理解。
2. 指导语：苏轼在《题西林壁》一诗中写道"横看成岭侧成峰，远近高低各不同"，这句诗告诉我们，同样一件事物，从不同的角度理解就会产生不同的结果。
3. 操作：
（1）请每位同学准备一张白纸。
（2）请同学们闭上眼睛，按照老师的指令把白纸进行对折，然后进行撕角。

（3）请同学们睁开眼睛将被撕的纸张打开，互相对比下看有什么样的不同。

4. 分享时刻：请同学分享看到这样的结果，自己的感悟和收获。

思考时间

1. 通过学习，你对人际关系有了哪些了解？
2. 你认识了人际交往的哪些基本原则？
3. 你将如何提高你的人际交往能力？

推荐赏析

书籍：《非暴力沟通》

参考文献

[1] 戴尔·卡耐基，诺伦. 人际交往心理学 [M]. 张然，译. 中国国际广播出版社，2017.

[2] 阿尔弗雷德·阿德勒. 自卑与于超越 [M]. 曹晚红，译. 中国友谊出版公司，2017.

[3] 吴畏. 大学生心理健康 [M]. 中国海洋大学出版社，2013.

第八章

大学生恋爱心理

案例导入

当爱情来敲门

小美进入大学以后，将取得优异成绩、在毕业后能够找到一份满意的工作作为自己的目标，将爱情列为大学生活的奢侈品。然而，宿舍里的其他同学都逐渐有了男朋友，每天一起上课、上自习、吃饭、逛街，小美的心也开始痒痒的，渴望有一场浪漫的恋情降临到自己的身上。在一次社团活动中，她遇到了身为社团学生干部的苏明。苏明是小美同专业的学长，高大帅气、成绩出色、热情爽朗，对女孩子很体贴，在社团里是一个深受欢迎的人物。小美对他很有好感，经常找机会问他一些专业上的问题，苏明对小美也很关心，在小美生病时主动买了水果到宿舍看望，宿舍的同学见到苏明以后，纷纷开起两个人的玩笑，但是两个人并没有进一步发展。在一次社团组织的自行车出游活动当中，两个人结成了一个小组，小美坐在苏明的自行车后座上，觉得有一股幸福的风吹过了自己的心，苏明心情也很好。出游回来，两个人交往开始增多，公开成为一对男女朋友。小美觉得很开心。但是两个人相处一段时间后感情变得平淡，没有了刚刚认识时的激动感觉。小美在日记里写到，这就是我大学里的爱情吗？我们能永远在一起吗？

本章内容简介

爱情是一个古老而常新的话题。恋爱的过程，是感情发展的过程，是彼此深入了解、互相适应的过程。健康文明的恋爱方式有助于造就健康、巩固、成熟的爱情。在青年男女相对集中的大学校园中，大学生恋爱已经是一种普遍现象。如何对待大学时期的恋爱将对人生有着重大的影响。大学生在恋爱心理方面的不成熟，会产生一些心理问题。本章从恋爱心理概述、大学生恋爱现状、如何调适恋爱心理问题、性心理等几方面进行探讨与分析，以期使同学们能够对恋爱有正确的认识、树立健康的恋爱观、妥善解决恋爱中出现的问题。

第一节 恋爱心理概述

本节学习目标

1. 通过从心理学层面的解析,充分了解爱情的含义、实质及特性。
2. 通过对爱情经典理论的介绍,掌握爱情三因素、爱情的依附理论、爱情的阶段理论,帮助我们更加深入理解爱情的实质。
3. 掌握恋爱对大学生的功能和意义,包括积极和消极两方面。

你知道爱是什么吗?你爱你的父亲、母亲、兄弟姐妹、老师、朋友吗?你知道爱的意义吗?

在年轻的大学生中间,爱情是一个备受关注的话题。很多人听到过这样一个说法,即爱情是大学的一门必修课,很多同学对此都深有体会。但这门课程却并没有想象当中那么容易,大家在其中遇到了各种各样的问题,诸如暗恋、单恋、失恋,品尝甜蜜爱情的同时也体会到了爱情带来的痛楚。那么究竟应该如何认识和看待我们的爱情,大学生活里的恋爱又有哪些需要注意的问题,遇到恋爱中的困惑又要如何调整和处理呢?

一、爱情的心理透析

爱情是大学校园里一道独特的风景线,对于爱情的渴望成为大学生当中较为普遍的心理状态。随着大学生身心发展的成熟,其对于爱情的理解也在不断深入。但许多人也遇到了各类恋爱问题的困扰,影响了自己学习、生活和心理的健康发展。对于爱情这种深刻、复杂又独具魅力的情感体验,很多大学生都在追问,究竟什么是爱,如何判断自己是否得到了真爱呢?希望通过对爱情的科学解释,为大家解开"爱是什么"这一答案。

(一) 爱情的实质

有人这样描述爱情:爱情是生理活动和心理活动的统一,自然性和社会性的统一,体现着人深刻的社会性,它通过一定的社会形式把人的自然属性和社会属性联结在一起,从而引起两性精神最深沉的冲动。也有人这样诠释爱情:爱情是一对男女之间,基于一定的社会关系和共同的生活理想,在各自的内心中形成对对方最真挚的倾慕,并渴望对方成为自己终身伴侣的最强烈情感,是两颗心相互向往、吸引、达到精神升华的产物,是人类特有的一种高尚的精神生活。在《爱的艺术》的一书中,心理学家弗洛姆将人类的爱分为五种:父母之爱、兄弟之爱、自我之爱、异性之爱和神明之爱。此处的异性之爱就是通常所说的"爱情"。它是建了在传宗接代的本能基础之上,使男女双方产生的特别强烈的肉体和精神享受的相互仰慕,并渴望对方成为自己终身伴侣的高尚情感。从这些描述中我们看到,虽然人们对于爱情内涵的表述各不相同,但同样都涉及了生理、心理和社会三个方面。

1. 生理因素

这是指爱情产生于男女两性之间,异性相吸的生物本能使人产生美好的心理体验。

2. 精神因素

这主要是指爱情是一种高尚的情操,健康的爱情会愉悦身心,使人产生美好的心理体验。

3. 社会因素

这指爱情是社会现象,一方面受社会道德、法律规范制约,另一方面还将涉及养儿育女、传宗接代的社会功能。

（二）爱情的特性

1. 高尚性和互爱性

爱情是一种高层次的精神享受,是以互爱为基础的相互倾慕和欣赏,追求合理的爱情是一种高尚的人生追求。

2. 专一性和排他性

爱情是专一、排他的。不允许有第三方或者多方的涉入,三角恋或多角恋以及频繁更换恋爱对象的行为是对爱情不负责任的表现,会对他人造成情感的伤害。

3. 稳定性和持久性

健康的爱情绝不是一时的感情冲动,而是一种天长地久的情感,能够经得起时间和困难的考验。朝三暮四并不是真正的爱情。

二、爱情的经典理论

综上所述,爱情的本质是由爱情的生理、心理、社会三个要素相互作用构成的。生理的成熟构成了大学生对渴求异性的原始动力;思想吸引和心理相容推动了大学生两性交往的深入,并以婚姻、家庭作为最终目标,受到社会道德和法律的制约。所以心理学上将爱情定义为建立在生理、心理和社会综合需要基础之上的、使人能获得强烈的生理和心理享受的稳定而持久的情感。迄今为止,多位心理学家也从各自不同的角度阐释了对爱情的理解,我们有必要对大师们的经典理论有一个大体了解,进一步认识爱情的本质。

1. 爱情三因素理论

爱情的三因素理论由美国耶鲁大学的斯腾伯格（Sternberg）教授提出,他认为人类的爱情基本上由三种成分所组成：动机、情绪和认知。这三种成分对应着爱情应包含的三要素：亲密、激情、承诺。理想的爱情应该是这三者的完美结合。

（1）动机成分。动机含有内发的性驱力,包括异性之间身体容貌等特征的彼此吸引,而产生的相互喜欢、亲近的感觉。以动机为主产生的两性关系要素为亲密，是爱情的情感成分。理解亲密感有一点需要特别注意，虽然亲密感是爱情的基础，在亲密感产生之初，人需要冲破自身去与人产生亲密感，但是又会因为担心太过亲近而失去自我，而在发展过程中渐渐远离，产生亲密感与自主之间的平衡行动。

（2）情绪成分。情绪表现为由刺激引起的喜、怒、哀、惧等身心激动状态。以情绪为主的两性关系要素为激情，是爱情中令人兴奋激动的成分。在两性关系开始的阶段，激情通常是最强烈的，通常表现为对方时有时无的反应，会引起自己患得患失的心情，而激发起持续不断的热情。

（3）认知成分。认知是对情绪和动机的控制因素，是爱情中的理智层面，以认知为主的两性关系要素为承诺，只愿意与对方相爱，并且保持长期、稳定的关系。承诺包括短期与长期两种，短期是指决定去爱一个人，长期则是承诺要维系这份爱。在大学生的爱情当中，双方的短期承诺表现明显，但是却缺乏长期步入婚姻的承诺，所以在爱情关系调控当中，需要以认知来加以调控。

这三个要素分别代表了爱情三角形的三个顶点，任意改变三角形的一边，就会形成不同的爱情三角。爱情关系中的亲密、激情和承诺随着时间的变化，所占比例也会改变。在爱情初期激情具有重大作用，但随着时间的推移，亲密不断加强，并加入承诺的约束，以促使关系稳定。三角形的形状也会因为这三种元素的增减而随之改变，三角形的面积即代表爱的含量，含量越多证明爱情的品质愈高，两人的爱情三角重叠的部分越多，则代表双方对爱情关系的满意度也越高。

2. 爱情依附理论

爱情依附理论将爱情与童年依恋联系起来进行研究。这一理论最早由英国精神分析师鲍尔比（Bowlby）提出，他把习性学引入发展心理学的视野中，认为婴幼儿时期与主要照顾者建立的最原始的依附关系，会使个体形成一个持久且稳定的人格特质，这项特质会衍生为后来与依附对象的情感连接，在个体与异性建立亲密关系时自然流露出来。美国心理学家安斯沃斯（Ainsworth）进一步将依附关系区分为逃避依附、安全依附与焦虑/矛盾依附三种类型，这三种类型的差异表现在依附关系的互动中。美国心理学家阿藏（Hazan）和谢弗（Shaver）发现爱情关系中的许多特征与幼儿依附照顾者的行为非常相似，因此他们将安斯沃斯的三种依附类型套用于爱情关系上，分出了爱情的三种类型。

（1）安全依附型。在这一类爱情关系上，个体容易和他人亲近，可以自在地依赖他人，也愿意让他人依赖。与伴侣关系良好，对伴侣的信任度较高，愿意在沮丧或生病时向伴侣求助。在爱情关系中能够感受到较多的信任、亲密、承诺与满意感。

（2）逃避依附型。这一类爱情关系中的个体对伴侣持怀疑态度，在亲密关系中常感到不自在，对关系不信任、无法给予承诺，与伴侣保持距离，会尽量避免和逃避与他人建立深刻的爱情关系，更倾向于依赖自己。

（3）焦虑/矛盾型。这一类型的爱情关系中，个体常显现出极端的情绪反应，忌妒感受强烈，想亲近伴侣又担心伴侣会离开自己。沮丧或生病时会求助于伴侣，却往往不满意伴侣的回应，让伴侣感到他们太过依赖或严苛。付出后也期待对方给予相同的回馈，希望与伴侣是互惠关系。在爱情关系中信任与满意度都较低，爱情关系倾向不稳定。

阿藏和谢弗研究发现，三种不同的爱情依附类型在人际互动中会产生重大的影响。当然，这三种爱情依附类型并不是固定不变的，会受到各种因素的影响，例如焦虑依附型者与安全依附型者交往，将有助于焦虑依附型者在爱情关系上的稳定等。

3. 爱情阶段理论

美国心理学家伯纳德·默斯坦（Murstein）通过探讨亲密关系的发展过程，提出了SVR理论，认为亲密关系的发展依据双方接触次数的多少分为刺激、价值和角色三阶段。

（1）刺激阶段。通常双方第一次的接触即属于刺激阶段，在这个阶段中，双方彼此间被外在条件互相吸引。

（2）价值阶段。通常双方第二次至第七次的接触属于价值阶段，在这个阶段中，彼此情感上的依附主要建立在价值观和信念相似的基础上。

（3）角色阶段。通常双方第八次以后的接触开始进入角色阶段，在这个阶段中，彼此对对方的承诺，主要建立在个体是否能成功地扮演好在此关系中对方对自己所要求的角色上。

虽然伯纳德·默斯坦认为亲密关系包含刺激、价值、角色三阶段，但在亲密关系的每个阶段中，这三种因素对亲密关系都会产生影响，只是所占影响程度的比重不同。整体来看，刺激因素在开始阶段占较高的比重，随着接触次数的增加而小幅度上升最后趋于平稳；价值因素在开始阶段比重较低，关系发展至价值阶段的时候，比重会迅速提高，最后也会趋于平稳，但比重高于刺激因素平稳后的比重；角色因素虽然在开始阶段比重最低，但是到了角色阶段则会超越其他两个因素，而且，随着关系的继续发展，比重会不断地上升。

三、大学生爱情的功能与意义

作为社会人，需要在与他人相互依赖、共同生活的过程中得到生存和发展，随着性生理发育高峰期的出现，大学生逐渐产生异性之间接近的愿望，很自然地开始关注、倾慕甚至追求异性。但是，大学生异性交往却是一把双刃剑，异性之间单纯美好的情感关系能够推动个人的成长，并得到幸福的人生体验，促使人不断进步，实现自身的价值。而消极负面的情感关系会给大学生带来难以愈合的身心伤害，成为阻碍其成长的绊脚石。

（一）异性交往对大学生心理成长的积极意义

1. 有助于提高大学生的学习以及工作效率

心理学研究表明，有异性在场可以有效地提高活动效率。在对大学生进行的情感调查中，大多数人反映同异性一起工作、学习时会感到更愉快，积极性会更高，并伴有一种难以言传的愉悦感。这种积极的情感对人的整个心理活动具有巨大的心理效应，并能够刺激思维活动的敏捷性，激发出大学生内在的积极性和创造性。同时，异性之间在交往中互相合作、促进和影响，也可以发挥各自的优势，提高学习和工作效率。

2. 有助于促进大学生心理发展的成熟健全

异性交往是大学生日益强烈的性冲动重要的释放途径。通过交往过程中的异性接触，可以使大学生不再感觉到性的压抑紧张，形成健康科学的性意识，保持内心的平衡。同时，通过双方人格的深层接触，大学生的自我概念受到对方的影响而发展，能够真正懂得如何在保持自身独立性的前提下调整自身缺陷以适应对方，对自身性格的完善和社会情感的发展都有着重大意义，在恋爱中培养的交际能力也能够为今后的社会适应打下基础。

3. 有助于帮助大学生获得幸福完整的生命体验

爱是大学生学会对自己负责并开放生命的最好渠道，能够为其开启心灵的大门。在异性交往中，大学生可以获得完整的自身成长体验，情感能力得到培养、磨炼、充实和发展，促进自身生命质量的提升，使自身能够得到更好的发展，变得更强大、更聪慧，使人的本质得到锤炼，变得更纯正、更完美。任何情感体验都是大学生生命成长中必不可少的一部分，有助于形成个体完善的认知结构、情感结构、心理结构，形成积极完善的生命状态。

4. 有利于弥补和愈合大学生成长经历中的伤痛

异性交往中的美好爱情体验能够帮助大学生愈合在成长经历中所遭受过的创伤。亲密关系的建立与维护对于个人创伤体验来讲，是最好的疗伤机会。从深度心理学的角度来看，天下最好的治疗者就是自己的爱人。在恋爱中，无条件地被人接纳并在对方心中居于首位，都可以使自我价值感得到恢复，并得到深层的心理满足。很多在成长经历中经受过缺失和创伤的大学生，都从恋爱中完成了完整自我的补偿，人格开始更加独立和成熟。

（二）异性交往对大学生心理发展的消极影响

异性交往虽然有其积极的意义，但异性关系处理不当也会危害到大学生的心理健康，给大学生造成难以愈合的伤害，影响其学习和生活的正常进行。

1. 紧张情绪带来的心理失调

过度的兴奋和悲痛都会加剧心理紧张，处在热恋中的大学生很容易会为一些小事高兴或烦恼，引起高度的心理紧张，产生心理失调的严重后果。异性双方陷入热恋当中，也极易导致无心学习，学习成绩下降。

2. 恋爱挫折带来的心理打击

大学生异性交往具有不稳定性，爱情的甜蜜无疑会给他们的内心带来美妙的体验，但是遭受恋爱挫折也是在所难免的事情。遭受恋爱挫折的大学生，如果没有正常的自我调控能力，又得不到恰当的心理指导，就会在巨大的心理打击下，每天失魂落魄，饱受折磨，失去人生信念，甚至走上绝路。

3. 不良事件带来的心理伤害

婚前性行为的增加、怀孕流产事件的不良处理都会给大学生身心造成难以愈合的伤痛，使他们在学习和生活中背负沉重的心理压力，严重时还可能导致心理的崩溃，出现自杀、暴力等危机状况，并给其他同学也造成消极的心理影响。

调整失恋心理的一字成语

一刀两断：感情就像一团死结，解不开的就必须剪断。动作越快越利落，受伤就越轻。时间能抚慰一切，就像做手术，几个星期后，你的伤口就能愈合，万万不要为了一个人而躺下来等死。

一脚踢开：感情破裂后纠缠是无济于事的，只能延长痛苦。假如你仍然觉得对方完美，请仔细看看对方究竟完美到什么地步，把他性格中让人不能接受的地方列出来，把没有他能活得更好的理由记录下来，痛苦时再看一遍，坚定地将他一脚踢出你的世界。

一次梦醒：不要以为失恋是没有面子的事，失恋没什么大不了的，不合适在一起当然要分开，应该为自己的决定感到骄傲。同时，你要坚信前一场恋爱只是一场梦，失恋是梦醒。

一去无踪：假如他已经用事实表明了态度，就根本不值得你花精力去改变什么。马上承认你们的关系已经结束，如果继续交往，就好比泥足深陷，不能自拔，要有敢于舍弃的胸怀。

第二节 大学生恋爱特点、问题及调适

本节学习目标

1. 了解当代大学生的恋爱观，引导大学生树立健康的恋爱观。
2. 掌握大学生恋爱中存在的主要问题，并针对不同的问题引导大学生找到科学的解决办法。

爱是我们对所爱者生命与成长的主动关切，没有这种关切就没有爱。爱与其说是一种情感，毋宁说是一种能力、一种态度。爱是一种积极的活动，并不是一种被动的情感。如果用最通常的方式来描述爱的特征，那么，它主要是给予，而并不是接受。

弗罗姆认为，爱是一门需要学习的艺术。对于大学生来讲，在大学生涯中正确认识爱情，树立健康的恋爱观，也是一门必修的功课。美好的爱情能促使人更健康地发展，相反，消极的情感会给人的成长带来阻碍。大学生正处世界观、人生观尚未完全成熟的阶段，又受到不良社会观念和生活方式的影响，把握恋爱心理和恋爱观的特点，树立正确的恋爱观，是一个值得重视的问题。

一、大学生恋爱观

（一）大学生恋爱观现状特点

随着社会的发展和人们思想观念的更新，加上大学生自身行为和心理特点的影响，大学生的恋爱观呈现出多元化、感性化、潮流化几方面的特征。

1. 大学生恋爱动机呈现多元发展

恋爱动机是产生恋爱行为的内部动力，决定人们的恋爱目标以及恋爱方式的选择。由于当代社会价值观多元化的影响，当代大学生的恋爱动机呈现出多元化特点，统计起来有以下一些。

（1）选择人生伴侣，为将来成家立业、为社会服务、实现自身价值打基础。

（2）满足个人生理、心理需要。

（3）打发无聊的课余时间，调剂紧张的学习生活。

（4）贪慕虚荣，缓解个人经济压力。

（5）希望通过恋爱来学习处理人际关系。

（6）不甘落后，模仿他人。

2. 大学生恋爱行为缺少理性约束

大学管理相对中学比较松散，加上大学生普遍个性发展不成熟，导致在其恋爱行为中往往随心所欲，出现许多不文明和不合理的现象，恋爱过程受感性的控制，缺少理性的规范。

（1）恋爱行为不文明，公开在校园、食堂、教室等公共场所谈情说爱、搂抱亲吻。

（2）恋爱占据了学习生活的大部分时间，沉迷于恋爱影响到正常的学习。

（3）恋爱道德观淡漠，思想开放，盲目追求虚荣满足，恋爱对象复杂化，涉足多角恋爱甚至婚外恋，尝试婚前性行为，甚至与社会不良青年谈恋爱，影响校园的正常秩序。

（4）对待爱情态度轻率，恋爱重过程轻结果，强调爱的体验，逃避承担责任，把爱情与婚姻相脱离，只追求浪漫享受，不考虑后果和影响。

（5）恋爱中充满了理想化，经不起现实生活的考验，导致出现许多不符合实际的盲目恋爱，更没有足够的承受能力面对失恋，失恋后难以摆脱感情危机，导致心理失衡。

3. 大学生恋爱方式明显追赶潮流

日新月异的现代科技和前卫思潮使大学生的恋爱方式变得多种多样，当代大学生更希望通过爱情得到自我价值的体现，在恋爱方式上也开始脱离旧有的模式，利用网络聊天、移动电话、手机短信等多种手段，实现恋爱过程的快速度、高效率。特别是网恋，成为大学生恋爱中流行的新生事物。网恋满足了大学生追求浪漫、喜欢自我表现、追赶时尚的心理。但网恋的轻率和速成，严重影响了大学生正确恋爱观的树立，也影响了正常的人际情感交流，对大学生成长产生了不良影响。

（二）树立健康的恋爱观

一般来说，树立健康的恋爱观应该从以下一些方面着手。

1. 摆正爱情在大学生活中的位置

鲁迅先生曾告诫青年人,不能只为了爱,而将别的人生要义全盘疏忽了。要认识到,爱情是人生价值的重要组成部分,但不是人生价值的全部体现。虽然有人说在大学生活中没有爱情的存在是不完美的,但爱情远远不是大学生活的重心,大学阶段最主要的目的是学习知识和技能,良好的知识结构和能力素质才是将来立足社会、事业成功的基础,也是将来爱情婚姻美满幸福的保证。所以,要摆正爱情在大学生活中的位置,把主要的时间和精力放到学习上,正确处理恋爱与学业的关系,珍惜青春,把握青春,让爱情成为促进自身成长进步的强大动力,在大学生涯中得到真正的收获。

2. 提倡志同道合共同进步的爱情

大学生在选择自己恋人的标准上,应该排除当前社会上不良倾向的影响,以具有共同的价值追求、生活目标为标准,以达到双方的情感相容,在学业和成长中共同进步。这要求大学生在恋爱对象选择和恋爱过程中一方面要关注各自价值取向、性格志趣的一致,还要能够宽容对方与自己的差异,注重考察对方的人品、情操,在交往中互相鼓励,共同进步,给学习生活带来活力。

3. 培养爱情中的道德感和责任感

爱情不仅是一种权利,更是一种责任和义务,责任和奉献是获得崇高爱情的基础。对于大学生来讲,一旦确立了恋爱的关系,就要懂得承担恋爱关系中的各种责任,学会以高度负责的态度对待恋爱。一位教育家这样教导儿子:"要记住,爱情首先意味着对你爱惜的命运、前途承担责任。"大学生在恋爱时,必须遵守恋爱道德,认识到爱情是神圣不容亵渎的情感,是一种相互的给予,所作所为都必须为对方负责,相互尊重和理解、彼此忠诚和信任,行为端正文明,这也是恋爱道德最突出的表现。

4. 学会正确处理和应对恋爱挫折

莎士比亚曾说过:"爱是一种甜蜜的痛苦,真诚的爱情不是走一条平坦的道路。"在恋爱中遭遇挫折是常有的事,大学生要以理智的态度来看待求爱失败、分手、失恋等恋爱中遇到的挫折。在处理爱情挫折的问题上,正确的态度是做到失恋不失德、失恋不失态、失恋不失志。当爱情遭受挫折后,应当以理性客观的态度,积极乐观的心态,妥善处理两个人的关系,在挫折中激发向上的动力,使自己变得更加成熟。

二、大学生常见的恋爱问题

(一) 单方恋爱与恋爱错觉

单方恋爱俗称单相思,包括暗恋和单恋两种,当一方对另一方产生倾慕的情感,自己陷入爱恋当中,又没有让对方知道便是暗恋;而向对方表白后没有得到对方的回应或接受,陷入一厢情愿的爱恋则成为单恋。有人说暗恋和单恋都是非常美好的,因为在这种情感中,人们往往充满奉献精神,为爱而痴狂。但是一旦陷入暗恋或单恋的漩涡不能自拔,却会发展成严重的心理障碍。性格内向、敏感的大学生常常会出现这种状况,当他们爱上某个人时，强烈希望得到对方的爱，对方任何一点亲切友好的表现都会被他们想象成爱的暗示，而失去正常的知觉判断和理性选择，做出某些失常的举止，甚至干扰所恋对象的学习和生活，更严重者出现行为偏激，给自己和对方都造成伤害。

出现暗恋或者单恋的原因有很多，有些大学生由于性格原因，难以适应正常的异性交往，便容易在想象当中获得爱和被爱的满足感。另一些大学生由于恋爱观的偏差，在单恋中经常给自己错误的心理暗示——认为不求回报不顾一切的爱才是伟大和无私的，也容易陷入这种自己营造的虚幻感受中。还有一些大学生在与异性交往的过程中，把对方的言谈举止纳入自己的主观想象当中，误把异性的好感和友谊当作了爱情，导致自己深陷其中。

（二）三角或多角恋爱

三角或多角恋是一种比单恋更为复杂的畸形恋爱关系，在现在的网络和一些媒体中称为"劈腿"，指的是一个人在爱情领域中与两个或两个以上的异性建立了多重关系。在大学校园中，三角或多角恋爱也是常见的恋爱关系，由于爱情本身的排他性、冲动性特点，加上年轻大学生易冲动、理智性差，这种恋爱关系潜伏着极大的危险性，极易使恋爱中的一方或多方处于痛苦和无奈之中，并产生感情纠纷，甚至激化矛盾而导致难以收拾的恶果。著名教育家陶知先生说过："爱之酒，甜而苦，两人喝，是甘露。三人喝，本如醋。随便喝，毒中毒。"

导致三角恋或多角恋的原因主要有以下几个方面。

（1）大学生信念感和意志力差，择偶标准未成型。许多大学生择偶前没有一个明确的标准，与多位异性保持亲密关系，但又不知道哪一位更适合自己，便在其中周旋徘徊，最终导致三角恋或多角恋的出现。

（2）受社会上一些错误思想的影响，没有树立正确的恋爱观，将爱情视为游戏，喜欢各种不同类型的异性，又都不想放弃，在多位亲密异性当中摇摆不定，难以取舍，发展成三角恋或多角恋。

（3）由于一些大学生虚荣心强，以追求者众多为荣，或者由于对方的拼命纠缠不懂得拒绝，认为是自己的魅力非凡，导致了脚踏两只船或者脚踏多只船的现象。另外，一些大学生受到感情伤害后不懂得调整，也容易产生报复心理而对别人和自己的感情不负责任，出现三角恋或多角恋。

（三）恋爱动机不端正

大学生恋爱的一个重要特点是只想恋爱而较少考虑未来，不能清晰、自觉地认识到爱情是要选择一个终身伴侣。据调查，37.4%的大学生谈恋爱的动机在于消除寂寞，57.6%的大学生认为恋爱的目的不是婚姻。部分大学生恋爱是归于好奇和随大流。对他们来说，现实是美好的，未来却如同梦幻一般。不清楚爱的归宿，缺乏对未来生活的考虑，使恋爱从一开始就蒙上了一层阴影。

（四）失恋

当大学生们全心全意沉浸到美好的爱情当中时，是对生活充满了感恩和憧憬的，自己也充满了幸福感、价值感和自信感。可想而知，如果一旦这份感情中止或失去，就会给他们带来多么严重的创伤。恋爱关系的否定有两种形式，一种是恋爱双方都不满意于这种关系，彼此协商同意分手；另一种就是一方否认或中止恋爱关系，提出分手，而另一方被动接受仍然沉湎于爱情，陷入失恋情绪当中。

一般来讲，恋爱关系的否定都会给人带来挫败感，特别是失恋，可以说是大学生最严重的心理挫折之一，会引起一系列的心理反应，如感到难堪、羞辱、自卑、心灰意冷，或者陷入失落、悲伤、孤独、虚无、渺茫、绝望等情绪而不能自拔，如果不能及时转移或排解，将会导致失恋者产生抑郁、轻生等严重心理障碍，更有甚者还会失去理智，产生报复心理，造成毁灭性的结局。

三、大学生应如何经营爱情

（一）懂得喜爱和欣赏自己

在爱情中，每一个人都希望能够找到与自己匹配的对象。就像有些人感冒了，需要服用感冒药，有些人发烧了，需要服用发烧药，而感冒药和发烧药本身并没有孰优孰劣，品质都是一样的，选择不同只是个人的需要不同。人也是一样，每一个人都是珍贵而无可替代的，暂时不被选择不代表自己没有价值。懂得喜爱和欣赏自己，才能够吸引他人的注意，寻找到属于自己的爱情。

弗洛姆指出，当一个人爱他人之前，首先要学会的是爱自己，"人对自己生命、幸福、成长、自由的确定，同样根植于其爱的能力，也就是说根植于关心、尊重、责任和认识。如果一个人有能力产生爱，他也就爱他自己，如果他仅爱其他人，他就根本不能爱。"经营爱情的第一步就是要懂得爱自己，有一颗自尊自爱的心，对自己充满信心、充满欣赏、由衷的关怀自己生命的人，往往更容易得到他人的肯定和喜爱。爱自己意味着尊重自己的感受和选择，关心自己的生活和成长，努力使自己成为想要成为的人。自己的爱是充沛的，才能将自己拥有和体验过的东西给予别人，然后得到别人的爱，进而增强了接受他人爱的能力。

（二）跨越爱和被爱的障碍

成熟的爱情以自爱为基础，要知道自己需要怎样的爱，并且具有给予爱的能力和拒绝爱的能力。但是在爱和被爱中，往往存在着许多障碍，就如同一条河要最终流入大海，必定要翻越崇山峻岭，千回百转，才能最终汇入海洋，实现更大的价值。所以，要鼓励自己进行自我探索和爱的探索，学习给予爱和接受爱，学习在爱和被爱中的有效沟通。

爱和被爱的障碍包括对爱的误解、自我怀疑、对爱的恐惧、爱的价值感缺失等。很多大学生由于受少量媒体的不良引导、社会观念的消极影响和不恰当的教育，在恋爱中存在误解，认为爱是索取而不是付出，或者认为爱是功利交换。还有一些大学生因为成长环境造成的伤害，认为自己并不可爱，认为爱是一件充满危险和不安的事情，对于生命没有任何积极价值，还会面临被拒绝和被伤害的风险，这些都导致了在爱和被爱中的障碍。面对这些障碍，就要加速自我的心理成熟，培养独立的人格，正确认识自我，悦纳自己，发展自己，对自己充满信心和勇气，一方面学会体贴、关怀、尊重他人，另一方面能够欣然接受他人的关怀和爱护，在真实互动中推动双方共同的成长。

（三）培养爱的能力与责任

爱的能力是指和他人建立亲密关系的能力，包括表达爱的能力、接受爱的能力、拒绝爱的能力、鉴别爱的能力、解决冲突的能力、保持爱情的能力等诸多方面。在表达爱的时候，你是否有足够的勇气和恰当的方式呢？在接受爱的时候，你又是否能感到喜悦并合理判断呢？你懂得用智慧和果断去拒绝并不认可的爱吗？你能够鉴别真正的爱情和处理在爱情中遇到的问题，并让你们的爱长久保持下去吗？这些都是大学生在恋爱中需要考虑的问题。

简单地说，要以正确的标准，及时准确地对求爱信息进行判断分析，恰当地回应。在收到自己不愿意接受的爱的信号时，还需要具备拒绝爱的能力。拒绝爱的时候要尊重他人和尊重自己，掌握恰当、适度的方式，果断明确地表达自己，避免让人难堪。在爱情的发展过程中，还要有意识地增强自己的人格魅力，不断地丰富和充实自己，增强相互的吸引力，并保持自己独特的个性，提高处理各种问题的能力。同时，在发表爱的宣言的时候，更要反问自己，我能够承担爱的责任吗？我能够对爱忠诚吗？我能面对现实中的种种问题吗？只有始终抱有积极进步的心态和坚定的责任感，才能使爱情保持新鲜长久。

（四）学会在爱中自我成长

在爱情的亲密关系中，大学生可以得到多方面的成长。从自我意识的角度来讲，恋爱可以使大学生逐步建立完整的自我意识，在恋爱交往的过程中对方可以像一面镜子时刻映射着自我形象，并鞭策对方不断完善自我，自我意识能够在这个过程中不断完善。从人际交往能力发展的角度看，恋爱中两人需要处理深层交往中的一系列问题，这也会大大提高大学生的交往能力，帮助其理解生活中将遇到的形形色色的问题，为日后适应社会打下良好的基础。一次真诚和有品质的恋爱可以使人极富生命力，完成精神的洗礼和心智的收获，让自己和对方都向着各自更加希望的方向发展。如果把爱情比作一棵植物，那么这棵植物的生长不仅需要阳光、雨露的滋养，泥土的哺育，更需要种子自己的力量。这些阳光、雨露、泥土就是我们得到的爱，而种子则代表着自己的积极能量。只有不断提高自身的力量，学会在爱中向上成长，并不断把根扎向更深的泥土中，才能够让爱情这棵植物成长得愈加茁壮，开出动人的花朵。

心理探索

1. 我的爱情大阅兵

在这个自我成长活动中，我们来对自己的爱情做一个全面的检阅，请用最真实的感受来回答下列问题，不要和别人商量，倾听自己内心深处的声音。

（1）我的爱情风向标。

步骤一：列出你理想的爱情所包含的十个最重要元素。

步骤二：分别列出你对理想恋爱对象的五个最期待优点和五个最难容忍缺点。

(2) 我的爱情进行时。
步骤一：总结你现在的爱情中已经实现了哪些理想的元素。
步骤二：总结你现在的恋爱对象具有哪些上述的优缺点。
(3) 我的爱情规划图。
步骤一：你认为在你的恋爱关系中需要做出哪些改进。
步骤二：你希望在未来的爱情中得到哪些收获。
2. 发现可爱的自我
完成下面的句子：
人们喜欢我是因为我＿＿＿＿＿＿＿＿＿＿＿＿＿＿＿＿＿＿＿＿＿
人们喜欢我是因为我＿＿＿＿＿＿＿＿＿＿＿＿＿＿＿＿＿＿＿＿＿
3. 寻找失恋十大好处
完成下列句子：
因为我失恋了，所以我＿＿＿＿＿＿＿＿＿＿＿＿＿＿＿＿＿＿＿＿
因为我失恋了，所以我＿＿＿＿＿＿＿＿＿＿＿＿＿＿＿＿＿＿＿＿

第三节　大学生常见性心理问题及对策

本节学习目标

1. 了解性心理的发展和特点。
2. 了解大学生性心理存在的问题，通过对性心理问题的调适，形成对性心理的正确认识。

过分亲昵的后果，常常使情侣们在最需要含蓄的时刻过早丧失了神秘感，减弱了对朦胧意念的心理追求，降低了对方的性爱想象力，因而也降低了自己的审美价值。

一、大学生性心理概述

1. 大学生性生理的发育

爱情是人的生理成熟到一定阶段时才会产生的体验，性生理的发育是大学生爱情产生的最基本动力。在校大学生的平均年龄一般在20岁左右，生理上变化逐渐缓慢下来，性器官和第二性征已发育成熟，体格变化已不明显。同时，青年大学生也开始有了性意识的觉醒，强烈意识到两性差别，开始关注自己身体的变化，关心与性有关的问题，对异性以及异性关系也开始表现出强烈的兴趣，进入了人们通常所说的"情窦初开"阶段。

大学生性意识的成熟一般有以下标准。

（1）能够正确理解两性关系。

（2）能够产生正常的两性交往需要，建立自己的爱情观。

（3）能够自觉理智地控制性冲动。

（4）能够认识到两性交往的最终结果是进入正常的婚姻状态。

性生理和性意识的成熟为大学生恋爱提供了生理基础，他们开始向往异性交往，向往爱情，因此当代大学生中恋爱已成为普遍现象。

2. 大学生性心理的发展

性心理是围绕性欲望、性冲动、性行为、性满足而产生的认知、情感、需要和经验等心理活动。青春期性机能的迅速发展和成熟，引起了大学生性心理的重大变化，突出表现为含有性因素的刺激反应增多、对有关性的问题反应比较敏感、体验比较深刻等。

一方面，青年大学生有了性的萌动，随之性观念开始树立，性心理逐渐成熟，突出表现在：①对性知识产生浓厚的兴趣，渴望了解有关异性方面的知识，通过学校提供的"生理卫生"教材、"心理健康教育"课程、媒体、书籍等多种渠道，逐步建立起科学的性观念。②开始出现对性刺激的敏感反应，异性俊美的容貌、柔和的声音、温馨的肌香以及对外生殖器官的刺激都会引起其性冲动，并得到性快感，开始主动接触和寻求异性。③在与异性的接触中，逐渐地认识到两性差别及关系，对异性产生好感、思慕、爱情和嫉妒等态度，并开始自觉或不自觉地思考一些两性关系的问题，积极参与异性的竞争，对理想异性产生想象等。

但与此同时，由于大学生性教育的缺乏与滞后和社会、家庭教育的消极影响，也导致大学生在性心理发展上遇到了许多困扰，产生一些不容忽视的心理问题，使他们陷入不能自拔又孤独无助的境地。大学生常见的性心理困扰主要表现在以下几个方面：①随着第二性征的出现，一些大学生对自己的体征出现焦虑心理。男同学表现为对自己的生殖器官、身高、肌肉发育等方面的不满意，女同学表现为对自己乳房大小、肥胖问题、青春痘等问题的关注，在异性面前产生自卑感和难堪感，影响了正常的人际交往、学习和生活。②随着大学生性生理和性心理的成熟，出现了诸如仰慕异性、渴望与异性相处甚至性幻想、性梦等各种性心理活动的现象。一些大学生因此而产生不道德感和不洁感，导致上课精力不集中、焦虑紧张，严重时导致神经衰弱，给身心健康带来了负面影响。③由于对性生理的成熟缺乏正确认识，一些大学生因为遗精和月经等问题，出现了羞愧厌恶、恐慌担忧、焦虑不安等心理困扰，导致神经衰弱、失眠、头晕、头痛、耳鸣等生理症状，这些症状又在一定程度上加剧了心理负担，个别大学生因此产生较为严重的心理障碍。特别是许多女大学生随着月经的周期性变化，出现严重身体不适和烦闷、抑郁、焦虑、易怒等经前紧张综合征的情况，严重影响了自己的学习和生活。④由于自制力差、缺乏正确引导，一些大学生因为手淫等自慰性行为导致了紧张不安、自责、担忧、羞愧和焦虑等心理困扰；一些大学生因为发生婚前性行为导致了焦虑、不安、失贞甚至恐惧心理，给内心造成了阴影；还有少数大学生出现同性恋、露阴癖、异装癖、恋物癖等性变态行为，让内心充满着矛盾，时常自责、焦虑、不安、恐惧，担心自己的变态行为被人发现和耻笑，导致了性格上的怯懦、卑微、缺乏自信等。

二、大学生常见的性心理问题

1. 性认知偏差

我国大学生缺乏系统的性知识，他们对"性"持有不同的认识。一种情况是大部分学生认为性是私密的、羞耻的、见不得人的。这种认知上的偏差容易导致一系列的心理困扰，如经常表现为不安、烦躁、厌恶、焦虑、自责等，严重时还会发展成心理障碍。例如，有的同学见到异性就脸红心跳，严重的发展到不敢见异性。另一种情况是部分学生过分强调性的生物性，有强烈的"性自由"观念，在行为上表现为随意、放纵、不负责任、不顾道德约束。

性心理偏差主要表现为偷窥、恋物癖、露阴癖等，这些行为是由于正常的性需求得不到满足而导致的一种补偿性行为，是性压抑的一种不正确的宣泄方式。

2. 性自慰焦虑

自慰，是大学生尤其是男大学生释放性能量的方式，可是许多大学生由于自身对性的认知偏差，产生性心理困扰。有些大学生认为自慰是不道德的，有羞耻感，甚至罪恶感，长期如此，会产生对自我评价的影响。还有些大学生对自慰行为不加节制，出现身体不良反应，如长期疲劳、腰酸腿软等，但又无法控制而出现矛盾心理。

3. 性冲动困扰

一方面大学生具有对性的本能欲望和冲动，另一方面对性冲动持否定、批判的态度，这两方面造成的矛盾心理，使得大学生产生了性冲动的困扰。

4. 不当的性行为

大学生中不当的性行为主要表现为两种：婚前性行为和性心理偏差行为。一项调查显示，大学期间有过恋爱经历的占70%，有过性行为的占10.77%。当前，大学生对婚前性行为持开放的态度，对婚前性行为认同，性观念不再保守。但是，有调查发现，许多人在事后会后悔，心理上会出现不安、焦虑甚至恐惧等情绪。

三、大学生性心理问题调适

1. 正确看待性

作为青年期的大学生，应该科学地学习性生理、性心理的有关知识，应该具有与自己的年龄和文化程度相吻合的性知识水平和性行为方式，充分认识到性的自然属性和社会意义。大学生可以通过正当的渠道，例如看有关性的科普读物，上正规网站了解性知识，这样对于本属于正常的性冲动、性幻想，大学生就不会感到恐慌、自责。另外，学校应开展一些选修课或关于性知识的讲座，引导大学生学习生理卫生方面的知识，了解性，消除性的神秘感，使其能坦然面对性的问题。

2. 合理宣泄

性冲动是处于青年期的大学生正常的生理、心理反应，但考虑到社会道德伦理的规范不能得以表现。过分压抑性冲动有害身心健康，因此需要通过合理的方式得以宣泄是大学生调节性冲动的一种常用方式，如可以通过参加社会实践活动、努力学习等途径释放性能量，也可以通过适度手淫或性幻想来缓解性冲动引起的紧张焦虑。

3. 加强异性之间的正常交往

性生理和性心理的不断发展成熟，将风华正茂的大学生推向了两性交往的崭新阶段。研究表明，正常的异性交往和进一步发展成恋爱关系对大学生来说是最佳的释放性能量的途径。同时，正常的异性交往，有助于提高性的同一性，减缓性焦虑，有助于大学生身心健康和人格发展，为其以后的婚恋生活奠定良好的基础。

4. 抵制黄色污染，预防性病

人们常把淫秽书刊、影像等比喻成"精神毒品"，性生理和性心理发展到一定阶段的大学生，更容易受到淫秽物品的侵蚀。因此，正在成长中的大学生应该抵制淫秽物品，防止受到"精神毒品"的伤害。

世界卫生组织（WHO）报告，"性传播疾病到处都有增加，特别是在青少年中发病，其并发症的发病率也在不断上升，使社会及经济付出很大的代价"。性病不仅仅是一种生理疾病，还是一种社会性的疾病。它和人的道德自律、性生活的检点，以及吸毒、卖淫等社会性的丑恶行为密切相关。正在成长和发展的大学生应该加强道德自律，杜绝一切违法行为，彻底远离性病和艾滋病，保持身心健康。

心理探索

爱的自我评估

请用非常符合、基本符合、完全不符合三个标准来判断下列描述与你自己实际情况相符合的程度。

1. 我的父母表现出了健康的爱情方式。
2. 我对恋爱充满了渴望。
3. 我需要有人出现在我的爱情生活当中。
4. 我需要有人分享我的快乐、忧伤、梦想和疑惑。
5. 我对自己充满了喜爱和欣赏。
6. 我担心别人不会接受我。
7. 我能够通过有效的方式向我爱的人表露心意。
8. 我在恋爱关系中能够体验到幸福和快乐。
9. 我在爱情中受到创伤或挫败后，不愿意再信任爱情。
10. 我能够意识到恋爱对我同时具有消极和积极两方面影响。

通过自我评估，可以发现自己对于爱情是否持有积极的态度，评估自己看待爱情的客观性，以及是否拥有足够的爱和被爱的能力。

思考时间

1. 通过本章的学习,你对爱情有了一个新的认识吗?
2. 你都了解了哪些关于爱情的经典理论?
3. 你是否能判断一份感情是不是爱情吗?
4. 在与异性交往中应该注意些什么?你的恋爱观有了哪些改变?
5. 当遇到爱情中的挫折和障碍,你能够用合理恰当的方式解决吗?
6. 你又将如何规划你未来的爱情生活呢?

推荐赏析

电影:《怦然心动》

参考文献

[1] 严玲,常雅娟. 大学生心理健康教育 [M]. 北京:高等教育出版社,2012.

[2] 何彬生,刘波,吴建芳. 大学生心理与健康教育 [M]. 北京:人民出版社,2006.

[3] 蔡敏. 青年恋爱心理 [M]. 北京:北京大学出版社,2013.

第九章

大学生生涯规划心理

案例导入

我的工作在哪里？

刘勇是计算机专业的毕业生，开始他想做一个软件工程师，因为这和他的专业贴近，但是他从报纸上看到一个评论，说软件工程师是一个青春职业，和年龄有很大关系，35岁以后软件工程师就面临着被淘汰的可能性，工作会不太稳定。于是他想去卖包子，他家楼下卖包子的生意很好很稳定。但这个决定遭到家里人的反对，最后刘勇放弃了卖包子的想法，决定去公司应聘。他首先想到的是去做销售，因为他了解到很多的公司高层领导都是从销售开始做起的。但是求职销售没有成功，他又回到IT业，想做IT培训老师，但是还是没有成功。整个过程下来以后，他找了很多工作，做了很多选择，但都没有成功，他觉得自己的能力不被社会所接受，变得非常失望、焦虑。于是他去上网、玩游戏，希望通过这样的方法暂时缓解焦虑的情绪。最后为了逃避就业的压力，他决定考研，成为一名的"考研族"。

思考题：
请你谈谈对案例中刘勇经历的感想？

本章内容简介

本章是建立在自我认识和自我成长之后的实践运用，将心理健康教育内容融入生活，有效指导大学生的职业生涯规划以及求职心理。

本章重点讲述职业生涯规划中的自我定位，借助职业倾向测评工具增加学生对职业倾向的认识和自我定位；引导学生在了解职业、了解自己的基础上，树立能取得职业生涯成功的自信心，形成正确的职业理想和就业观、创业观；在目标管理和求职技巧上的补充，不断增加大学生应对实践的能力。综合以上，旨在引导以实事求是、发展变化的思维方式对待自己的生涯规划，用心理学工具来指导生涯发展，引导学生以成功者的心态走入社会。

第一节 什么是职业生涯规划

本节学习目标

1. 通过本节的学习，了解职业生涯规划的概念、内容及含义。
2. 了解职业生涯规划的测评工具，了解自我特质及职业倾向。

一、职业生涯规划的概述

职业生涯在人的一生中占据了较大的比例，伴随着人的成长和心理的发展，职业心理学家 Super 将人的职业发展划分为成长、探索、建立、维持和衰退五个阶段。让我们共同思考一下自己的过去、现在与未来。

1. 成长阶段（从出生～14 岁）

这一阶段主要根据儿童自我概念形成的特点，发展儿童的自我形象，发展他们对工作意义的认识以及对工作的正确态度。此阶段分为幻想期、兴趣期、能力期。幻想期（4～10岁），以"需要"为主要因素，在幻想中，角色扮演起着重要作用；兴趣期（11～12岁），以"兴趣"为主要因素，对某一职业的兴趣是个体抱负和活动的主要决定因素；能力期（13～14岁），以"能力"为主要因素，个体能力逐渐成为儿童活动的推动力。

2. 探索阶段（15～24 岁）

这一阶段青少年通过学校生活和社会实践，对自我能力及角色、职业进行探索。这个阶段可划分为试探期、过渡期和承诺期三个时期。试探期（15～17岁），考虑需要、兴趣、能力和机会，可能会做暂时决定，并在幻想、讨论、学业和工作中尝试；过渡期（18～21岁），开始进行专业训练，更重视现实，并力图实现自我观念，将一般性职业选择变为特定的选择；承诺期（22～24岁），开始进行生涯初步确定并验证其成为长期职业的可能性，如果不合适则重复各时期进行调整。

3. 建立阶段（25～44 岁）

这一阶段的任务是根据人们的职业实践，协助进行自我和职业的统合，促进职业的稳定，即通过调整、稳固并力求上进。此阶段大致分为两个时期：承诺稳定期（25～30岁），个体开始寻找安定的工作，如果工作不满意则力求调整；建立期（31～44岁），个体致力于工作上的稳固，大部分人处于富有创造性的时期。

4. 维持阶段（45～65 岁）

这一阶段的任务是帮助人们维持现有的成就和地位。

5. 衰退阶段（65 岁以上）

这一阶段的任务是根据个体心理状况与生理机能日益衰老的现状，逐渐离开工作岗位，协助个体发展新的角色，寻求新的生活方式替代和满足个人发展的需要。

二、什么是职业生涯规划

职业生涯规划就是每个人根据自身的条件，进行职业发展的安排和管理，以在工作中充分了解自我的能力，发挥自我的潜能，做最好的自己。生涯规划的核心是生涯成熟（Career Maturity），它泛指一个人对自我的生涯规划、生涯决策、生涯信息的有效把握。生涯成熟由"规划""信息""决策"三个维度组成，三者之间互动循环，不断寻求新的平衡，形成一个动态的螺旋式上升的变化过程。

丘吉尔曾说过："如果你的兴趣就是你的工作，那你真是幸运之人。"生活中人与人不同，其职业要求也多种多样。大学生要通过各种渠道了解、把握信息，同时对"自我"进行多层面的认识与调整，主动探索自我，提升自我，积极完善择业技能，最终实现个人生涯规划的职（业）、趣（兴趣）、能（力）匹配，达到生涯规划追求的目标。

三、职业生涯规划的心理学理论

从帕森斯的特质因素理论到 20 世纪 60 年代前后大量涌现的各种生涯理论，心理学在职业生涯规划中愈加发挥着重要作用。这里就介绍几种在职业生涯规划中常用的心理学理论。

1. 特质因素理论

该理论是最早提出的职业辅导理论，它以个人的个性心理特质作为描述个别差异的重要指标，强调个人特质与职业选择的匹配关系。代表人物是帕森斯（F. Parsons）与威廉姆逊（E. G. Williamson）。

帕森斯认为只有当个人和职业的互相配合时人们才能适应工作，并且使个人和社会同时得益。在选择职业的过程中涉及三个主要因素：对工作性质和环境的了解，对自我爱好和能力的认识，以及他们二者之间的协调与匹配，这就是"职业辅导的三大原则"。

原则一：了解自己，包括了解个人的智力、能力倾向、兴趣、资源、限制及其他特质。

原则二：了解各种职业成功的必备条件、优缺点、酬劳、机会及发展前途。

原则三：合理推论上述两类资料的关系。

威廉姆逊在帕森斯理论的基础上形成了一套独特的辅导方法，又被称为"指导学派"。威廉姆逊认为，经过心理测验后，指导咨询主要有以下三种方法。一是直接建议，即辅导者直接告诉个体最适当的选择或必须采取的计划与行动。二是说服，即辅导者以合乎逻辑的方式向个体提供他对心理测验结果所作的诊断与预测，让个体根据这些指导推断出自己应作的抉择。三是解释，即辅导者向个体说明各项资料的意义，让个体可以就每一项选择作系统化的分析、探讨，并依据心理测验的结果推测成功的可能性。威廉姆逊认为第三种方法是最完整且较能令人满意的方法。

2. 人格发展理论

人格发展理论主要强调儿童时期人格成长对职业选择的影响，其代表人物是罗伊（Roe）。其理论可以分为两部分。

第一部分属于人格理论范畴，说明儿童时代的成长经验可以决定个人的职业选择行为。这主要由两种人格理论观点整合而成：一种是墨瑞（Murphy）的心理能量的渠道论，认为个体的每一种需求都会寻求一种特制的方式得到满足，而需求的满足形态及程度与个人早期经验息息相关，特别是个人早期的家庭气氛和父母教养态度，都会反映到个人所做的职业选择上。另一种是马斯洛的需要理论。罗伊吸收了马斯洛关于需要分层次的观点，并加上遗传因素，提出了这二者的交互作用可决定个人职业选择与职业行为的假设。

第二部分偏重职业分类系统。这部分理论的形成受到达利（Darley）、吉尔福特（Guilford）、库德（Kuder）等人对职业兴趣因素分析研究结果的影响。把各种职业分为服务、商业交易、行政、科技、户外活动、科学、文化、艺术娱乐八大职业组群，依其难易程度和责任要求高低分为高级、一般、半专业及管理与技术、半技术、非技术六个等级，由此组成一个职业分类系统。

3. 心理动力理论

职业辅导中的心理动力理论起源于心理学上的精神分析论。心理动力理论一方面强调人类职业选择有其潜意识的心理动机，另一方面强调职业行为的发展特性。

这一理论的代表人物是鲍丁（bordin），他认为：职业是用以满足个人需要的，如果个人有自由选择的机会，必定会选择以自我喜好的方式来寻求满足需要，而避免焦虑的职业。在选择过程中，每个人早期经验所形成的适应体系、需要等人格结构，是最重要的心理动力来源。他的职业辅导过程类似个人职业发展历程的缩影，分为三个阶段。

第一阶段：探索，尽量避免以肤浅的逻辑方式对个体问题进行表面性诊断，而强调对个人与职业间的动态关系进行深入的探讨，特别是需求、心理防卫机制或早期经验等。

第二阶段：人格与职业的整合，将上一阶段探索时发现的理想与现实的差距进行分析，进行人格与职业两个方面的改变、探索及整合。

第三阶段：改变，即一旦觉得他的人格应该有所改变，就可以进入改变阶段，从自我觉察与了解开始，实施适当的改变计划，协助个体重组人格结构，发展合适的职业行为。

四、职业生涯规划包含的内容

（一）自我评价

自我评价就是大学生要全面、客观地认识自己。一个可靠、有效的职业生涯规划必须是在充分且正确认识自身条件的基础上制订的。大学生要做好自我评估，客观地面对自己、认识自己、剖析自己，包括自己的兴趣、特长、性格、学识等，即要弄清我想干什么、我能干什么、我该干什么、在众多的职业面前我会选择什么等问题。

（二）确立目标

确立目标是大学生制订职业生涯规划的关键。通常目标有短期目标、中期目标、长期目标和人生目标之分，长远目标需要大学生经过长期艰苦努力、不懈奋斗才有可能实现，大学生确立长远目标时要立足现实、慎重选择、全面考虑，使之既有现实性又有前瞻性。短期目标要求更具体，对大学生的影响也更直接，是长远目标的组成部分。

（三）环境评价

做好职业生涯规划，大学生还要充分认识与了解相关的环境，评估环境因素对自己职业生涯发展的影响；分析环境条件的特点、发展变化等情况，把握环境因素的优势与限制；了解本专业、本行业的形势和发展趋势。

（四）职业定位

职业定位就是要为职业目标与自己的潜能以及主客观条件谋求最佳匹配。良好的职业定位是以自己的最佳才能、最优性格、最大兴趣、最有利的环境等信息为依据的。大学生在进行职业定位过程中要充分考虑性格与职业的匹配、兴趣与职业的匹配、特长与职业的匹配、专业与职业的匹配等。

职业定位应注意四个问题：①依据客观现实，考虑个人与社会、单位的关系；②比较鉴别，比较职业的条件、要求、性质与自身条件的匹配情况，选择条件更合适、更符合自己特长、更感兴趣、经过努力能很快胜任、有发展前途的职业；③扬长避短，看主要方面，不要追求十全十美的职业；④审时度势，及时调整，要根据情况的变化及时调整择业目标，不能固执己见，一成不变。

（五）实施策略

没有行动，职业目标只能是一种梦想。大学生要制订实现职业生涯目标周详的行动方案，并用具体的行为来落实这一方案。

（六）评估与反馈

制订了职业生涯规划后，大学生还需要在实施中不断的检验与分析，及时诊断生涯规划各个环节出现的问题，找出相应对策，对规划进行调整与完善。

五、职业倾向测量——霍兰德职业倾向测验量表

霍兰德职业倾向测验量表是美国著名职业指导专家霍兰德（Holland）编制的，该测验能帮助被试发现和确定自己的职业兴趣和能力专长，从而科学进行求职择业的决策。整个测验分为七部分。

（1）您心目中的理想职业（专业）。

（2）您所感兴趣的活动。

（3）您所擅长获胜的活动。

（4）您所喜欢的职业。

（5）您的能力类型简评。

（6）统计和确定您的职业倾向。

（7）您所看重的东西——职业价值观。

霍兰德的研究发现：不同的人有不同的人格特征，不同的人格特征适合从事不同的职业。霍兰德将其分为六种职业倾向（类型）：现实型、研究型、艺术型、社会型、企业型和传统型，每一种职业性向适合于特定的若干职业。通过一系列测试，可以确定一个人的职业倾向，之后就可参考选择对应的若干职业。人与职业配合得当，适配性就高，反之亦然。根据他的假设，适配性的高低，可以预测个人的职业满意程度、职业稳定性及职业成就。人格类型与职业环境的适配如表9-1所示。

表9-1 人格类型与职业环境的适配（霍兰德）

类型	人格倾向	典型职业
现实型（R）	此种类型的人具有顺从、坦率、谦虚、自然、坚毅、实际、有礼、害羞、稳健、节俭的特征，其行为表现为： （1）喜爱实用性的职业或情境，从事所喜好的活动，避免社会性的职业或情境； （2）用具体实际的能力解决工作及其他方面的问题，较缺乏人际关系方面的能力； （3）重视具体的事物，如金钱、权力、地位等	一般工人、农民、土木工程师
研究型（I）	此种类型的人具有分析、谨慎、批评、好奇、独立、聪明、内向、条理、谦逊、精确、理性、保守的特征，其行为表现为： （1）喜爱研究性的职业或情境，避免企业性的职业或情境； （2）用研究的能力解决工作及其他方面的问题，即自觉、好学、自信，重视科学，但缺乏领导方面的才能	数学生物方面的工程师、科研人员
艺术型（A）	此种类型的人具有复杂、想象、冲动、独立、直觉、无秩序、情绪化、理想化、不顺从、有创意、富有表情、不重实际的特征，其行为表现为： （1）喜爱艺术性的职业或情境，避免传统性的职业或情境； （2）富有表达能力和直觉、独立、具创意、不顺从、无次序等特征，拥有艺术与音乐方面的能力（包括表演、写作、语言），并重视审美的领域	诗人、艺术家
社会型（S）	此种类型的人具有合作、友善、慷慨、助人、仁慈、负责、圆滑、善社交、善解人意、说服他人、理想主义、富洞察力等特性，其行为表现为： （1）喜爱社会型的职业或情境，避免实用型的职业或情境，并以社交方面的能力解决工作及其他方面的问题，但缺乏机械能力与科学能力； （2）喜欢帮助别人、了解别人，有教导别人的能力，且重视社会与伦理的活动与问题	教师、牧师、辅导人员

续表

类型	人格倾向	典型职业
企业型（E）	此种类型的人具有冒险、野心、独断、冲动、乐观、自信、追求享受、精力充沛、善于社交、获取注意、知名度等特性，其行为表现为： （1）喜欢企业性的职业或环境，避免研究性质的职业或情境，会以企业方面的能力解决工作或其他方面的问题； （2）有冲动、自信、善社交、知名度高、有领导与语言能力，缺乏科学能力，但重视政治与经济上的成就	推销员、政治家、企业经理
传统型（C）	此种类型的人具有顺从、谨慎、保守、自控、服从、规律、坚毅、实际稳重、有效率，但缺乏想象力等特性，其行为表现为： （1）喜欢传统性质的职业与情境，避免艺术性质的职业与情境，会以传统的能力来解决工作或其他方面的问题； （2）喜欢顺从、规律、有文书与数字能力，并重视商业与经济上的成就	出纳、会计、秘书

心理探索

取出五张白纸、一支铅笔、一块橡皮。在每张纸的最上边分别写上以下五个问题。然后，静下心来，排除干扰，按照顺序，独立地仔细思考每一个问题。

1. 我是谁？
2. 我想做什么？
3. 我会做什么？
4. 环境支持或允许我做什么？
5. 我的职业与生活规划是什么？

回答的要点是：

关于"我是谁？"面对自己，对自己进行一次深刻的反思，真实地写出每一个想到的答案，包含优点和缺点，看看有没有遗漏，认为确实没有了，按重要性进行排序。

关于"我想干什么？"可将思绪回溯到孩童时代，从人生第一次萌发第一个想干什么的念头开始，然后随着年龄的增长，回忆自己真心向往过的想干的事，检查自己每一个阶段职业发展的心理趋向，并一一地记录下来，认为没有遗漏了，就进行认真的排序。

关于"我能干什么？"则把能确实证明的能力和自认为还可以开发出来的潜能（包括对事的兴趣、做事的韧性、临事的判断力以及知识结构是否全面、是否及时更新等）都一一列出来，写完后再想想有无遗漏，确实没有了，就进行认真的排序。

关于"环境支持或允许我干什么？"的回答则要稍做分析：环境，有家庭、亲戚、朋友、本单位、本市、本省、本国和其他国家，自小向大，只要认为自己有可能借助的环境，都应在考虑范畴之内；在这些环境中，认真想想自己可能获得什么支持和允许，搞明白后一一写下来，再以重要性排列。

之后把前四张纸和第五张纸一字排开，然后认真比较第一至第四张纸上的答案，将内容相同或相近的答案用一条横线连起来，您会得到几条连线，而不与其他连线相交的又处于最上面的线，就是您最应该去做的事情，您的职业生涯就应该以此为方向，建立个人发展计划书。并在此方向上以三年为单位，提出近期、中期与远期的目标；再在近期的目标中提出今年的目标；将今年的目标分解为每季度目标、每月目标、每周目标、每天目标。这样你就能成功回答"我的职业规划是什么？"

找到这五个问题的最高共同点，你就有了自己的职业生涯规划。这样，你每天睡前就可以对照自己的目标进行反省，总结当日成就与失误、经验与教训，修正明天的目标与方法，第二天醒过来后稍加温习就可以投入行动了，这样日积月累，没有不能实现的规划！

第二节 如何进行生涯规划

本节学习目标

1. 了解职业生涯规划的方法。
2. 掌握进行生涯规划的方法，并运用到实践。

★案例9-1

热爱她（工作），她会给你惊喜

李东现就任于某电子出版社。大学的时候，他学的是管理专业，但是他一直对计算机情有独钟，对Photoshop也是颇有研究。刚上大学，他就给自己的未来进行了规划，决定以后往自己喜欢的电子方面发展，大学期间他出版了一本关于计算机方面的书，毕业后他选择了那家出版社。

李东之所以能取得最后的成功，在于他在大学期间就早早地制订了自己的职业生涯规划。他正确地认识了自己，找到自己的出发点，为之付出自己的努力，并沿着这条道路走下去。

哈佛大学研究表明：只有4%的人能获得成功，秘诀就是及早明确职业生涯目标且始终坚持。个人职业生涯的有限性要求大学要及时进行规划，"自信人生二百年，会当击水三千里"。

从心理发展的角度认识大学生的职业生涯发展，充分认识个体在不同阶段心理发展的特征，有利于帮助大学生把握职业生涯发展的规律，规划好他们的人生。构建大学生职业生涯规划的心理辅导体系是就业指导工作不可或缺的环节。大学生正处在生涯发展的关键时期，在注重大学生自身的心理因素的基础上提高大学生职业生涯规划的能力，了解当前社会发展规律与社会职业变化方向，促进其职业生涯规划健康、持续发展。

这一节，我们共同探讨大学生如何进行自己的职业生涯规划，面向未来迈出成功的一步。

一、职业生涯规划的意义

职业生涯将伴随人的多半生，大学生处在职业生涯发展的关键时期，如何拥有成功的职业生涯并实现美好的人生，职业生涯规划对于大学生有着重要的意义。

（一）职业生涯规划可以发掘大学生的自我潜能、增强个人实力

一份行之有效的职业生涯规划能产生以下效果。

（1）引导大学生正确认识自身的个性特质、现有与潜在的资源优势，帮助大学生重新对自己的价值进行定位并使其持续增值。

（2）引导大学生对自己的综合优、劣势进行对比分析，使其树立明确的职业发展目标与职业理想。

（3）引导大学生评估个人目标与现实之间的差距。

（4）引导大学生前瞻与实际相结合的职业定位，搜索或发现新的或有潜力的职业机会。

（5）引导大学生学会如何运用科学的方法并采取可行的步骤与措施，不断增强大学生的职业竞争力，最终实现自己的职业目标与理想。

（二）职业生涯规划可以增强大学生发展的目的性、计划性，提高成功的机会

生涯发展要有计划、有目的，不可盲目地"撞大运"，很多时候我们的职业生涯受挫就是由于生涯规划没有做好。"凡事预则立，不预则废"，好的计划是成功的开始。

（三）职业生涯规划可以提升大学生应对竞争的能力

当今社会处在变革的时代，到处充满着激烈的竞争。社会发展日新月异，随着人类高科技的不断发展，尤其是我国加入国际贸易组织（WTO）后，高校扩招，职业的竞争非常突出，要想在这场激烈的竞争中脱颖而出并立于不败之地，大学生们就必须做好职业的规划。对职业有更清晰的认识并明确职业目标，把求职活动付诸实践，在专业、素质、能力等各方面积极准备。

二、制订你的职业生涯规划

（一）利特尔的个人计划研究

利特尔（Little）把个人计划定义为意欲实现个人目标的一系列的相关活动。个人计划可以包括从日常生活琐事到终身信念。

如何评价个人计划？利特尔认为可运用个人计划分析（Personal Projects Analysis，PPA）方法。这种方法的第一步是列出某人的个人计划，首要的是自我报告，紧接着按很多维度评价这些计划，这些维度包括重要性、愉悦性、困难程度、进展情况、积极影响、消极影响。目的是获得与每个人与计划相联系的意义、结构、压力、效能等相关信息。

利特尔指出，生活满意度报告与计划等级之间存在着一定关系，对生活的满意和不满意的影响因素，集中体现在与个人计划有关的压力和效能领域。在人们相信自己的计划可能会成功实现的程度上，计划结果是对生活满意度和沮丧情感的最好预测指标。

总之，利特尔对个人计划的研究强调人格机能的意向性和系统性方面，其致力于研究与特定情境及人际背景有关的个人计划机能，以及建立个人计划技能与其他人格变量之间的联系。

（二）埃蒙斯的个人奋斗研究

埃蒙斯（Emmons）把个人奋斗（Personal Strivings）定义为追求目标的一贯模式，目标追求代表个体通常尽力要做的事。个人奋斗指一个人希望在不同情境下实现目标典型类型。个人奋斗的例子有"使有吸引力的人注意我""得到尽可能多的快乐""为别人提供竭尽所能的帮助"和"避开任何可能的争吵"。个人奋斗既包括要尽力获得或经历的事又包括要尽力避免的事。个人奋斗既可以是积极的，也可以是消极的，并且，个体之间生活由积极奋斗或消极奋斗构成的程度是不同的。

埃蒙斯指出个人奋斗的明确特征。第一，它们对个体来说是个人特色的或独一无二的，特别对构成个人奋斗的目标和一个人表达个人奋斗的方式而言。尽管个人奋斗是个人特色的，但共同的或规律化的个人奋斗类别还是可以形成的。

第二，个人奋斗包括认知的、情感的和（或）行为的成分，它们要么互相联系要么互相独立。如"做个好人"的奋斗可能包括上述所有成分而"与上帝达到精神的同一"的奋斗可能没有行为成分。第三，尽管个人奋斗是比较稳定的，但它们并不固定。一个人要做的事随情境的不同和生活的改变而变化。个人奋斗反映我们整整一生的持续发展。第四，个人奋斗中一个特定部分的实现并不意味着不再追求那一目标。一个人因在某一特定事件中成为一个好人而感到愉快，但仍寻求另外的机会做一个好人。一个人在一个特定的情境中避免了自尊受到打击，仍会在其他的情境中避免这样的打击。最后，大部分的个人奋斗被假定是有意识的，正如韦纳的宣言"通向潜意识的捷径不如通向意识的泥泞道路更有价值"。埃蒙斯为不在意识层面的奋斗的可能性留有余地，甚至是潜意识奋斗的可能性。然而，最基本的假设还是人们能以现实的、无防卫的方式正确地报告他们的目标。

埃蒙斯对个人奋斗也持系统观。他认为个人奋斗按等级序列组织，一些个人奋斗是另一些的上级。另外个人奋斗或相互联系或相互独立，或相互整合或相互冲突。正如我们将看到的，埃蒙斯就个人奋斗之间的冲突做出了一些十分有趣的研究。并且，与前面提到的等势原则和等效原则一致，埃蒙斯认为个人奋斗可以通过多种不同的行动计划实现（等势），同时任何一种行动也可以表述不同的个人奋斗（等效）。另外，根据多重决定原则，行动是多种不同个人奋斗的交互作用。因此，在个人奋斗和特定行为之间存在复杂的关系。

怎样评价奋斗？这种评价包括以下步骤。

第一步，让被试者列出所有的个人奋斗，其定义为"在日常行为中你一般或特别试图去做的事情"，并提供积极的和消极的奋斗例证。个体列出的个人奋斗的数量不同，范围从10到40多个不等，平均大约16个。

第二步，让被试者写出成功实现每一种奋斗的具体方法。根据前面论述的框架，它们是实现目标的计划。如对个人奋斗"花更多时间放松自己"，可能涉及诸如锻炼、请朋友聚会、喝酒等活动。被试者平均列出4种实现各种个人奋斗的方法。

第三步，让被试者选出15种奋斗，按一些维度来评价它们，这些维度有效价值（积极或消极的价值）、矛盾情绪（对成功行动有多少不愉快）、重要性、成功的可能性、清晰性和难度。对所给维度进行因素分析后，显示出三个因素：奋斗的程度（价值、重要性、承诺）、成功（过去的成就和成功的可能性）和容易度（机会和低水平难度等）。有趣的是这和预期——价值模型十分吻合。

第四步，被试者将每一奋斗与其他奋斗就问题进行比较：这一奋斗的实现对别的奋斗是有益还是有害（或完全没有影响）。这有一个15×15的矩阵以确定奋斗之间是相互促进还是相互冲突的。这一矩阵的有趣的方面是奋斗之间的关系是不可逆的，即这一奋斗能促进另一个，但反过来却不行。如"得到好分数"可能有助于"毕业"，但反过来却不行。通常这种差别是因为某一个奋斗在等级序列上高于另一个奋斗，但也可能是因为与其他奋斗之间不同的联系所致。对每一个体而言，个人结构系统中所用的工具或所面临的冲突的量是可以计算的。

（三）规划大学生活

心理学家玛西亚（Marcia）从自我认定的角度，依据面对的选择危机和专注定向，将青年的自我认定归纳为四种不同的形态，就生涯认定角度而言，这四种自我认定形态具体为以下所示。

（1）自我定向者（Identity Achievement-IA），即在经历抉择危机之后，逐渐确定其生涯方向或职业目标。

（2）提早定向者（Foreclosure-F），本身未曾面对抉择危机，但在生涯方向或职业目标上，已接受父母或他人的安排而定型。

（3）延迟未定者（Moratorium-M），面对个人的抉择危机，正在寻求定向。

（4）茫然失措者（Identity Diffusion-ID），面临抉择危机，因生涯方向或职业目标模糊不定，而感到焦虑，甚至逃避抉择。

其中，提早定向者（F），在社会的限制和父母的保护之下，面对生涯抉择之际不致产生过高的焦虑，但在从事生涯准备或课程学习方面，能避免听天由命、缺乏学习兴趣和动力的状态；延迟未定者（M）和茫然失措者（ID）在面临生涯抉择之际，由于缺乏目标定向，可能会产生焦虑、不安等不良心理，不利于其课程学习和学校适应。

玛西亚的研究结果说明，生涯确定是青年期主要而关键的发展任务之一；生涯决定的明确与否不但可能阻碍个人长期的发展，更影响其当前的生活调适。

根据大学生的生涯规划模式，大学生的生涯发展目标可归纳为以下十项。

（1）生涯自主与责任意识。

（2）系统性地自我探索。

(3) 发展暂定生涯目标。
(4) 以暂定生涯目标为主的生涯探索。
(5) 收集生涯资料的主动性。
(6) 整合个人特质与教育职业的关系。
(7) 从环境资源检视暂定生涯目标的可行性。
(8) 生涯决策知能。
(9) 形成在学期间的短期目标。
(10) 增进生涯计划与问题解决能力。

大学生的生涯规划并不是一个单一的静态事件，而是一系列的动态历程。生涯目标并不是一次成型的，而是不断发展的。随着大学生身心的发展，大学生应不断形成数个暂定的长期生涯目标，不断探究生涯的意义，并为寻求生涯意义而努力。

三、大学生职业生涯规划存在的误区

在规划职业与生涯的探索过程中，大学生集中表现出了以下五个观念误区。

1. 职业规划就是职业生涯规划

很多大学生把职业规划和职业生涯规划混淆了，认为职业规划就是职业生涯规划。其实不然，职业规划就是通过规划的手段来找到适合自己的职业的过程，"适合"就是在分析自己的基础上综合考虑外在环境，在此情况下做出的判断，适合的简单判断就是"人-职匹配"。而职业生涯规划，简单说就是规划你从开始工作到退休的整个职业历程。职业生涯是你从事职业工作的所有时间，职业生涯规划则包括职业规划、自我规划、理想规划、环境规划、组织规划等。规划职业生涯的目的就是争取最大的收益，达到少走弯路，不走错路，避免走回头路的职业探索与奋斗征程，能够通过选择走最佳的路径来实现职业理想。职业规划包含于职业生涯规划。

2. 职业规划就是功利地为找工作而准备

有的大学生认为大学只是一个完善和塑造自我的精神殿堂，应该只注重艺术、精神的发展，而不应该功利地为了毕业后找到个工作才去注重知识、技能的学习和打造。我们可以看到，职业是人生最大的课题。人生有三不朽：修道立德，建功立业，著书立说。职业生涯规划过程的本身就是人对自身不断完善、发展的过程，好的职业规划是为了自我实现，在大学阶段规划职业生涯是为人生负责的一种表现，而不是功利地为了一时的高就忽略了自身的发展。

3. 职业规划就是找到赚钱多的好工作

有这种误区的人一是不明确职业规划的作用（见第二个误区），二是对好工作的标准有误解。赚钱多的工作就是好工作吗？好工作的标准就是赚钱多吗？找到真正适合的职业，是一定可以拿到高薪水的，只是时间和精力的问题，因为在自己适合的领域工作，会把自己的主动性和创造性淋漓尽致地发挥出来，随着业绩的不断提升，薪水自然增长了。而单纯的不适合自己的高薪水工作，会让自己在无聊中毁灭自身的创造性，从而会因不喜

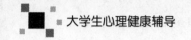

欢而导致工作的不胜任或懈怠，最终也会因业绩下滑而导致薪酬跳水。职业规划要达到的宗旨就是找到适合大学生自身的工作。

4. 职业规划没有变化快，还是走一步算一步好

职业规划是考虑了自我、环境、学业、理想、通路等影响职业生涯发展的各种因素后，结合自身理想价值追求而确定的路径安排，并且融合了职业判断、职业创新、自我管理等修正步骤在内的整体系统分析方案，需要全面周到的考虑和严格的执行。制订的规划并不是一成不变的，部分大学生认为计划没有变化快，还是不要规划了，否则还要再去变通，还是走一步算一步这种想法实不可取的。

5. 职业生涯规划与大学学业是不相关的

相当一部分大学生认为大一、大二是不用考虑就业/职业问题的，到了大四才开始了解职业、企业、行业等，才开始学习投递简历、面试等求职常识。这其实是大学生对大学定义的不准确及个人价值观的问题。"罗马不是一天建成的"，那些因为毕业找不到工作而抱怨专业不好、抱怨大学扩招、抱怨社会企业太刁、抱怨家里没有社会关系的大学生如果回头看看自己的大学生活，仔细想想职业生涯是怎样规划的，那么你就会发现其实大学学业的安排是直接关系到你的就业、职业生涯规划和职业前程的。

四、大学生如何进行科学的职业生涯规划

1. 大学生做好生涯规划应分析好三个因素

一是"人"。"人"就是大学生自身，由包括性格、理想、价值观、道德等的内在因素和专业知识、经验、技能等的外在因素所组成，分析"人"就是分析自我的内外两方面。二是"职"。"职"就是行业、职业、企业、职位等外在因素（简称为"三业一位"）。三是匹配，匹配就是"人""职"互动在工作方式、生活方式等方面的和谐适应。这三个因素是进行科学的职业生涯规划的基础。

2. 大学生应该根据需要对职业生涯规划及时调整

根据职业方向选择一个对自己有利的职业和得以实现自我价值的单位，是每个大学生的美好愿望，也是实现自我的基础，但这一步的迈出要相当慎重。遇到现实的问题和环境后，要及时根据需要进行调整。

3. 如何落实规划

大学生制订好职业生涯规划后，应该继续制订好实施上的细则。时代在发展，企业的用人制度在不断发生变化。了解用人单位的需要同样重要，"知己""知彼"才能做出正确的抉择。

大学生不要再简单地把自己当成孩子，也不要只把自己当成学生，自己就是一个"人"。生涯规划与每位大学生的学习和生活息息相关，本着把自己当"人"看的判断原则，分析人生的其他方面（学习、锻炼、交友、恋爱、考研、创业）与就业的关系，更好地进行自己的职业生涯规划。

心理探索

表 9-2 中列出的都是形容词，请逐一看看，如果其中某个形容词所描述的正是你目前对自己的看法，则在"我确实如此"一栏中画"√"。全部完成后请再重新看看这些形容词，这回，如果其中某个形容词所描述的正是理想中的自己，则在"我希望自己如此"一栏中画上"○"。

总分为 32 分。当两栏一致时（即同时分别出现"√""○"），给自己加一分，两边不一致时（即只有一栏有标记）不加分，请把得分加起来。对照下面的分数解释，了解现实自我和理想自我之间的差距。

表 9-2 自我差距表

描述词	我确实如此	我希望自己如此
多愁善感的		
固执己见的		
有幽默感的		
有独立性的		
友善的		
胸怀大志的		
风趣的		
诚实的		
有魅力的		
自我节制的		
热情的		
平凡的		
敏感的		
可靠的		
有才智的		
懒惰的		
愉快的		
好嫉妒的		
精力充沛的		
体贴的		
沉静的		
聪明的		
跋扈的		

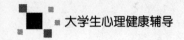

续表

描述词	我确实如此	我希望自己如此
有弹性的		
自我中心的		
脆弱的		
诚恳的		
轻松自在的		
坚强的		
愤世嫉俗的		
冲动的		
冷漠的		

分数解释：每个人心目中都有一幅自我意象图，然而在现实中人们又不能表现得完全如理想自我一般，于是现实自我和理想自我之间难免会有一定的距离。那么，这个距离究竟有多大呢？

24分以上：有75%以上的形容词两边一致，这表示你对目前的自己有着适度的满意，你的现实自我与理想自我比较接近。因此你的内心比较平和，没有太多的矛盾冲突。然而，如果在不一致的形容词当中，有些是你认为非常重要的特质，那么你一定要引起注意，或许是你现实中做得不够，或许是你对理想中的自己期望太高。这样，你必须想办法使二者一致起来。

24分以下：这表明你对目前的自己不太满意，因为目前的自己和理想的自己之间存在着较大的差距。不能做一个具有理想特质的人，会令你产生高度的挫折感。在这种情况下，一方面你必须改变目前的自己，朝这里向自己努力，另一方面要学会接受不做理想中的自己，这样就不会给自己带来冲突感。

第三节　大学生如何做好目标管理

本节学习目标

1. 了解目标管理的内涵及重要性。
2. 掌握目标管理的方法并运用到自我目标管理实践中。

★ 案 例 9-2

"飞"向你们想去的地方

一位穷苦的牧羊人带着他的孩子来到一个山坡上,一群大雁鸣叫着从他们的头顶上飞过,并很快消失在远方。牧羊人的小儿子问父亲:"大雁要飞往哪里?"牧羊人说:"他们要去一个温暖的地方,在那里安家,度过寒冷的冬天。"大儿子眨着眼睛羡慕地说:"要是我们也能像那样飞起来该多好呀!"牧羊人沉默了一会儿对两个儿子说:"只要你们想,你们也能飞起来。"两个儿子试了试,都没有飞起来,他们用怀疑的目光看着父亲。牧羊人却肯定地说:"只有插上理想的翅膀,树立了坚定的目标,才可以飞向你们想去的地方。"两个儿子牢牢记住了父亲的话,并一直向目标努力着、奋斗着。后来,他们果然飞了起来,因为他们发明了飞机,他们就是美国著名的莱特兄弟。可见,没有目标和梦想不行,光说不做也不行,只有经过不懈的努力和不断的挫折,才能够成就目标和理想。

一、大学生如何确立合理的目标

大学生确立合理的目标,具体而言可以从三个层面入手。

(1) 大学生要建立科学的职业目标。大学生应该在对本专业的地位、作用、发展前景和本专业的课程体系、结构及教学、学习方法要求了解的基础上初步确立自己的专业目标及职业目标。职业目标并不仅仅是专业目标,它还包括相应的职业能力和意识,如创新能力、沟通能力、团队意识、社会活动能力以及正确获取金钱报酬的意识等。大学生应该明确自己专业所需要的具体能力,以及现代社会所要求大学生必须具备的技能。

(2) 大学生要建立健康文明的生活目标。学习是为了更好的生活,大学生应该学会健康、文明地生活。树立做人、做事的正确态度,在生活中从多种角度对自身状况进行分析评判。"吾日三省吾身",大学生应该学会自我管理、自我教育,利用各种途径充分调动和开发自身各方面的潜能,使之转化为自己前进的驱动力。

(3) 大学生要建立坚定的政治目标。大学生是国家民族的未来,他们政治素质和理想信念如何,关系到党和国家的未来,关系到能不能继往开来地推进中国特色社会主义事业。大学生应该树立正确的世界观、人生观和价值观,掌握人类社会历史发展的规律,了解时代的要求,使自己的人生目标符合社会发展规律和时代要求。在确立自己职业目标和生活目标的同时,用辩证唯物主义观点来武装自己,用发展的眼光来看待周围的事务,发扬爱国主义、集体主义精神,净化心灵,陶冶情操,强化自己的责任感、使命感,自觉把国家、社会的价值目标内化为自己的人生价值目标。

二、大学生如何做好目标管理

1. 什么是目标管理

目标管理(Management by Objective,MBO),就是以目标为导向,以人为中心,以成果为标准,使组织和个人取得最佳业绩的现代管理方法。它具有以下特点。

(1) 强调活动的目的性,重视目标体系和未来研究的设置。

（2）强调用目标来统一和指导全体人员的思想和行动，以保证组织的整体性和行动的一致性。

（3）强调根据目标进行系统整体管理，使管理过程、人员、方法和工作安排都围绕目标运行。

（4）强调发挥人的积极性、主动性和创造性，按照目标要求实行自主管理和自我控制，以提高适应环境为目的应变能力。

（5）强调根据目标成果来考核管理绩效，以保证管理活动获得满意的效果。

2. 目标管理对大学生的重要作用

曾经有人做过一个实验：组织三组人，让他们分别向着十公里以外的一个村子步行。

第一组的人不知道村庄的名字，也不知道到村庄的路程有多远，他们只被告诉跟着向导走就可以了。刚走了两三公里就有人叫苦，走了一半有人愤怒了，抱怨为什么要走这么远，何时才能走到头，许多人甚至坐在路边不愿走了，越往后走他们的情绪越低落。

第二组的人知道村庄的名字和路段，但路边没有里程碑，他们只能凭经验估计行程、时间和距离。走到一半的时候大多数人想知道已经走了多远，比较有经验的人说："大概走了一半的路程。"于是大家又簇拥着向前走，当走到全程的四分之三时，大家情绪低落，觉得疲惫不堪，而路程似乎还很长，当有人说："快到了！"的时候，大家又振作起来加快了步伐。

第三组的人不仅知道村子的名字、路程，而且公路上每一公里就有一块里程碑，人们边走边看里程碑，每缩短一公里大家便有一小阵的快乐。行程中他们用歌声和笑声来消除疲劳，情绪一直很高涨，所以很快就到达了目的地。

从这个实验可以看出，当人们的行动有明确的目标，并且把自己行动的结果与目标不断加以对照，清楚地知道自己行进速度和目标相距的距离时，行动的动机就会得到维持和加强，人就会自觉地克服一切困难，努力达到目标。由此可以看出，树立目标对管理是非常重要的。对于大学生的人生目标，规划及管理都很重要。

三、大学生如何实现大学目标

大学生制定了自己的目标，在践行的过程中，随着自身的不断成长，生理与心理的不断成熟，其目标可能会因为主观或客观的原因发生变化，如何进行自我监督、管理，对目标进行及时调整与矫正，战胜实现目标过程中出现的不良情绪，有效地摆脱心理困惑和危机，顺利完成大学目标，应做到以下几点。

1. 不断进行阶段性目标自察

大学生在刚进入大学时对生活和学习有强烈的好奇心，有较高的积极性，制定的目标可能偏高、偏大，在经过一段时间的实践后，由于学习方法不对、学习方式不适应等原因而导致积极性、自觉性下降，在实践目标阶段，大学生应当对自己的目标不断地进行调整并重新审视，将目标按时序展开，逐段实施、考评和总结。

2. 不断提高自身心理健康水平,及时求助于学校心理健康机构

大学生在实现目标的过程中会不可避免地遇到挫折,如学习困惑、评选奖助学金失败、躯体疾病、恋爱关系破裂、亲人伤病、重要考试失败、求职择业困难等,产生不良情绪,这些情绪如果得不到化解和宣泄,就可能会导致心理失衡,产生孤僻、厌学、漠视现实、消极甚至颓废等现象。因此,大学生应该积极参加学校的心理健康教育课程的学习,提高自身的心理健康水平与心理调节能力,在遭受到超出自己的应对能力的心理挫折后及时地求助于心理健康教师及服务机构,进行心理疏导。

3. 多参加社会实践

社会实践是大学生融入社会的关键环节。积极参加有益的职业培训、社会实践,努力拓展自己社会实践的范围,这样可以对其综合优势与劣势进行对比分析,了解个人目标与现实之间的差距,使大学生调整更切合实际的目标规划,让自己的理想信念、行为准则在社会实践中得到检验和发展并得以内化。因此,大学生不但要掌握专业知识和技能,还要培养自己承担社会责任、奉献社会的意识和品质,最终要将自己学到的知识、技能服务于社会,成为社会主义事业的建设者和接班人。

4. 通过校园文化提高自身素质

"蓬生麻中,不扶而直",积极向上的校园文化氛围会对大学生确定并努力实现自己的人生目标产生潜移默化的影响。校园文化对大学生实现自我管理、自我教育、自我服务有重要的影响,具有多重的教育功能。大学生应该通过党、团、学生会组织和各种社团、班团组织的工作,积极开展理论学习、主题教育、文化艺术、科技创新等形式多样的活动,为营造积极向上的校园文化氛围贡献力量。

大学是人生观、价值观、世界观形成的关键时期,其重要性不言而喻。大学生应尽早做好规划,树立合理的人生目标,认真管理、评估、调整和实现自己的人生规划,早日成为国家的栋梁之材。

★ 拓展阅读

时间管理

预料

事先有所准备的活动一般来说比事后补救的活动更为有效。小洞不补,大洞吃苦。避免发生意外的最好办法就是预料那些可能发生的意外事件,并为其制订应急措施。我们假定,如果事情要出错,那就无法避免。

计划

绝大多数难题都是由于未经认真考虑的行动引起的。在制订有效的计划中每花费1小时,在实施计划中就可能节省3~4小时,并会得到更好的结果。如果你没有认真计划,那么实际上你正计划着失败。

目标

较有效的结果一般是通过对既定目标的刻意追求来达到的,而不是依靠机会。目标管

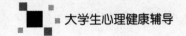

理的基本概念就来源于这个已被证实的原则。

最后时限
给自己规定最后时限并实行自我约束，持之以恒就能帮助我们克服优柔寡断、犹豫不决和拖延的弊病。

最佳效果
用最小的努力获得最大的收益，这就是最佳效果。

紧急任务
紧急任务与重要任务常常处于互相干涉的状态中。紧急任务要求立即执行，就使我们没有时间去考虑重要任务。我们就是这样不知不觉地被紧急任务所左右，承受着无休无止的重压，这使我们忽视了搁置重要任务所带来的更为严重的后果。

选择忽略（有限反应）
对各种问题和需求的反应要切合实际，并要受制于情况的需要。有些问题如果你置之不理，它们便消失了。有选择地忽略那些可以自行解决的问题，那么大量的时间和精力就可以保存起来，以用于更有用的工作（也称作"有意忽略加重原则"）

机动性
安排个人时间的程度上应有机动性，以便于应付个人无法控制的力量。总之，时间安排不要过满，也不要过松。

问题分析
不区分问题的原因和现象，结果必然丢失实质性问题，而把精力和时间耗费在表面的问题上。

接受
应该有勇气去改变那些能够被改变的事物……心甘情愿去接受那些无法改变的事物……寻求智慧去认识那些不同的事物。

心理探索

准备一张纸和一支笔，对以下问题诚实作答。

1. 现在的年龄有多大？
2. 你的梦想是什么？
3. 你希望自己在多少岁的时候实现这个梦想？
4. 用你打算实现梦想的年龄减去现在的年龄，看看自己还剩几年的奋斗时间？
5. 去掉睡觉休息和吃饭的时间，大约还剩几年？
6. 粗略计算一下剩余时间，你会发现人生中能用来奋斗的时间很少，抓紧每分每秒，制作详细的目标管理计划。

第四节　大学生的求职技巧

> **本节学习目标**
> 1. 了解大学生求职的方法和技巧。
> 2. 结合实践，综合运用技巧找到适合自己的求职方法。

大学毕业生在求职择业过程中，掌握一定的方法与技巧是十分重要的。我们以大学毕业生求职择业的过程为主线，分别介绍每一个阶段的方法与技巧。

一、讲究择业与求职的方法

现在，就业形势非常严峻，据媒体消息，我国失业大学生已经有数百万之多。我们国家的发展需要人才，需要有知识、有水平、有能力的人才。那么，究竟为什么这么多的大学生都走到失业大军中去了呢？导致这种情况的一个重要原因是大学生的职业规划意识和求职观念淡薄。

求职是关乎自己一生事业的重要过程，所以，大学生求职的时候一定要做到突破固有观念，从自己的兴趣出发做好职业定位，讲究求职与择业的方法。

（一）搜集职业信息

（1）获取职业信息的渠道。职业信息的范围很广泛，获得职业信息的渠道也有很多。比如：通过家长亲戚及好友了解社会需求信息，毕业生还可以通过广播、电视、报纸、杂志、网络等传媒获取大量的择业信息。另外，为了解决本地区、本行业毕业生就业和用人单位需求的问题，各地方、各行业都会举办招聘会。这类招聘会具有较强的供需针对性，对毕业生来说是一种立足生源地和本行业就业的重要信息渠道。

（2）职业信息的筛选和处理。职业信息的获取在空间上要讲究全面性，内容上注意广泛性。其中：要分析已经获取到的信息的具体情况，如用人单位的要求、职位、待遇、发展、地点等，进行筛选排队；基于客观的自我认识，对信息进行剖析。例如毕业生自己所学的专业知识及掌握能力，能否与自己的主观因素结合从而扬长避短。

（3）分析信息的来源及可靠性。信息可能来自不同渠道，需要我们在一定时间内对其进行可靠性分析，一般由学校或亲戚朋友提供的信息较为准确可靠，应予以重视。

（4）结合就业政策和规定考虑。毕业生应该注意自己所获得的信息是否为政策鼓励允许的，最好对所获信息进行排列整理，在整理的过程中如果发现新的问题再去想办法调整解决。

（二）善于自我推荐

（1）选择恰当的自荐方式，这是一种直接的求职方式。毕业生想要用人单位认识自己、了解自己、选择自己,就要通过各种途径来宣传自己。如:口头推荐,毕业生主动去用人单位或者是招聘现场"推销"自己;书面推荐,毕业生通过递送自荐材料的形式"推销"自己;媒介自荐,毕业生借助传播媒介进行自我"推销"的形式,主要借助的媒介有报纸杂志;网络自荐,毕业生可以将自荐材料上传于网络,以便双方在网络上及时进行沟通交流。

(2)自荐材料准备充分。大体包括以下几个方面:①填写推荐表。填写时要注意字迹工整,因为很多用人单位注重毕业生的字迹,在推荐表上贴上一张让人满意的照片,因为用人单位是通过这张照片来获取对你的第一印象。②准备成绩单。这是学校教务处盖章核发的毕业生在校学习成绩,它不仅反映了学生所学课程,更主要的是,它能反映出毕业生对知识的掌握和能力运用的熟练程度。③提供各种证书。如毕业证书,各种获奖证书,资格证书,荣誉证书等,这些是对你在校期间表现的肯定,能更好地反映你的特长和优点。④撰写自荐信。这个的目的是引起用人单位对你的兴趣,争取被录用。

(3)进行网上求职。传统的求职模式在日益发展的信息时代受到巨大冲击,网上求职已经成了当下流行的求职手段之一。为了使你的个人资料不被淹没在大批的电子邮件中,应注意以下几个问题:①主要精力应放在拥有人才数据库的网站上,并把你的个人简历放在他们的数据库中,因为用人公司主要来这些网站浏览寻人。②有选择地向公司发送你的简历,在发简历的时候要注明申请适合的职位,并应该了解你是否胜任这个工作。③不要用附件的形式发送简历,除非你知道用人公司接受哪些形式的附件,因为很多接受者不会打开附件。④用 e-mail 发出的简历应该简洁明了。通常用人单位只看他们感兴趣的部分,你也可以把制作精美的简历放在网上,然后把地址发给用人公司。⑤为了使公司了解你申请的职位,最好在发出简历的同时再发一封求职信。⑥一般来讲,每隔 3~4 周询问一次求职结果是比较合适的,询问的时候要表现出你对这个职位的兴趣,并且最好谈一下你的工作经验,简单明了。

二、求职择业技巧

求职择业是一门学问,也是一门艺术,有许多技术和技巧,它是择业成功的主要因素之一。目前,有一些学生对自主择业没有信心,对到人才市场去求职有一种畏惧心理;也有一些学生勉强去了却无从下手。究其原因,除缺乏必要的心理准备外,更重要的是缺乏求职择业技巧,不善于与人沟通,不能恰如其分地展现自己的内心意向、素质和才能,不懂得如何推销自己。所以面临择业的大学毕业生,要想找到一份理想的工作,学习一些求职择业方法,掌握一定的求职择业技巧是很有必要的。

所谓求职择业技巧,也就是人们谋求职业所需的方法和手段。求职择业技巧从广义上讲包括最佳择业点分析和具体的方法、技术指导两个方面。从狭义上讲仅指具体的方法、技术指导。最佳择业点分析即是结合毕业生自身的特点,确定最能发挥其聪明才智和最符合心愿的择业目标。

求职择业技巧在人们的求职活动中具有十分重要的作用,切不可小视或忽视;不懂得求职技巧的人,其就业机会会大打折扣,在许多人的择业过程中,正是由于技巧上的失误甚至在举手投足间错过了理想的择业机会，造成一辈子的遗憾。掌握求职技巧的人，就会使求职活动更有效、更有益，就会在众多求职者中脱颖而出，稳操胜券。

在竞争激烈的现实社会，人人都想成功地立足于社会，个个都想找到能充分发挥自己特长、获得较高报酬的工作单位。可是，有许多大学毕业生，虽然拥有较高的学历和丰富的知识，但由于初次择业经验不足，缺乏必要的求职择业技巧而很难如愿以偿。面对竞争的社会，面对纷繁的人际关系，大学毕业生必须掌握一定的求职择业技巧。

第一，"有所为，有所不为"。职位万千，但并不是所有的职位都适合你。空有满腔热情，认为自己有能力胜任一切职位的想法是不切实际的。自认为"无所不能"也意味着你"一无所长"。"尺有所短，寸有所长"，用人单位看重的正是你的"专长"。如果求职没有重点，或是试图证明自己是一个适合于所有职位的"万金油"，你就会输在求职竞争的起跑线上。

第二，"意在笔先"。求职的每一个步骤都应该包含明确的意图，在深刻领会用人单位职位要求的基础上结合自身特点，运用专业规范的求职行为有的放矢地求职。求职者较难把握的是用人单位真实的职位要求，只有尽量减少这种信息不对称的情况，才有可能求职成功。同时还要多做换位思考，从用人单位的角度出发，深入揣摩招聘人员的心理，有针对性地展开求职行为。

第三，"用事实说话"。要时刻牢记你需要做的是努力用事实证明自己的能力，而不是一厢情愿地把自己的主观评价强加给别人。只有结合自己的优势，组织典型事例，运用流畅、精练的语言加以证明，才能收到良好的效果。

第四，要有"屡败屡战"的精神。目前，就业压力不断增大，求职周期不断延长，没有"屡败屡战"的精神，很容易自怨自艾，无所事事，最终浪费了大好时机，与成功就业失之交臂。有些毕业生经历过一两次求职失败，就一蹶不振，无所作为。反观哈佛商学院的精英们，他们从入学的第一天就开始为今后的求职择业进行充分的准备，为了获得一份满意的职位，他们甚至会参加30~40次面试。一味抱怨就业形势紧张是毫无益处的，不如进行一些实质性的准备，提高自身的素质。求职过程本身就是不断学习、融入社会的过程，"屡败屡战"的精神更高的要求是学会从失败中吸取经验教训，不断调整自己的求职行为，只有这样才能达到成功就业的目的。

第五，"细节决定成败"。在日益激烈的求职竞争中，任何一个细微的错误都有可能导致求职失败。所以，在求职过程中一定要有严肃认真的态度。把握好求职的过程中的每一个细节，体现出自己较高的综合素质和良好的职业能力，就会为你的求职加分。

心理探索

情景模拟：假如你现在在面试的现场，作为一个刚刚迈出校园的大学生，面对考官的这些问题，你该如何作答。

（1）请简单谈谈你自己。

（2）你对本公司了解吗？

(3) 你为什么到本公司求职？

(4) 从事某项工作你有什么不足或缺点。

(5) 请介绍一下你的学校，你觉得你的专业对工作有帮助吗？

(6) 你对工资有什么要求？

(7) 我们想要男生（这是很多用人单位的心声，很多女毕业生会遇到类似情况）。

(8) 你的条件与本公司的要求似乎存在一些差距，你认为呢？

(9) 我们问了不少，不知道你有什么问题问我们？

思考时间

1. 通过本章的学习，你对职业生涯规划有了一个新的认识吗？你都了解了哪些生涯规划的经典理论？
2. 如何测定自己的职业倾向？
3. 如何进行自己的职业生涯规划？
4. 如何进行目标管理？
5. 大学生求职有哪些技巧？

推荐赏析

书籍：《拆掉思维里的墙》

参考文献

[1] 宋专茂. 职场心理案例集 [M]. 广州：暨南大学出版社，2005.

[2] 张日冉，陈丽. 大学生心理健康 [M]. 大连：大连理工大学出版社，2006.

[3] 张泽玲. 当代大学生心理素质教育与训练 [M]. 北京：机械工业出版社，2004.

第十章

大学生压力管理与挫折应对

案例导入

小王，学习成绩一直比较优秀，上大学后，她希望自己同样能保持学习的领先地位，获得奖学金。但是"强中更有强中手"，第一次考试，她的成绩不理想，这一打击使她感到非常失望，产生退学的念头。

"妈妈，我没有能力！我没有能力！"这是小柳出走前在电话里向母亲哭诉的，这位28岁硕士研究生因承受不了压力出走了。他在电话里说自己很无能，周围的同学都有女朋友了，他还没有；好多同学都考了驾照，他考了但没通过；出国留学也受挫了；马上面临毕业，还不知道能不能找到好工作，又没有钱买房子。

小凯和小玲都是校学生会的干部，平时经常在一起工作，慢慢地小凯发现自己爱上了聪明活泼的小玲，当他想表白的时候，得知小玲已经有男朋友了。小凯知道自己是没希望了，他想就这样吧，能做一个普通朋友也不错，最起码还能经常在一起。可事情却变得越来越糟，他总是莫名其妙地对小玲发火，嫌她烦，老是伤害小玲，自己也知道这样不对，可就是没有办法控制自己。

某高校大学生杰说："我以前在高中时可以说是佼佼者，到了大学里，好像每个人都比我强，我发现自己就好像巨人堆里的矮子，老担心自己考试考不好。师哥师姐还告诉我们要过级、要多拿证书、要考研，现在我每天一躺到床上就做噩梦，上课也不能集中精力，书也看不下去，眼看要期末考试了，我究竟该怎么办？"

思考题：

1. 人活着就会感受到压力，没有人是可以"免疫"压力的。不管喜欢与否，压力每天都伴随着我们。你了解压力是什么吗？如何应对压力？如何以避免压力对我们身心造成的各种不适呢？

2. 同一件事情，不同的人遇到，可能会有不同的感受，有的人会觉得很受挫，有的人却不会有受挫的感觉。那么，到底什么样的事情才算是挫折呢？如何定义挫折？面对挫折我们应该如何应对？

本章内容简介

在这一章里，我们将和大家共同探讨关于"压力与挫折"的话题。压力、挫折、失败对于任何人来讲都是不可避免的。大学生就像是一个年轻的舵手，开始尝试着驾驶自己的生命之船，在今后的航程中，还有很多的艰难险阻需要面对、需要处理，能不能顶住压力、能不能应对危险、能不能胜利达到理想的彼岸就要看你有没有信心、有没有技术、有没有经验和智慧。而现在我们要共同学习和思考的问题就是，应对压力与挫折的信心、技术和智慧从哪里来？

第一节　压力与大学生压力

本节学习目标

1. 理解压力的概念。
2. 明确大学生常见的压力。

一、认识压力

压力是个人在面对具有威胁性情境时，一时无法消除威胁、脱离困境时的一种被压迫的感受。如果这种感受经常因某些生活事件而持续存在，就会演变成个人的生活压力。如此看来，所谓"压力"，事实上是指"压力感"的意思，这是我国台湾著名心理学教授张春兴先生的界定。学者蓝采风也认为压力是指我们的身体在适应不断改变的环境时，对此环境变迁所感受到的经验，包括肢体与情绪的反应，它能造成正面或负面的效应。正面的效应能激励我们采取行动，能带来新的认知和新的观念。当压力带来负面的效应时，我们则会对别人不信赖、拒绝、愤怒及忧郁。这些情绪上的负面效应很容易引起健康问题，如头痛、肠胃不舒服、皮肤发炎、失眠、溃疡、高血压、心脏病及中风等。

压力就是压力源、压力反应和压力感三者形成的综合性心理状态。压力应该包含三个部分：一是压力源，即指现实存在的具有威胁性的刺激；二是压力反应，即指人对压力事件的反应；三是压力感，即指由威胁性刺激带来的一种被压迫的主观感受。这三个部分是相互联系、互相影响的，表现为认知、情绪、行为的有机结合，是个体的一种综合性心理状态。由于压力源的存在，个体意识到压力，伴随着对压力的认知，同时又会有持续紧张的情绪、情感体验，必然引发个体行为反应，如果个体积极应对，就会化解压力并减少压力反应；但是，如果个体逃避压力情境，消极应对，那么个体就会出现心理障碍，加强压力反应，形成恶性循环。

二、大学生面对的压力

近年来，国内大学生里出现了一些令人担忧的负面现象：苦闷、彷徨、焦虑、偏执、脆弱，休学者有之，退学者有之，轻生自杀者有之……这些问题影响了大学生的健康成长。从整体上看，大学生最基本、最主要面对的是以下六种压力。

（一）身心发展的压力

大学生身心发展包含生理发展、心理发展及认知发展。从生理发展的压力来看，主要表现为性成熟与性冲动的压力，生理性自卑，精力、体力旺盛无处发泄等。个体在内分泌的积极作用下，产生强烈的"性驱力"，如果不适当地排解，可能产生生理上、心理上的紧张压力。如果男生的身高不如人，女性的容貌不如人，就会产生生理上的自卑，影响到个体的自信心，形成心理上的压力。青年人有旺盛的体力和精神，需要正确的宣泄途径，如果这个渠道不畅通的话，也会成为巨大的压力源。

（二）认知发展的压力

皮亚杰指出，人类从具体感觉期到抽象思维，智力发展已大致完成。大学生心智加速发展，经验不足带来一些负面影响。其认知发展的压力现象主要有难以实现的理想境界、单一的价值观和多元的价值观之间的冲突等。大学生由于好奇心强，爱主动探索，容易走入理想自我，再者由于他们的认知发展阶段进入抽象、推理的高速发展期，希望理想的境界立刻在现实中实现，但是现实的情况并不是总如人愿，这让青年人感到压力。

（三）日常生活的压力

日常生活压力，主要来自两个方面：一个是经济压力。大学生上学的费用一般来自家庭。由于近年来社会的发展和生活水平的变化，大学所需费用明显提高，这对来自贫困地区的大学生影响更大。在一些贫困地区甚至出现了"高中生拖累全家，大学生拖垮全家"的现象，这对于尚未自食其力经济贫困的大学生会造成更大压力。另一个是自理自律压力。目前大学生多数是独生子女，从小受到"高考"指挥棒的无形影响，学习就是一切，而忽视应该具备的基本生活技能，因而不少大学生缺乏自理和自律能力，不善于独立生活和为人处世。面对挫折和新的环境，往往缺乏相应的自我调节能力，因而也就形成了这部分大学生的压力源。

（四）人际关系的压力

人际交往作为生活的一个重要方面，良好的人际关系能让大学生学习生活各方面都如鱼得水。相反，没有良好的人际关系常常让人感到局促不安、不自信，愈是这样就愈容易退缩甚至进入一种恶性循环而不能自拔，所以大学生都有意无意地加强自己的人际交往能力。大学宿舍是个集体生活的场所，来自五湖四海、大江南北的人聚集在一起，由于民族风俗、生活习惯甚至语言等的不同，在日常的相处中磕磕碰碰、小矛盾在所难免，所以，如何处理好人际关系常使大学生感到压力巨大。

(五) 就业的压力

当今时代的一个重要特征便是竞争加剧：竞争择业，竞争上岗，适者生存，不适者淘汰，整个社会处于激烈竞争之中。在这一背景下，连续多年的扩招加大了大学生竞争就业的力度，由于大量农村剩余劳动力涌入城市，特别是城市里大量下岗职工的出现，使得就业问题变得更加尖锐。尤其在大学生、研究生择业相对集中的单位（三资企业、大专院校、科研单位、党政机关）以及择业相对集中的地区（北京、上海、沿海发达地区），已经逐渐出现"千军万马过独木桥"的严峻局面。就业已经成为大学生普遍关注的话题，也是大学生诸多压力中最主要的压力源。

(六) 学习压力

大学生作为学生，学习是天职。经历了高考的锻炼，走过了万马穿行的独木桥，多多少少会感觉大学应该是一个自由轻松的童话世界，可是上了大学随之而来的英语四六级考试、计算机等级考试以及考研热、考博热、出国热等，这些让他们又回到了为考试而奔波的时代。特别是如今学分制的普遍流行，重修以及随之而来的重修费成为广大大学生谈虎色变的问题，学习好的学生要争取奖学金，要不断地赶超自我、赶超别人，不断地给自己制订更高的要求，学习不怎么好的要为考试通过而拼搏，学习压力也是大学生要面临的主要压力之一。

★拓展阅读 10-1

压力源量表（表 10-1）

填表指导语：表 10-1 从七个方面（前途、学业、人际关系、经济、个人、家庭、日常生活）归纳了大学生可能遇到的压力源。请先浏览每个题项，再根据每一题项及您个人的实际感受，将您对于每种压力源承受压力的程度所对应的数字标记成红色。如果对于某种压力源，您没有压力，将其对应的数字"1"涂红即可。另外，如您的压力源不在该表范围之内，还可以补充在后面空白的格子中。

表 10-1 压力源量表

压力源	无压力	较小压力	中等压力	较大压力	很大压力	压力源	无压力	较小压力	中等压力	较大压力	很大压力
No.1 和室友关系	1	2	3	4	5	No.2 英语四六级考试难度大	1	2	3	4	5
No.3 每月必需的生活花销太大	1	2	3	4	5	No.4 毕业找工作难	1	2	3	4	5
No.5 自己的健康状况不佳	1	2	3	4	5	No.6 父母的期望太高	1	2	3	4	5
No.7 不能合理安排时间	1	2	3	4	5	No.8 不知如何与老师相处	1	2	3	4	5

续表

压力源	无压力	较小压力	中等压力	较大压力	很大压力	压力源	无压力	较小压力	中等压力	较大压力	很大压力
No.9 学习成绩不理想	1	2	3	4	5	No.10 欠别人钱	1	2	3	4	5
No.11 当今社会竞争激烈	1	2	3	4	5	No.12 认为自己的体形不够理想	1	2	3	4	5
No.13 家庭生活水平不高	1	2	3	4	5	No.14 不能适应大学生活	1	2	3	4	5
No.15 没有知心的朋友	1	2	3	4	5	No.16 上课听不懂	1	2	3	4	5
No.17 找不到合适的兼职	1	2	3	4	5	No.18 不能按照自己的意愿继续深造	1	2	3	4	5
No.19 不知道如何完善自身综合素质	1	2	3	4	5	No.20 父母关系不合（或离婚）	1	2	3	4	5
No.21 无所事事	1	2	3	4	5	No.22 得不到同学的支持	1	2	3	4	5
No.23 学习方法不合理	1	2	3	4	5	No.24 朋友欠我钱忘了还	1	2	3	4	5
No.25 不知道将来适合做什么工作	1	2	3	4	5	No.26 社会工作能力不强	1	2	3	4	5
No.27 家里没有背景	1	2	3	4	5	No.28 没时间做自己的事情	1	2	3	4	5
No.29 没有男女恋爱朋友	1	2	3	4	5	No.30 学业任务繁重	1	2	3	4	5
No.31 丢失了贵重物品	1	2	3	4	5	No.32 考研和找工作难以抉择	1	2	3	4	5
No.33 没有文体特长	1	2	3	4	5	No.34 父母的健康状况不佳	1	2	3	4	5
No.35 日常生活琐事繁杂	1	2	3	4	5	No.36 缺乏与异性同学交往的方法	1	2	3	4	5

续表

压力源	无压力	较小压力	中等压力	较大压力	很大压力	压力源	无压力	较小压力	中等压力	较大压力	很大压力
No.37 没能获得奖学金	1	2	3	4	5	No.38 每学年要交纳的学费和住宿费太多	1	2	3	4	5
No.39 所学专业的就业前景不乐观	1	2	3	4	5	No.40 心理素质不过硬	1	2	3	4	5
No.41 和父母关系紧张	1	2	3	4	5	No.42 宿舍卫生较差	1	2	3	4	5
No.43 有时被别人误会	1	2	3	4	5	No.44 对自己要求高	1	2	3	4	5
No.45 家庭经济困难	1	2	3	4	5	No.46 感到自己前途渺茫	1	2	3	4	5
No.47 没评上三好学生或优秀党（团）员等称号	1	2	3	4	5	No.48 在比较重大的事情上我和父母选择不一	1	2	3	4	5
No.49 作息与室友不一致	1	2	3	4	5	No.50 有时与好朋友关系恶化	1	2	3	4	5
No.51 想好好学但学不进去	1	2	3	4	5	No.52 没有太多的零用钱	1	2	3	4	5
No.53 有时难以入睡	1	2	3	4	5	No.54 学校的学生职务任务繁重	1	2	3	4	5
No.55 在众人面前公开讲话	1	2	3	4	5	No.56 同学间的学习竞争激烈	1	2	3	4	5
No.57 常过高要求自己	1	2	3	4	5	No.58 住宿拥挤	1	2	3	4	5
No.59 某门课的考试没通过	1	2	3	4	5	No.60 情感方面的压力					
No.61						No.62					

心理探索

活动一：抗压的秘密

活动介绍：

本次活动让成员意识到人生难免有挫折，能正确、客观、辩证地看待、认识挫折；成员间相互分享资源，并学会采用积极的方式方法应对挫折。

实施方法：

1. 热身活动：棒打薄情郎

成员围成一个圆圈，选一位执棒者站在圈内，由他所面对的人叫出另一个人的名字，执棒者马上跑到那位被叫的人面前，此时如果他无法马上叫出另一个人的名字，则执棒者棒打他一下，将他唤醒；如果他能叫出另一位的名字，则执棒者就跑到那人面前，如果他无法马上叫出另一个人的姓名，也照样打一棒，如此连续下去。被棒打的人担任执棒者。

2. 蜗牛的家

参加的同学围坐成一圈，然后把身体屈成90°后，用手从背后托起椅子，背在背上。每个人与前面的人保持距离，防止椅子相互碰撞。然后，保持弯腰驼背的姿势，所有学生转向顺时针的方向，跟着前面一个同学。教师提供指导语，想象我们都是一只小小的蜗牛，背上背着重重的壳。控制行走的速度，不要完成得太快，留出足够的时间让学生体验蜗牛壳的压力。所有的学生走完一圈，回到原地，放下椅子，坐好。

讨论：

（1）刚才背上压着东西是什么感觉？

（2）这种感觉在生活中是否也存在？

（3）蜗牛背着它的房子，那么，每天压在我们背上的是什么？

3. 抗压天使

三人一组，大家轮流扮演天使、凡人与恶魔。担任凡人者说出那个自己觉得有压力的事件，恶魔的目的是让凡人压力更大，说出使人压力更大的话，天使则必须帮助凡人解除压力。每次由天使先说30秒，再换恶魔说30秒，每个人皆轮过三个角色为止。每个人轮流在组内说出刚刚扮演不同角色的感受，体验面临压力时用积极的理念与消极的想法对抗。

小结：

消除压力的方法有很多，有一种方法就是多听听自己的天使说话，让恶魔闭嘴。多一些乐观的、理性的、积极的想法。

活动二：汪洋中的一条船

活动介绍：

活动可以促进团体的凝聚与信任；调动成员对压力情景的认知、体验；加强团体的凝聚力；了解压力来源的社会性和客观性；了解不同的个体对相同的压力源有何不同的反应。

实施方法：

1. 领导者在地上放两张全部打开并列放好的报纸，并说明此报纸代表的是汪洋中的一条船，成员是船上的人，无论用什么方式，每个人都要尽可能站在报纸上，否则就算溺死。时间1分钟。

2. 由小组成员合作完成任务后，再将报纸对折，要求成员再站在报纸上。生还者有奖励。时间50秒。

3. 之后，再将报纸对折，下达同样命令，如此反复直到报纸上只能站一个成员为止。最后生还者有奖励。每次时间30秒。

4. 分享团体过程的感受，邀请生还者（最终者、第二层级2人、第一层级2人）分享心得（压力体验的分享）。

小结：

游戏让学生感受了团结与同舟共济抗压的力量，使大学生勇敢面对学习、生活、情感、就业等方面的压力。

第二节 大学生减压的方法

本节学习目标

掌握压力管理的方法和应对策略。

★案 例 10-1

在大海上航行的船没有不带伤的

英国劳埃德保险公司曾从拍卖市场买下一艘船，这艘船于1894年下水，在大西洋上曾138次遭遇冰山，116次触礁，13次起火，207次被风暴扭断桅杆，然而它从未沉没过。

劳埃德保险公司基于这艘船不可思议的经历及在保费方面所带来的可观收益，最后决定把它从荷兰买回来捐给国家，停泊在英国萨伦港的国家船舶博物馆里。

不过，最终使这艘船名扬天下的却是一名来此观光的律师。当时，他刚打输了一场官司，委托人也自杀了。尽管这不是他的第一次失败辩护，也不是他遇到的第一例自杀事件，然而，他仍有一种负罪感，他不知该怎样安慰这些在生意场上遭受了不幸的人。

而当他在萨伦船舶博物馆看到这艘船时，忽然有一种想法，为什么不让他们来参观参观这艘船呢？于是，他就把这艘船的历史抄下来连同船的照片一起挂在他的律师事务所里，每次为商界的委托人辩护之后，不论结果输赢与否，他都建议他们去看看这艘船。

"在大海上航行的船没有不带伤的。"当你看到这句话的时候，是否也被它所触动呢？一艘轮船，若没有经历过波涛的洗礼，又怎能显出它的珍贵之处；一位失败的律师，若没有经历过人生的挫折，又怎能显出他的成功。

压力永远都不会自己消失，它就像呼吸一样，如影随形。如果置之不理，压力就会像滚雪球般，越滚越大。但是，适当的压力还是应该要承受的，关键是学会调节压力，把压力控制在心理可以承受的适当范围内，让它既能促进我们的工作、学习和生活，又不会影响到身心健康。

一、人生定位

自我的人生价值和角色定位、人生主要目标的设定等，简单地说就是：你准备做一个什么样的人？你的人生准备达成哪些目标？这些看似与具体压力无关的东西其实对我们的影响却是十分巨大的，对很多压力的反思最后往往都要归结到这个方面。

二、积极乐观

我们要认识到危机即是转机，遇到困难，产生压力，可能是自己的能力不足，那么整个问题的处理过程，就成为增强自己能力、发展成长的重要机会。另外也可能是环境或他人的因素，则可以理性沟通解决，如果无法解决，也可宽恕一切，尽量以正向乐观的态度去面对每一件事。所谓乐观系数显示，一个人常保持正向乐观的心，处理问题时，就会比一般人多出 20% 的机会得到满意的结果。因此正向乐观的态度不仅会平息由压力而带来的紊乱情绪，也较能将问题导向正面的结果。

三、自我反省

理性反思，积极进行自我对话和反省。对于一个积极进取的人而言，面对压力时可以自问："如果没做成又如何？"这样的想法并非找借口，而是一种有效疏解压力的方式。但如果本身个性较容易趋向于逃避，则应该要求自己以较积极的态度面对压力，告诉自己，适度的压力能够帮助自我成长。同时，记压力日记也是一种简单有效的理性反思方法，它可以帮助你确定是什么刺激引起了压力，通过检查你的日记，你可以发现你是怎么应对压力的。

四、善于修整

我们要主动管理自己的情绪，注重业余生活，留出休整的空间：与他人共享时光，交谈、倾诉、阅读、冥想、听音乐、处理家务、参与体力劳动等都是获得内心安宁的绝好方式，选择适宜的运动，锻炼忍耐力、灵敏度或体力……持之以恒地交替应用你喜爱的方式并建立理性的习惯，逐渐体会它对你身心的裨益。

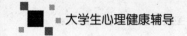

五、管理时间

工作压力的产生往往与时间的紧张感相生相伴，总是觉得很多事情十分紧迫，时间不够用。解决这种紧迫感的有效方法是时间管理，关键是不要让事情左右你，你要自己安排你的事。在进行时间安排时，应权衡各种事情的优先顺序，要学会"弹钢琴"。对工作要有前瞻能力，把重要但不一定紧急的事放到首位，防患于未然，如果总是在忙于救火，那将使我们的工作永远处于被动之中。

六、寻求援助

平时要积极改善人际关系，特别是要加强与同学的沟通，要切记，压力过大时要寻求他人的协助，不要试图一个人就把所有压力承担下来。同时在压力到来时，还可采取主动寻求心理援助，如与家人朋友倾诉交流、进行心理咨询等方式来积极应对。

七、提升能力

减压最直接有效的方法是设法提升自身的能力。既然压力的来源是自身对事物的不熟悉、不确定感，或是对于目标的达成感到力不从心所致，那么，疏解压力最直接有效的方法，便是去了解、掌握状况，并且设法提升自身的能力。通过自学、参加培训等途径，一旦"会了""熟了""清楚了"，压力自然就会减低、消除，可见压力并不是一件可怕的事。逃避之所以不能疏解压力，则是因为本身的能力并未提升，使得既有的压力依旧存在，强度也未减弱。

八、活在今天

压力，其实都有一个相同的特质，就是突出表现在对明天和将来的焦虑和担心。而要应对压力，我们首先要做的事情不是去观望遥远的将来，而是去做手边的清晰之事，因为为明天做好准备的最佳办法就是集中你所有的智慧、热忱，把今天的工作做得尽善尽美。

九、学会放松

另外一个管理压力的方法集中在控制一些生理变化，例如，逐步放松肌肉，深呼吸，加强锻炼，保持充足完整的睡眠，保持健康和营养。通过保持你的健康，你可以增加精力和耐力，帮助你与压力引起的疲劳斗争。

十、日常减压

以下是帮助你在日常生活中减轻压力的十种具体方法，简单方便，经常运用可以起到很好的效果。

（1）早睡早起。在你的同学醒来前一小时起床，做好一天的准备工作。
（2）同你的家人和同学共同分享快乐。
（3）一天中要多休息，从而使头脑清醒，呼吸通畅。

（4）利用空闲时间锻炼身体。
（5）不要急切地、过多地表现自己。
（6）提醒自己任何事不可能都是尽善尽美的。
（7）学会说"不"。
（8）生活中的顾虑不要太多。
（9）听音乐放松自己。
（10）培养豁达的心胸。

心理探索

任务一：自生训练

任务介绍：
本次活动是"自生训练"，是一种通过心理暗示来体会肢体变化感受的减压方式。

任务实施：
1. "烦恼的小人"帮你找出压力源

在地板上画出一个大大的人形，包括完整的头部、颈部和四肢。然后邀请游戏者自由站在自己认为压力最大的身体部位上，并且同与自己选择一致的伙伴交流压力的感受和原因。压力之所以给人们带来很大困扰，主要原因是由它的"无形感"引发的"无措感"造成的。

解析：当你选择站在"人形"的某个部位，实际上就已经将自己的压力以"物化"的方式暴露出来，然后再通过与伙伴的交流使这种压力逐渐清晰和明朗。明确压力的过程，就是减压的过程。

2. "说真话的替身"培养共情心理

游戏由4个人共同完成。2人分别扮演经理和下属，进行日常的工作交流。另外2人站在他们身后作为"替身"，每当他们感觉到自己的"主角"言不由衷的时候，就会果断喊停，然后将他们想说而没有明说的话讲出来。

解析：这是一个能够很好培养"共情心理"的游戏。通过参加者不同的角色扮演，使他们既能够将平日里隐藏的"潜台词"全部暴露出来，也能够站在另一个角度上体会上司（或下属）的处境与不易。真实的了解才能保证有效的沟通，猜忌、隐瞒和怀疑常常是职场压力的元凶之一。

3. "心情写字板"直接宣泄压力

将你烦恼的事情和有的坏感受统统写在一张很大的白纸上，四周留白，然后所有参加者坐在一起，在统一的号令下尽情撕扯这张纸，越碎越好。一边撕可以一边念叨着"我才不在乎""滚远一点"等非常直白的话语。

解析：将烦恼和不快写出来，是一个明确压力的过程。四周留白，会给游戏者一种"表达压力，但不人为渲染和扩大"的心理暗示。通过"撕纸"这种带有一定暴力性质的方式，使内心的抑郁和焦虑等压力感被"摧毁"，是一种比较直接的宣泄手段。

游戏能帮你正视压力

减压游戏一般都会有特定针对的目标人群，有着明确的指向性和目的性。不同的减压游戏会达到不同的治疗效果。更多的时候，这些游戏实际上并不能真正消除压力，而是将压力具体地"梳理"和"描绘"出来，使人们得以正视和面对。由于压力的"无形"常使人感觉无措和疲惫，"我很累""我很烦"都只是对于压力的一种浅层次的笼统认知，而打破这种"无形"，就达到了"减压"的目的。

与此同时，减压俱乐部会提供给参与者一个安全私密的氛围，游戏会员彼此之间的交流与协作，能够很好地激发"共情心理"，使倾诉和宣泄都变得简单而直接，有利于压力的排遣和缓解。

第三节　今天你受挫了吗？

本节学习目标

1. 了解挫折的含义。
2. 了解挫折的积极意义。

一、生活中的挫折事件

在我们还没有给挫折下一个定义之前，让我们先试着静下心来想一想："出生以来，有哪些事情是我最难忘的、最让我感到痛苦的？"你一定会或多或少说出几件难忘和痛心的事情，而这些事情通常就是我们所说的挫折事件。

1967 年，美国华盛顿大学医学院的精神病学专家 Holmes 和 Rahe 通过对 5 000 多人进行社会调查和实验所获得的资料编制了《社会再适应评定量表》，如表 10-2 所示。量表中列出了 43 种生活事件，每种生活事件标以不同的生活变化单位（Life Change Units，LCU），用以检测事件对个体的心理刺激强度。其中配偶死亡事件的心理刺激强度最高，为 100LCU，表示个人去重新适应时所需要付出的努力也最大，与健康的关系也最为密切。其他有关事件 LCU 量值按次递减，如结婚为 50，微小的违规最低为 11。利用这个量表可以检测一个人在某一段时间内所经历的各种生活事件，并以生活变化单位 LCU 来度量。

虽然，从这些事件的内容来看，有些内容是积极的，但也是同样会给人们带来压力的事件，比如"个人取得显著成就""结婚"等。除此之外的大部分事件是负面的，是会让人产生挫败感和痛苦的。而这些事件就在我们的每一个人身上或多或少地发生着，而且这些事件将贯穿人的一生。

表 10-2　社会再适应评定量表①

序号	变化事件	LCU	序号	变化事件	LCU
1	配偶死亡	100	23	子女离家	29
2	离婚	73	24	姻亲纠纷	29
3	夫妇分居	65	25	个人取得显著成就	28
4	被监禁	63	26	配偶参加或停止工作	26
5	亲密家庭成员丧亡	63	27	入学或毕业	26
6	个人受伤或患病	53	28	生活条件变化	25
7	结婚	50	29	个人习惯的改变（衣着、习俗、交际等）	24
8	被解雇	47	30	与上级矛盾	23
9	婚姻调解	45	31	工作时间或条件变化	20
10	退休	45	32	迁居	20
11	家庭成员健康变化	44	33	转学	20
12	妊娠	40	34	消遣娱乐的变化	19
13	性功能障碍	39	35	宗教活动的变化（远多于或少于正常）	19
14	增加新的家庭成员（出生、过继、老人迁入）	39	36	社会活动的变化	18
15	业务上的再调整	39	37	少量负债	17
16	好友丧亡	38	38	睡眠习惯变异	16
17	经济状态的变化	37	39	生活在一起的家庭人数变化	15
18	改行	36	40	饮食习惯变异	15
19	夫妻多次吵架	35	41	度假	13
20	中等负债	31	42	过节	12
21	取消赎回抵押品	30	43	微小的违法行为（如违章穿马路）	11
22	所担负工作责任方面的变化	29	—	—	—

有人对大学生在学校学习生活中可能遇到的挫折事件进行了初步统计，统计结果发现，大学生遇到的挫折事件主要集中在这样几个方面。

(1) 学习困难。在大学里我们看到，有一些在中学阶段学习成绩非常优异的学生，大学后竟然出现了学习上的不适应和学习状态不佳的情况，成绩下降甚至挂科。而这种事情的发生往往会给这些同学带来极大的挫败感，甚至失去自信。如果这些同学恰恰是中学时

---

① Holmes TH & Rahe RH. The social Readjustment Rating Scale. J. Psychosom. Res. 1967, 11: 213~218

代学习上的佼佼者，父母和老师都对他寄予极大的期待，那么学习上的打击对他们的影响可能就会更大一些。

（2）人际关系不适。大学阶段，同学的构成较之中学更为复杂，大家来自四面八方，有着不同的社会经历、生活背景、情趣爱好、习惯以及价值观，对于第一次走出家门，独自处理各种问题的大学生来讲，的确是一种挑战。因而，在人际关系方面遇到问题是大学生常见的挫折事件。

（3）两性情感纠葛。进入大学阶段，很多同学都开始了自己的爱情体验，据初步统计，到大学毕业，有近50%的同学会有恋爱经历。然而由于大学生对爱情、婚姻、家庭的理解还不够全面、深入，因而在感情上遇到挫折，也是常见的情况。

（4）家庭经济困难。来自贫困家庭的大学生，经济上的压力，不仅给他们带来了客观上生活的困难，更给他们带来了心理上的巨大压力，甚至给他们在与同学交往上带来了障碍。

（5）就业压力。面对当前严峻的就业形势，很多大学生从一入学就开始考虑找工作的事情。例如社会需要什么样的人，我该做哪些准备等。面对充满激烈竞争的社会，不少大学生产生了一定程度的心理恐慌。这一问题也将成为大学面对的又一个挫折。

以上只是简单列举了大学阶段可能遇到的几个比较普遍的问题，具体到每位同学，可能还会遇到各自具体的困难和问题。所以，我们说遇到挫折是不可避免的，任何人的一生都不可能一帆风顺。这里，我们首先要对挫折进行理性的认识和分析。

二、什么是挫折

（一）挫折的定义

挫折包含两种含义，一是指个体在从事有目的的活动过程中遇到阻碍的情况；二是指由于个体所从事的有目的的活动遭受阻碍，使其需要和动机不能获得满足所引起的紧张的内心感受和情绪状态。前者指的是挫折情境，后者指的是挫折反应，或者叫作挫折体验、挫折感。

（二）构成挫折的要素及形成机制

从以上的定义可以看出，挫折由这样几个要素构成。

（1）需求和动机。挫折的产生一定以需要和动机的不满足为前提。也就是说，只有在个体出于某种需要和动机而去从事有目的的活动的时候，才会有遇到挫折的可能，如果个体无欲无求，便不会有什么挫折。由此可见，挫折与一个人的需求和动机是紧密联系的。

（2）挫折情境、挫折反应和挫折认知。挫折情境是个体活动的一种特殊环境，即阻碍人们实现目标、满足需求的情境和事物。挫折反应是个体由于挫折情境而产生的心理感受和情绪状态等。挫折认知是个体对挫折情境的认识和归因。

挫折情境是挫折反应的前提条件，挫折认知是挫折反应的调节因素。挫折由挫折情境而引起，但并不是遇到同样的挫折情境一定会引起同样的挫折反应。换言之，即便面临的挫折情境相同，由于个体对挫折认知的不同，也会产生不同的挫折反应。这一点我们将在下一节具体阐述。

综上所述，挫折的形成机制可以通过图 10-1 表示。图中用序号标明了遇到挫折情境时可能出现的四种情况：①个体在动机的驱使下，没有遇到阻碍和干扰，顺利地实现了既定目标；②个体的行动虽然遇到了阻碍和干扰，但予以克服，实现了既定目标；③个体的行动遇到了阻碍和干扰，且无法克服，经过对挫折情境的客观认识，重新确立了目标；④个体的行动遇到了阻碍和干扰，且无法克服，对挫折情境的不合理归因进而产生了失落、苦闷、焦虑的情绪，这种反应就是挫折反应，而只有这种情况，才被称为挫折。

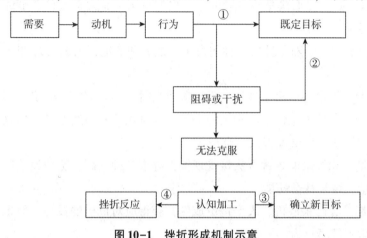

图 10-1　挫折形成机制示意

三、受挫后的反应

挫折一旦形成后，会给个体带来生理和心理上的影响，同时个体也会进行有意识或无意识的行为应对。正如美国作家罗威尔所言："人生不幸之事犹如一把刀，它既可以为我们所用，又可以把我们割伤。"挫折对人心理健康的影响以及人们的应对行为既有积极的一面，也有消极的一面。

（一）受挫后的生理反应

个体受挫后，生理上的反应一般包括血压升高、心跳加快、呼吸急促、胃液分泌减少、失眠等。此时，机体内部的自我调节机制将会最大限度地调动机体的潜在能力，以维持超常状态下的正常生命活动，有效地应付外界环境的变化。受挫初期的紧张、焦虑情绪可使交感神经系统的兴奋性增强，需要消耗大量的能量，于是神经末梢释放生物信息，刺激各种激素分泌增加，促进蛋白质、脂肪、糖原分解；刺激心肌收缩力增强，血液循环加快，血压升高；刺激呼吸加快，以保证氧气供应。体内潜能大量消耗的同时，机体内部那些与情绪反应无直接联系的器官或系统则得不到必要的能量而不能维持正常功能，如消化道蠕动减慢，胃肠液分泌减少等。如果长期处于挫折情境中得不到解脱，上述生理变化将会进一步增强，从而引起身心病变。医学研究表明：心律失常、支气管哮喘、消化道溃疡、类风湿性关节炎、偏头痛、失眠等疾病多与受挫后的生理反应有关。

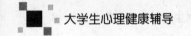

（二）受挫后的心理反应

受挫后，人们一般产生的情绪反应有紧张焦虑、心神不宁、困惑不已、寝食难安，还有人会产生难以名状的愤怒情绪。如果上述情绪长期累积，得不到合理的宣泄，达到无法控制的程度，或者是个体遭受到的打击非常突然，其程度远远超出了其自身所能承受的范围，有些人就可能进入非理性的冲动状态，心理严重失衡、意识紊乱、行为失控，甚至做出伤害攻击他人或者自伤的行为。心理学上，将这一现象称为心理危机。曾经引起强烈社会反响的马加爵事件就是心理危机现象的一个典型案例，而大学生自杀事件，也是心理危机造成的严重后果。

心理学研究表明，伴随着挫折事件的发生、发展和消退，人的心理变化一般要经过这样几个阶段。

（1）冲击期。发生在危机事件发生后不久或当时，感到震惊、恐慌、不知所措。

（2）防御期。表现为想恢复心理上的平衡，控制焦虑和情绪紊乱，恢复受损害的认知功能。但不知如何做，会出现否认、合理化等。

（3）解决期。积极采取各种方法接受现实，寻求各种资源，努力设法解决问题，减轻焦虑、增加自信，恢复社会功能。

（4）成长期。经历了危机，人变得更成熟，获得应对危机的技巧。但也有人消极应对而出现种种心理不健康行为。

（三）受挫后的行为反应

每个人在遭受挫折和失败时，都会有意识或无意识地去尝试摆脱困境、减轻不安和稳定情绪，但由于每个人的自我调适能力、价值观、态度、性格等方面的不同，应对挫折的行为反应也会不同。从行为应对的效果而言，有积极行为反应和消极行为反应之别。

1. 消极的行为反应

消极的行为反应是指失常的、失控的、没有合理目标导向的，甚至对自己、他人和社会造成一定程度危害的情绪性行为。主要有以下几种形式。

（1）攻击。当个体受挫后，常常会产生愤怒情绪和敌视心理。为了将心中的愤怒发泄出去，便可能出现攻击行为。根据攻击的目标不同，分为直接指向对象物的攻击和转向攻击。

①直接指向对象物的攻击是个体直接将攻击目标指向给自己造成挫折的人或事物，表现为怒目而视、谩骂或殴打等暴力行为。一般来讲，平时有较强的自我优越感或者脾气鲁莽、冲动、缺乏生活经验的大学生更容易出现这种行为反应。例如大学生因感情纠葛，直接将怨恨发泄在自己的情敌身上，甚至夺人性命。

②转向攻击是指将挫折情绪向自己或与挫折无关的其他人或事物发泄的行为。通常来讲，当个体察觉到自己没有能力去直接攻击给自己造成挫折的人时，就会通过转向攻击来发泄愤怒。如某学生因成绩不佳受到了家长的训斥，而他又对父母的权威有畏惧心理，那么他可能用力将家里的小猫踢开，或者猛力击打墙壁，或者欺负比自己弱小的同学。而那

些缺乏自信、有悲观情绪的人则更容易将攻击对象指向自身,产生自责、自罪心理,甚至发生自杀行为。

攻击行为虽然在一定程度上发泄了内心的愤怒和挫败感,可能会带来更大的失败,甚至造成恶劣的后果和社会影响。

(2)逃避。逃避是个体没有勇气或者没有能力应对挫折情境时,通过回避现实困难来避免或减轻挫折带来的打击的行为反应,主要有压抑、否认和合理化、"白日梦"等表现形式。

①压抑是个体把因挫折引起的痛苦情绪、记忆等从意识中排除抑制到无意识中。压抑之后,表面上看已经把挫折带来的痛苦忘记了,其实它隐藏在无意识中,依然影响着行为。适度的压抑可以令我们暂时忘却痛苦和烦恼,但过度的压抑需要耗费掉大量的心理能量,久之可能会造成心理疾病。

②否认指的是拒绝感知和接受已经发生的现实。它不同于说谎,说谎是有意识的歪曲事实,而否认是无意识的。比如,在汶川地震中失去亲人的幸存者,有时会否认亲人已遇难的事实,依然每天为亲人做好饭,摆好碗筷,不准别人谈论亲人的死亡等。

③合理化又称文饰作用,指的是当人受到挫折后,为了避免精神上的痛苦和不安,为挫折创造一个可以接受的借口,为不可接受的行为开脱,从而维持内心的平衡状态。如果客观地分析这些理由和借口,我们发现这些理由和借口往往是不合逻辑的或者不符合实际的,甚至是自欺欺人的。例如,有些学习不努力,成绩不够理想的学生会说:"我才不为了得到那么一点奖学金,把自己变成个书呆子呢。"这就是典型的"吃不着葡萄说葡萄酸"的"酸葡萄"心理。再如,有些同学本想在演讲比赛中拿一等奖,但最终只得了三等奖,他会说:"三等奖也不错嘛,有很多人还拿不到呢"。这就是"如果吃不到甜葡萄,那么,酸柠檬也是甜的"的"甜柠檬"心理。

④"白日梦"即个体遭受挫折后,进入自己想象虚构的精神世界中应对挫折。如有些大学生因为感情挫折整日酗酒或者沉迷于网络,把幻想当成逃避现实的手段。

以上四种方式都能够使个体在一定程度上暂时缓解挫折带来的焦虑情绪,但是过度使用,会使个体不能正视现实,也就进一步妨碍了个体采取积极措施来应对挫折,不能使问题得到根本性的解决,甚至陷入更为复杂的困境中。

(3)自哀自怜、冷漠退缩。个体遭受挫折,特别是屡次遭受挫折之后,可能就会产生一种无助感,对自身的评价降低、哀叹自己的命运不济、离群独居或者对外界环境失去兴趣,其表现形式有冷漠、退行。

①冷漠是对挫折情境无动于衷、漠不关心的行为反应,它往往是由于个体长期处于挫折情境中,且无力改变现状,因而对未来不抱希望、自暴自弃。这是一种更为复杂的、更值得关注的挫折反应。

②退行是指一个人在遇到困难和挫折的时候放弃自身比较成熟的应对技巧和方式,而使用早期年龄阶段的那种比较幼稚的方式去应付困难,以此来满足当前的欲望、减轻焦

虑，获得他人的同情和照顾。比如，有的大学生在遭到异性朋友情感的拒绝后，哭闹、喋喋不休、反复向人哭诉等，这都是退行的表现。

事实上，退行具有一定的心理调节作用，比如夫妻恩爱、彼此撒娇以寻求心理的安慰；父子嬉戏，父亲在地上爬，这些暂时的退行行为是正常的，也是需要的。但一个成年人经常用退行的方式应对挫折，则是一种退缩的表现，久之就成了心理问题了。

（4）固执。固执也被称作固着，指个体在遭受挫折后不去分析原因、总结经验教训，而是反复进行某种无效的动作。固执行为有呆板性、无效性和强制性的特点，行为者既不能停止这种无效行为，也不能用更有效的方式代替这种行为。

2. 积极的行为反应

积极的反应行为是指在受挫后，不失常态的、有控制的、转向摆脱挫折情境为目标的理性行为，主要包括补偿、升华等形式。

（1）补偿是指个体在实现目标的过程中，因主客观条件限制而无法达成时，设法以新的目标代替原来的目标，以新的成功体验弥补原来失败的痛苦，以达到"失之东隅，收之桑榆"的目的。例如，一个相貌平平的女孩，无法在容貌上与其他漂亮女孩相比，就通过发奋学习，在学术研究上取得较大的成就，从而赢得了凭借容貌所不能赢得的声望，这就是补偿作用。

（2）升华指的是个体在某件事上受到阻碍后，把其能量与愿望以另外的、能被社会接受的建设性的方式表达出来。比如，歌德等伟大的作家、音乐家及艺术家等因为在爱情上受到挫折，将精力放在艺术创作上，为人类的艺术殿堂献上了瑰丽的珍宝；司马迁遭受凌辱、身陷囹圄，撰写了史家之绝唱《史记》；华罗庚因家境贫寒而辍学，又因疾病而残疾，但他自强不息，自学成才，终因在数学方面的骄人成绩被清华大学聘请为教授。"不幸是一所最好的大学"，许多人都是从这所大学走出，迈向了成功之路。

四、挫折的性质

综合本节内容，我们可以把挫折的性质做如下归纳。

（一）从挫折的形成机制看，挫折具有客观必然性

从挫折的定义和它的形成机制我们可以知道，挫折的形成是人的主观意志由于受到客观情况的阻碍而未能达成，而这种未能达成的结果是不可避免的。因为主观意志（即行动目标）的实现，既需要有客观环境条件作保证，又需要个体的主观努力，二者缺一不可，否则，不可能实现愿望、达成目标。例如，下面本节案例中，小李顺利考研需要他有良好的学习基础和家庭经济条件为保障（客观环境条件），又需要他个人的主观努力，如刻苦学习、充分复习，遇到生活变故调整心态，找到应对困难的措施，并实施克服困难的行动——打工挣钱，积攒学费和生活费。

尤其需要说明的是，由于人的认识能力是有限的，而客观环境的变化又是经常的，所以设定的目标不符合实际，或者在行动计划实施的过程中遇到了这样那样的阻碍，这些情

况都是难以避免的。而每个人对挫折的承受力和应对能力又是千差万别的,因此挫折的存在是客观的、不以人的意志为转移的。

(二) 从挫折后的行为反应和对人的影响上看,挫折具有两重性

挫折一方面使人感到痛苦、失望、一蹶不振,甚至引起消极的对抗行为,导致矛盾激化,还有可能使意志薄弱者精神崩溃,走上不归路;另一方面挫折又给人以教益,使犯错误者猛醒,认识错误、接受教训,改变思路;还能砥砺人的意志,使人变得更加成熟、坚强;还能激励人奋进,从逆境中崛起。

从挫折的性质我们知道,挫折的产生虽然是不可避免的,但挫折对我们人生的影响是可以由自己来决定和控制的。那么,同学们,当你面对挫折,你是选择就此沉沦,还是顽强拼搏、战胜困难呢?你将怎样走出困境、争取成功呢?这些内容我们将在下一节与同学们继续探讨。

★ 案 例 10-2

小李同学在大学期间一直学习成绩优异,且酷爱所学专业,准备考研。(有明确的考研动机和行动)

第一种情况:小李顺利通过研究生考试,愿望达成、目标实现。

第二种情况:就在此时,父亲意外身亡,家里失去了经济来源,使小李考研遇到了阻碍。小李忍住丧父的悲痛,失去父亲后的家庭责任感进一步增强了小李考研的动力,他勤工俭学,攒够了上学所需费用,并考取研究生,实现愿望。

第三种情况:小李根据家中情况,放弃考研,回家照顾病弱的母亲,并准备学习与其专业相关的养殖技术。(确立新目标)

第四种情况:小李陷入悲痛难以自拔,最终考研失败,感觉前途渺茫。(挫折反应和体验)

心理探索

你遇到过挫折吗?回忆你印象最深刻的一次挫折经历,给你一些提示线索。

时间_____

挫折经过_____

挫折之后的感受_____

挫折后做了些什么_____

对挫折原因的自我分析_____

你觉得这次挫折给你的生活带来什么改变_____

用一句话概括你对挫折的认识_____

第四节 积极面对挫折 有效应对挫折

> **本节学习目标**
> 1. 掌握应对挫折能力的培养方法。
> 2. 能够结合自己的实际掌握挫折应对与意志力培养。

★ 案 例 10-3

井里的驴子

一头驴子不小心落在了枯井里,它大声嘶鸣着、哀号着,期待着人们的救援。驴子的主人焦急万分,召集乡邻出谋划策。但大家实在想不出什么好办法,倒是人们觉得反正驴子已经老了,枯井迟早要填上,不如干脆把井填上算了,这样也免除了驴子的痛苦。于是大家开始向井里填土。

当泥土落在驴子背上,驴子更恐惧了,它显然明白了人们的意图。这时,驴子突然安静了下来。一件令人惊奇的事情发生了,当每一锹泥土砸在驴子的背上,它都奋力抖落泥土,将泥土踩在脚下,把自己垫高一点。人们不断地向井里铲土,驴子就不断地抖落背上的泥土,把自己垫高一些。

就这样,驴子慢慢升到了井口,在人们惊奇的目光中,潇潇洒洒地跳出了枯井。年迈的驴子靠自己的智慧,挽救了自己的生命。

落入枯井的驴子身陷绝境的时候,没有放弃求生的欲望、没有抱怨命运的不公、没有憎恨主人的无情,而是把人们用来埋葬它生命的泥土当成了拯救自己的垫脚石。任何人的一生,都不可能避免遭受挫折,重要的是当面临挫折情境时,你用怎样的态度对待,又用怎样的措施应对,是让挫折压垮,还是把挫折当成通向成功的铺路石,都在于你的选择。以积极的态度面对挫折,以有效的措施应对挫折是走出困境的最佳选择。

一、积极面对挫折

(一) ABC 理论与挫折认知

如果想搞清楚怎样的态度是面对挫折的积极态度,那就要先看一看面对挫折,人们通常会有哪些非理性的认知。我们再回忆一下艾利斯的 ABC 理论。

在该理论中,A (Activating events) 代表个体所遭遇的事件,C (Consequences) 代表在事件发生后个体的情绪和行为反应。通常人们会认为 C 是由 A 引起的,C 是 A 的结果。然而,该理论认为在 A 与 C 之间还有一个中介因素,这就是个体对事件的认知、评价和信念 B（Beliefs）。换言之，事件本身的刺激情境并非引起情绪反应的直接原因，个人对事件的认知、解释和评价才是引起情绪反应的直接原因。例如，甲同学路遇一位往常比较亲近的老师，并向老师问好，而老师却像没看见一样，没做任何回应地走了过去。此后，甲同学开始疏远该老师。乙同学也遇到同样情况，但此后乙同学与该老师依然很亲近。为什么同样的事件，而甲乙两名同学的反应不同呢？因为，甲同学认为老师没有理睬自己是瞧不起自己，因为自己的成绩并不优秀，而乙同学认为老师没有理睬可能是老师在想什么事情，没有注意到自己。正是因为甲乙两同学对事件的解释、认知不同，他们后续的行为反应才会不同。

艾利斯认为，由于人们容易把一些理性的信念过度概括化、绝对化，于是就会形成一些非理性的信念，例如"取得好成绩是成功的表现"这样一个理性信念，经过过度概括，可能就变成了"我必须每次考试都取得好成绩，否则就不能取得成功"。

归纳人们的非理性信念，一般可以分为以下四类。

（1）糟糕可怕型。例如：失败对于我来讲，是一件糟糕透顶的事情。
（2）不可忍受型。例如：如果失败了，我就不活了，因为我实在忍受不了。
（3）过度概括型。例如：如果这次失败了，我就永远没有希望了。
（4）自我贬低型。例如：我失败了，我太笨了。

如图 10-2 所示，一只鸡蛋落在地上，它悲伤地哭了："我完了，我这只倒霉的蛋"，接着就粉身碎骨，壮烈牺牲了。

一块鹅卵石落在地上，它愤怒地说："谁敢跟我作对？你硬，我比你还硬。"它把地面砸了个窝窝，而自己陷在那个窝窝里，动弹不得。

一只皮球落在地上，它轻巧地转了个身，蹦跳着跑开了。

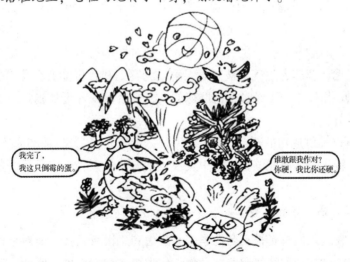

图 10-2　鸡蛋、鹅卵石和皮球

图说：鸡蛋、鹅卵石和皮球的遭遇反映了人们对待挫折的不同态度。

艾利斯的 ABC 理论告诉我们，并非挫折事件直接引起了挫折反应，对挫折的认知不同、对待挫折的态度不同，受挫后的行为反应也会不同，进而结果就会不同。而恰恰是对待挫折的非理性信念影响了人们对挫折的客观评价，让人产生了极度的烦恼。

（二）如何积极地面对挫折

所谓以积极的态度面对挫折，就是要逐步形成和培养对挫折的理性认知，抛弃自己固有的非理性信念，这样我们才能够在困难面前百折不挠、愈挫愈勇。

1. 挫折是上帝赠送的一件丑陋的礼物，需要我们欣然接纳

任何人的生命历程都不可能是一帆风顺的，遭遇挫折是不可避免的正常的事情，它是上帝赠送给每一个人的礼物，从你呱呱坠地的那一刻起，挫折就伴随你。尽管这是一个丑陋的、总是给人带来痛苦和不安的礼物，但我们无法拒绝、无法逃避，因为只要我们选择生活的绚丽多彩，只要我们还在不断地追求着许多美好的东西，我们就要有勇气踏上这条荆棘丛生的道路，去接纳一路上的坎坎坷坷。

无须再把挫折看作是一件倒霉的事情，因为这份礼物每个人都曾得到过，如果你认为自己现在过得还不如别人那样好，那可能是因为你经历的挫折还不够多。每一个成功者的身后都会有一长串艰辛的脚印，欣然接纳挫折是迈向成功的起点。

2. 挫折是一座蕴含宝藏的矿山，需要我们仔细开采

在愚蠢的人眼里，挫折就像是充斥着不幸的废墟，不是把它深深埋葬就是要把它拒之门外。而在智慧的人眼里，挫折是一座蕴含宝藏的矿山，总可以挖掘出最有价值的东西。

（1）挫折可以增长人的智慧。善待挫折的人，懂得从挫折中总结教训，注重分析失败的原因，从而使自己对事物有了更为深入的了解，这就是人们常说的"吃一堑、长一智"。

（2）挫折可以锻炼人的意志力，提高人的挫折承受力。一般来讲，人的意志力和挫折承受力与其过去的生活经验有关，越是遭受比较小的挫折，其承受力就越低。一个从小条件优越、受到家人的过度保护、生活顺利的人，他对挫折的敏感度就会比较高，受到一点不顺心的事情（比如和恋人生气、被同学误解、竞赛失利）可能就会受不了，甚至失去对自己的理性控制。相反，一个经过挫折磨炼的人，则会以一种更加稳定、沉着的态度应对面前所发生的事情。

（3）挫折可以提供成功的机会。"塞翁失马，焉知非福"，失败和成功都不是绝对的，二者是可以相互转化的，而能够在失败中发现成功机会的人，必定是一个进取的人、一个坚持的人。

3. 挫折是一只神奇异兽，需要我们有掌握驾驭它的本领

每当挫折来临，人们总是被莫名的紧张、焦虑和恐惧所困扰，而对事件的发生束手无策，或者是变成了被非理性情绪驱遣的动物，任由事态肆意发展。因此，我们把挫折比喻为一只神奇的异兽，并非不可驯服，而是我们没有找到驾驭它的方法。换言之，挫折是不可避免的，但我们可以掌握应对挫折事件的方法，从而引导挫折事件向有力的方向发展。以马加爵事件为例，虽然在与同学们的关系方面遇到挫折是不可避免的，但我们可以采取

有效的沟通方式加以解决。而马加爵的极端行为，只能使事态更加恶化，乃至酿成惨祸。

综上所述，要做到以积极的态度面对挫折，就要摒弃那些对挫折非理性的认知，要认识到挫折是生活的一部分，它并不像人们想象的那么可怕，经历挫折并不是一件倒霉的事情。我们要以一种平和的心态接纳挫折的存在，要学会在挫折中总结经验、吸取教训，要学会用自己的意志力和智慧，有效地处理各种挫折事件，努力在挫折中发现机遇，从而使自己在挫折中成长为一个成熟健康的人。

二、有效应对挫折

如前所述，摆脱挫折所带来的困境，不仅要有对挫折的理性认知，更要有切实可行的方法。在大学阶段，每位同学可能遇到的挫折情境都是不同的，但是应对挫折的策略却是可以在总结成功失败的经验教训的基础上归纳出来的，这些应对挫折的策略可以为我们今后处理挫折事件提供参考。

（一）不逃避、不自责，客观分析、正确归因

人们在遭遇挫折的时候，往往会出现一些消极的情绪或行为反应，有些人垂头丧气、有些人怒不可遏、有些人退缩冷漠、有些人逃避现实，虽然这些暂时的手段一定程度地缓解了挫折给人们带来的内心压力，但却不能彻底地让遭受挫折的人从困境中挣脱出来。遭遇挫折后，最首要的也是最关键的一步是，要勇于面对挫折，不逃避、不自责，客观地分析挫折产生的原因。

这对于不少遭受过挫折的大学生来讲是有相当大的难度的。因为很多人没有勇气承认"我失败"了这样一个现实，为什么没有勇气呢？因为在他们内心存在着一些对挫折的非理性认知，比如"如果我失败了，以后就再也没有希望了""如果承认我错了，我就是一个让人瞧不起的人"等。而接纳自己所面临的困境，是走出困境的前提条件。

在接纳困境的前提下，我们还要对造成挫折的原因进行客观的分析，即进行正确的归因。所谓归因，就是对行为的原因进行解释。是否能对挫折形成的原因给予客观正确的归因，将关系到一个人在遭受挫折后所采取的行为应对策略。同时，正确地归因能激发人们前进的动力，增强战胜挫折的勇气和决心；归因不当，会打击积极性，挫伤自信心和勇气。这里介绍美国心理学家维纳的归因理论，供同学们参考。

美国心理学家维纳把行为的原因从内因—外因和暂时—稳定这两个维度上分为四个方面。所谓内因—外因，是指原因来源于个体的内部还是个体之外的环境；所谓暂时—稳定，是指行为的原因是一个暂时的因素，还是稳定的因素。当人们对行为进行归因时，可能会提出很多具体的原因，但这些原因都可以归结到这四个方面中来。

例如，小王同学在演讲比赛中没有取得名次，那么在归因时，就会有以下几种可能：因为不够努力、准备不充分；因为语言表达能力低，形象欠佳；由于平时给老师、同学的印象不深，现场支持率低；因为机遇不好，和几个强大的竞争对手分在了一个预赛小组。那么我们可以把上述原因纳入维纳的二维归因模型中，就可以得到表10-3。

表 10-3 维纳的二维归因模型（以演讲比赛失败为例）

维度	暂时	稳定
内因	不够努力 准备不充分	语言表演能力低 形象欠佳
外因	机遇不好，几个强大的竞争对手都和他在同一预赛小组	平时给老师、同学的印象不深 现场支持率低

维纳认为，不同的归因倾向会给人的心理和行为带来不同的影响。倾向于做内归因的人，会认为行为的结果是由自身的原因造成的，自己可以控制、主宰事情的发展方向。倾向于做外归因的人，会认为行为的结果是由外部原因造成的，自己无法控制，只能听天由命。

维纳还认为，对成功和失败的原因的稳定性归因，可以影响对成功的期望和预测，进而影响成就动机。如果把成功的原因归结为稳定的因素，如个人有很好的能力，那么对今后的任务会报有成功的期望，进而增强成就动机水平；如果把成功归因于不稳定因素，比如别人的帮助或运气好，则会对下次任务感到没把握，成就动机也不会提高。如果把失败归因于稳定因素，如自己的能力低，则会对今后成功不抱希望；如果把失败归因于不稳定因素，如努力不够，则会对今后成功持较高的期望。

此外，如果把成功归因于内部因素，则会认为成功是有价值的、是愉快的，成就动机水平增强；如果将成功归因于外部因素，是因为别人的帮助或者运气好，则成功的重要性就会降低，成就动机水平就会下降。如果把失败归因于内部因素，则会对自信心造成打击，成就动机大大降低；如果把失败归因于外部因素，就会产生自我原谅，消极情绪就会减少。

（二）主动寻求社会支持

社会支持是指个体与社会各方面包括亲属、朋友、同事、伙伴以及家庭和社会组织在精神和物质上的联系程度，还包括主观体验到的或情绪上的支持，即个体体验到在社会中被尊重、被支持、被理解和满意的程度。心理学研究结果显示，在同样的压力情境下，那些受到来自家人或朋友较多支持的人比很少获得类似支持的人心理承受能力更强、身心也更健康。从另一方面也说明，当一个人面临挫折情境时，如果能够主动地寻求社会支持，则更有助于积极地应对挫折情境。

因此，当同学们产生挫折心理后，需要及时寻找社会支持对象，将内心的愤怒、焦虑、沮丧等不良情绪向别人倾诉，从而减轻心理压力。社会支持力量的来源可以是最信赖的朋友、家人、同事、同学或者是专业的心理咨询工作者。

目前，有很多同学对心理咨询还不够了解，认为只有心理不正常的人才去寻求心理咨询，担心主动寻求心理咨询会被他人误解。其实，心理疾病和心理问题是两个概念，只要在认知、情绪、情感和行为方面的不适应，都属于心理问题，心理问题是在正常人中普遍存在的。心理咨询就是面对正常人通过专业的心理咨询技术而进行的缓解压力、排除障碍、完善人格的帮助。因此，当遇到挫折而无法解脱是，主动寻求心理援助，是大学生增强挫折耐受力、环境适应能力和促进身心健康发展的良好途径。

（三）及时调整目标，制订切实可行的目标和行动计划

前面曾经提到，一个人的主观需要和现实条件之间总是有一定距离的，因此在向目标前进的过程中，需要根据实际情况来调整既定的目标，特别是在遇到挫折后，我们更应该审视目标的可行性。在制订和调整目标时需要做到以下几点。

首先，制定目标要从实际出发，而不能单纯从自己的主观想象、需要出发。也就是说，既要清楚自己的需要和主观愿望，又要考虑自身的能力和现实环境条件中实现的可能性，两者结合起来考虑，才能制订一个切实可行的、有实现可能的目标。从目标实现的难度来讲，既不要太难，也不要太容易，当人们面对一个几乎不可能实现的目标时，成就动机就会明显下降。而太简单的目标，又不具有挑战性，即便实现了，也不会给人以成就感。而一个难度适中的目标，才能够最大限度地调动人的潜能，给人以成就感的满足。

其次，目标要有层次性和阶段性。层次性是从目标的构成来讲，把一个宏观的、大的目标分解为几个小的、具体的目标，阶段性是从实现的进度来讲，分为近期目标和远期目标。这样制订出来的目标才能够真正地引领人们的行动。

（四）积极的自我暗示

希腊神话中有这样一则故事：塞浦路斯一位王子皮革马利翁用象牙雕刻了一位美女，雕刻时他倾注了自己的全部心血和感情，雕成后每天捧在手中，用深情的目光注视着她，时间久了，这女子竟然有了生命。受这个故事的启发，1968年，美国心理学家罗伯·罗森塔尔和雷诺尔·贾可布森进行了一项著名的实验，取得了出乎意料的效应。他们把这种效应称为"皮革马利翁效应"，人们也称之为"罗森塔尔效应"。在实验中，他们随意抽取一组一年级学生，尔后告诉这些学生的老师，这些学生经过特别的测验被鉴定为"新近开的花朵"，具有在不久的将来产生"学业冲刺"的无穷潜力。以后，老师们在各方面对这组学生另眼相看，他们也不知不觉受到感染，自尊心、自信心倍增，分外努力。结果发现，当教师期待这些学生表现出较高水平的智慧进步时，他们果然在一段时间后取得比对照组学生高得多的智商分数。研究者解释说：这些学生的进步，主要是老师期待的结果，这就是由对教育对象的尊重、信任、热爱和对其更高的人际期待而产生的神奇功能。

"皮革马利翁效应"表明：一个人对另一个人的智慧成就的预言，会决定另一个人的智慧成就。而积极的自我暗示就是自己对自己所取得成就的肯定和预言。通过积极的自我暗示，可以使积极、肯定的思维模式代替原来否定的思维模式，从而坚定信念、增强信心。积极的自我暗示可以有以下形式：

①言语暗示。如抄录、朗读、背诵一些具有积极、肯定意义的自我激励的句子来勉励自己。

②环境暗示。如在心情烦躁时听一听曲调舒缓的音乐，情绪低落时整理一下房间，让环境焕然一新。

③动作和行为暗示，如紧张不按时可以做深呼吸，心情烦闷时约朋友一起去郊游。

④形象暗示。通过对自己衣着服饰、外在形象的修饰装扮来给自己以积极的暗示。如剪短头发可以让人感觉年轻干练，换一种服饰风格，可以给人焕然一新的感觉，从而使自

己从消沉的情绪中振作起来。

总之，自我暗示的力量是强大的。当一个人遇到挫折一蹶不振时，运用积极的自我暗示来提醒自己："我要振作、我一定能够做到、我不会被失败击垮"，就可以有效地增强自信、振作精神。

（五）关注问题解决，排除不良情绪的干扰

当遇到挫折情景时，有些人将注意力集中在问题解决上面，关注于寻找摆脱困境的具体方法和途径，而有些人更加关注成功和失败给自己带来的影响和后果，由于担心失败造成的不良后果，所以往往会产生诸多不良情绪，如紧张、焦虑等，这样就会在一定程度上分散了解决问题的注意力。

心理学的研究结果显示，那些关于与问题解决的人，能够更充分地调动自身潜能，以应对当前的挫折情境，也更容易在困境中打开新的局面，完成扭转乾坤的壮举。

（六）有意识培养自己的健康人格，增强抵御挫折的心理能力

一个人的抗挫折能力不是脱离他的人格特征而独立存在的，具备健康的人格特征是抵御挫折的心理基础。因此，从人的成长过程来看，有效应对挫折的过程，也是一个人的人格不断完善的过程。从增强抗挫折能力的角度讲，大学生应注重以下人格特征的培养：

①自信。自信是一种积极的自我评价，只有自信的人才能够相信自己将在不断地追求中赢得成功。

②勇敢。勇敢是敢于面对一切艰难险阻，它是战胜困难的前提。一个不敢正视困难的人，一个在困难面前退却的人，将永远不可能获得胜利。

③坚韧。坚韧是百折不挠，愈挫愈勇，坚韧的人能够承受无数次失败的打击，直到争取最后的成功。

④自制力。自制力是对自己的情绪、行为的约束能力，一个有自制力的人是一个在挫折面前能够保持理智和冷静的人，它是用智慧解决问题的前提。

黑格尔曾经说过，挫折是上帝用来教会人们生存道理的道具。如果你怠慢它，它就会拂袖而去，你将永远不知道自己失败的秘密。如果你拥抱它，跟它真诚地交流，它就会给你丰厚的回报，给你的人生带来创造性的变迁。

挫折是人生前进的里程碑，我们要做人生的攀登者，充满必胜的信念和激情，将挫折甩到我们的身后，让它成为我们成功的垫脚石。

★心理测量

我的压力指数

你的压力有多少？程度如何？请回想最近这一个月（或一直持续）以来，是否有以下情形（请将符合的项目圈起来）。

1. 比以前更觉得容易头晕、脑袋昏沉。
2. 眼睛比以前更容易疲劳、视力模糊。
3. 有时会鼻塞，有时鼻子怪怪的。

4. 时常感觉站起来时会头晕,而且还会瞬间头晕眼花,站不稳。
5. 有时会耳鸣,但以前并没有此情形。
6. 火气大(嘴破、长痘子)的情形比以前更容易发生。
7. 经常喉咙痛或干涩。
8. 常感冒,而且不容易好,感觉抵抗力变差了。
9. 舌头经常长白色舌苔,但以前并不会。
10. 以前喜欢吃的东西,现在并不觉得那么想吃,对食物的喜好逐渐改变。
11. 觉得胃里的食物没有被消化,常觉得胃怪怪的。
12. 肚子发胀、疼痛及比以前更常出现腹泻便秘交替的情形。
13. 肩、颈、背部和腰部常感到疼痛或僵硬。
14. 比以前更容易疲劳,而且疲劳好像不太能消除。
15. 体重下降,有时会没有食欲,或反之,无食欲性地暴饮暴食。
16. 稍微做点事就立刻感到疲惫或情绪烦躁。
17. 有时早上起床时仍觉得精神差,好像没睡好。
18. 觉得身体生病了,却检查不出原因。
19. 对工作提不起劲,注意力也无法集中。
20. 跟以前比起来,夜里难以入睡。
21. 常常做梦,但以前并不会。
22. 半夜常会醒过来,然后就不容易睡着了。
23. 常会突然觉得喘不过气来,好像缺氧快死了一样。
24. 有时会有心悸的症状,以前并不会。
25. 有时觉得胸口好像被勒紧般疼痛或闷闷的。
26. 容易为一点小事就生气,觉得烦躁不安。
27. 容易迁怒到跟自己亲近的亲友身上。
28. 手脚常觉得冰冷,以前不太会有这种情形。
29. 容易流汗,尤其是手掌及腋下。
30. 大家觉得好笑的事,自己却觉得笑不出来。
31. 不太想与人接触,觉得麻烦,情愿一个人待在家,但以前并不会。

心理测试评分标准:

0~5分:平常的你应该很快乐喔!不仅感觉很自在、舒服,也不会有困扰自己的想法,身体状况维持得还不错。想必你是个蛮知道如何调适自己压力的人,恭喜你!

6~10分:建议改变心情,维持正常生活作息。最近的你在生活上有些令你感到有压力的事情喔!虽然是小小的事情,不过好像有一点点让你感受到小小的情绪紧张喔!不过没什么太大的关系,现代的人有轻度的焦虑是很正常的现象。你只要多关心一下自己的身体和你在意的事情,想想有什么方法可以解决问题,或找朋友谈谈你的状况,相信可以慢慢让自己感觉舒服。

11~18分:最近的你,是不是生活上有些令你感到有压力的事情,让你感到有点喘不过气来？那种压力，虽然还不是很严重，可似乎开始影响了你现在的生活喽！建议你可以找朋友聊聊天，或者是找时间去户外走走，或做些会让自己放松和快乐的事情。总之，适当地照顾自己，疏解一下自己的生活压力是很重要的。这样，才不会更严重地影响你，让你身心受到更大的煎熬。

19~23分：现在的你，可能会觉得全身都不太对劲，感觉蛮紧绷。而这样的状况，假如只出现在最近这几天还好，假如已经持续好几个月了，那么也许你可以到咨询中心与老师谈谈，或看一些自助的书籍！通过这些，你可以重新舒服，自在地过生活。

24~31分：最近的你，可能会觉得心情非常烦躁，常常心跳很快，注意力不能集中，也有可能觉得睡眠很不安稳，难以入睡，或容易有口干舌燥、疲劳、不安。如果上述的情况多次发生在你身上，那么你真的非常需要找医生帮你缓解焦虑的状态，因为吃些药也许可以缓解生理上的不舒适。同时若你能与咨询中心的老师谈一谈，通过与他们的谈话和帮助，你将不会觉得无助。

心理探索

1. 测测你的抗挫折能力

请根据下面的一些陈述，并结合自己的情况，判断一下与自己符合的程度。如果符合，请用 A 做标记，不符合请用 C 做标记，不确定请用 B 做标记。

(1) 我不难相信别的同学或朋友，也很容易跟他们建立友谊。
(2) 学校新规定的颁布和实施是顺理成章的、势在必行的。
(3) 每次在学习、生活和工作中遇到挫折和失败，都会使我长时间感到沮丧。
(4) 在我的生活费用不高时，照样手头能感到宽裕。
(5) 我对生活中某些团体有贡献（如家庭、学校、社区、工作单位等）。
(6) 我在进入大学后路途坎坷。
(7) 我对自己在学习、工作中实现既定目标的进度感到满意。
(8) 对职业发展来说，明智比运气更重要。
(9) 运气的来临归功于往日的努力。
(10) 如果锲而不舍，最终会创出新的天地。
(11) 接连遇到几件不愉快的事，我一次比一次感到苦恼。
(12) 对我来说，适应新环境是不难的，比如转学、调工作、搬家。
(13) 与性情不同的人一起工作、生活是活受罪。
(14) 奖学金原定有我，公布名单却换了别人，此时我能坦然以对。
(15) 朋友带来一个令人讨厌的人，我感到气愤。

评分说明：

第 1、4、5、6、7、8、9、10、12、14 题，选 A 得 3 分，选 B 得 2 分，选 C 得 1 分；第 2、3、11、13、15 题，选 A 得 1 分，选 B 得 2 分，选 C 得 3 分。然后将每题的得分相加，看一下你的得分所反映出来的抗挫折能力的水平。

25分以下，你的抗挫折能力比较低。当你面对挫折，会丧失奋斗的力量和解决难题的决心，这会对你的职业发展带来负面影响。通常碰到不如意的事情，你会埋怨推脱，抱怨后心情更加沮丧，而问题依旧没有得到解决。建议你给自己的生活多一点难度和挑战，或者参加一些这方面的心理训练，以增强自己克服困难的能力。

26～38分，你的抗挫折能力中等。你可以处理一些一般的逆境，在面对较大的改变时，你往往需要较长的时间和较多的努力，当遇到极大困难时，你可能会乱了阵脚。因此，在面对人生的不顺利境遇时，你还是需要做好思想准备。

39分以上，你的抗挫折能力是比较高的。你能比较自如地应对生活和工作中的困难，并敢于迎接挫折的挑战，拥有坚持和乐观的人生态度。你通常没时间抱怨，因为你总是忙着解决问题，而且你善于把逆境转化为职业发展的机会，但是不要在奋斗中忽略了身体健康。

2. 挫折承受力训练

任务介绍：

本次活动是适合课上组织的综合性挫折适应训练，有助于提高学生对挫折的认识。

任务实施：

（1）播放张海迪事迹的视频。

张海迪在残酷的命运挑战面前没有沮丧和沉沦，以她顽强的毅力和恒心与疾病做斗争，经受了严峻的考验，对人生充满了信心，由此剧情导入。

（2）情景剧场。

素材：学生结合老师给的材料表演小品《孙子、儿子、老子》。

《孙子、儿子、老子》内容：儿子厂里效益不好，一连三次拿了下岗证，孙子学习面临困境，考试不及格。儿子、孙子悲观失望，而只有爷爷是个乐天派，在爷爷的鼓励下，儿子扬起了生活的风帆，走上了再就业的道路，获得了成功。孙子也鼓足了学习劲头，取得优异成绩。

（3）问题讨论。

①你认为孙子、儿子面对挫折的心态好不好，为什么？

②你认为孙子、儿子受挫折的原因是什么？怎样应对这样的困难、挫折？

效果：通过素材给学生以心灵的震撼，让他们体会到挫折并不可怕，不管多大困难、多大的挫折，只要有勇于面对挫折的信心，就能学会战胜困难和挫折的方法，迈向成功。

（4）生活案例讨论。

本环节设置了4个生活案例，引发学生讨论，在遇到类似问题时，应该如何解决，如何面对，如何用学到的理论去解决问题。

当我们处于下列情形时，该怎么做？

①当考试成绩不理想时……

②当老师和家长批评我们时……

③当我们遭受疾病的困扰时……

④当我们与别人相处不融洽时……

（5）开心物语。

展示古今中外战胜挫折和困难的名人故事。

（6）蹲马步训练。

蹲马步是非常考验人的毅力的一件事情，一开始蹲马步，往往坚持一两分钟膝盖就会酸痛难忍。但是每天蹲，每天增加几秒钟，当累得不行的时候，就提醒自己要坚持、坚持、再坚持。经过一段时间，一定会感到自己的毅力增强了。

任务小结：

挫折对天才来说是一块垫脚石，对能干的人是一笔财富，对于弱者是一个万丈深渊。在成长的道路上，会遇到各种各样意想不到的困难和挫折，只要以健康的心态去对待，就可以做到：不在失败中倒下，而从挫折中奋起。

思考时间

1. 通过本章的学习，你对压力和挫折有了一个新的认识吗？
2. 你都了解了哪些关于压力和挫折的经典理论？你能正确地认识大学生面临压力和挫折时的正常反应吗？
3. 如何正确、有效地应对压力和挫折？如何提高自己应对压力和挫折的能力？

推荐赏析

电影：《肖申克的救赎》
书籍：《追寻生命的意义》

参考文献

[1] 孙启香，涂冬侠，朱其志. 心理健康教育实用教程［M］. 沈阳：东北大学出版社，2017.

[2] 江西省教育厅，江西省高校心理健康教育专业委员会. 大学生心理健康教育教程［M］. 南昌：江西高校出版社，2013.

[3] 鲁忠义，安莉娟. 大学生心理健康教育［M］. 石家庄：河北人民出版社，2012.

[4] 陈家麟. 学校心理健康教育［M］. 北京：教育科学出版社，2002.

[5] 黄红，张佩珍. 大学生心理行为指导［M］. 上海大学出版社，2005.

[6] 梁天坚，刘玉秀. 大学生心理健康［M］. 北京：科学出版社，2009.

[7] 陶国富，王祥兴. 大学生挫折心理［M］. 上海：立信会计出版社，2006.

[8] 吴庆麟. 教育心理学［M］. 上海：华东师范大学出版社，2003.

[9] 邢春如，王晓茵. 减压心理［M］. 开封：河南大学出版社，2005.

[10] 杨延斌. 创新思维法［M］. 上海：华东理工大学出版社，1999.

[11] 张旭东，车文博. 挫折应对与大学生心理健康［M］. 北京：科学出版社，2005.

[12] 周家华，王金凤. 大学生心理健康教育［M］. 北京：清华大学出版社，2004.

第十一章

大学生生命教育与心理危机应对

案例导入

2014年4月2日,厦门南洋学院一名大二男生从学校7楼坠亡,调查发现该学生自杀的原因是愚人节女友提分手,由于接受不了而跳楼。

2014年4月16日,广东中山大学一名大学生在宿舍自杀,该学生自杀遗书说明了他在父母期望、学习和工作上的压力下喘不过气,于是走上了不归路。

2015年4月10日,天津师范大学某大一学生,因被查出感染"乙肝病毒",在学校单间宿舍自杀。

2015年7月4日,武汉大学某一大四学生跳楼自杀,调查发现该男生跳楼原因可能与其挂科太多拿不到学位证,同时又未能找到理想的工作有关。

2017年4月11日,厦门华厦学院某大二女大学生因卷入"校园贷"选择自杀。

2018年3月26日,武汉理工大学一名同学从宿舍楼顶一跃而下,最终经抢救无效身亡。

……

思考题:

1. 在这些自杀事件的背后,大学生面临心灵困境,同时又无法自我排解、缓和的情况下,他们便选择了极端的做法——结束自己的生命,你对这种做法有什么感想?我们该如何对待自己的生命?

2. 在大学生活中,如何正确识别和对待心理危机?同时又该如何走出心灵困境呢?

本章内容简介

大学生生命教育与心理危机应对是当前高校思想政治教育的重要工作之一。当前大学生心理危机状况值得重视,既不可掉以轻心,也不可危言耸听,大学生心理危机事件最主要源于恋爱、人际交往、心理疾病、学习等方面,大学生因情绪控制能力弱、心理承受能力差，如果缺乏生命教育与心理危机应对的教育，将不能正确树立生命意识、及时识别心理危机、合理应对心理危机，可能导致出现高危行为，甚至是自杀。因此本章的内容在大学生心理健康教育中占据十分重要的地位。通过本章学习，将使学生重新认识生命、尊重生命、珍爱生命，认识到生命的意义与价值，帮助大学生识别心理危机的信号，掌握心理危机应对方法，预防心理危机，维护生命安全。

第一节　生命教育

本节学习目标

1. 明确生命的含义，同时探索生命意义，提高生命质量。
2. 正确认识死亡，培养尊重生命、珍爱生命的态度。
3. 树立正确生命意识，培养大学生积极向上、实现自己生命价值的人生态度。

★案　例 11-1

《生命生命》

我常常想，生命是什么呢？

夜晚，我在灯下写稿，一只飞蛾不停地在我头顶上飞来飞去，骚扰着我。趁它停下的时候，我一伸手捉住了它。只要我的手指稍一用力，它就不能动弹了。但它挣扎着，极力鼓动双翅，我感到一股生命的力量在我手中跃动，那样强烈！那样鲜明！飞蛾那种求生的欲望令我震惊，我忍不住放了它！

墙角的砖缝中掉进一粒香瓜子，过了几天，竟然冒出一截小瓜苗。那小小的种子里，包含着一种多么强的生命力啊！竟使它可以冲破坚硬的外壳，在没有阳光、没有泥土的砖缝中，不屈向上，茁壮生长，即使它仅仅只活了几天。

有一次，我用医生的听诊器，静听自己的心跳，那一声声沉稳而有规律的跳动，给我极大的震撼，这就是我的生命，单单属于我的。我可以好好地使用它，也可以白白地糟蹋它。一切全由自己决定，我必须对自己负责。

虽然生命短暂，但是，我们却可以让有限的生命体现出无限的价值。于是我下定决心，一定要珍惜生命，决不让它白白流失，使自己活得更加光彩有力。

一、初识生命

（一）什么是生命

生命的含义很复杂，不同的学科、不同的研究者对生命有不同的定义。《不列颠百科全书》中对于生命是这么定义的：生命是一种物质复合体或个体的状态，主要特征为能执行某些功能活动，包括代谢、生长、生殖及某些类型的应答性和适应性活动。生物学对生命的定义为：具有与环境进行物质和能量交换、生长繁殖、遗传变异和对刺激做出反应的物质系统。

（二）生命的存在形态

生命构成了世界存在的基础，世界正因为有了生命才变得精彩。而在所有生命存在中，人是超越一切其他生命现象之上的存在物。人的生命由形体、心理（精神）和社会性三个因素构成，相对应地，人的生命可以分为以下几种存在形态。

1. 生物性的存在

人首先是作为自然生理性的肉体和生命而存在的，这一点是和自然界广大生物一样的基本属性。形体是人生命的最基本特性，是人生命的精神性、社会性存在的基础和前提。

2. 精神性的存在

人之所以为人，就在于人有高于动物的意识活动，人不但要思考如何活下去，规划自己的人生，还要思考如何活得更好，创造自己的价值，指导和提升生物性的存在，这就是生命的精神性。正是有了生命的精神性的存在，才使人的生命有了人文意义和价值，有了理性的意蕴和道德的升华。

3. 社会性的存在

每个人要想生存下去，就必须参与和融入社会活动，在与人的沟通、交往和互动中保存自己的生命，追求自己生命的意义，实现自己生命的价值。正是这种社会性存在使人面对千差万别、千变万化的社会生活，能够使自己有一种生命的智慧和坚定的信念；使人面对有生有死、有爱有恨、有聚有散、有得有失的有限人生和无奈命运时，有一种豁达的胸怀和安然的态度。

（三）生命的特性

生命的特征有以下四个方面。

1. 生命的不可逆性

从胚胎起，生命便一直生长、发育，以至衰亡。它绝不会"倒行逆施"，返老还童。

2. 生命的不可再性

生命，对任何人来说都只有一次。世间常说"人死不得复生"，便道出了这个真理。

3. 生命的不可换性

生命为个体所私有，相互不能交换，彼此不可替代。

4. 生命的有限性

人的生命有限性表现在三个方面：第一，生命存在时间的有限，人的自然寿命一般为七八十岁，最多百十来岁；第二，生命的无常性，表现在生老病死、旦夕祸福等不可预测，任何人都逃脱不了死亡，任何人最终必然走向死亡；第三，个体生命不能离群索居，不食人间烟火，每个人都需要别人的帮助、支持和关怀。正是生命的有限性才促使人去努力思考，发奋创造，积极生活去实现自己生命的意义与价值。

★ 心理测量 11-1

生命线

1. 设计理念：①协助学生感悟生命的意义。②促使学生认识生命的价值，树立正确的人生观。③促进成员发展身、心、灵整合的健全人格。

2. 操作：在纸上画一条线，在右侧标出箭头，这一条线代表你的生命线，起点代表你出生的时候，在终点写出你的预测死亡年龄。然后找出自己现在所处的位置。加上过去发生在你生活中的事情，并将它们按时间顺序在生命线上列出来，根据感受，愉快的可以放线条上方，不愉快的可以放在线条下方；然后再想象未来想要做的事情及可能发生的事情，仍然按可能愉快或不愉快放在线条的上下方，然后仔细看看你的生命线，它就是你的心灵地图。

3. 分享时刻

(1) 面对生命线你想到了什么？

(2) 它们给了你什么启示？

★ 拓展阅读 11-1

在暴风雨后的一个早晨，一个男人来到海边散步。他注意到，在浅滩的浅水洼里，有许多被昨夜的风雨卷上来的小鱼。它们被困在浅水洼里，回不了大海，虽然近在咫尺，被困的小鱼，也许有几百条，甚至上千条。用不了多久，浅水洼里的水就会被沙砾吸干，被太阳蒸干，这些小鱼就会干死的。

男人继续往前走，他忽然看见前面有一个小男孩，走得很慢，并且不停地在每一个水洼旁弯下腰，他在拣起水洼里的小鱼，并且把它们用力扔回大海。男人停下来，看着男孩，看他拯救它们的生命。

终于，这个男人忍不住了，他走过去："孩子，这水洼里的鱼有几千条几百条，你是救不过来的。"

"我知道。"男孩头也不抬地回答。

"哦！那你为什么还扔？谁在乎？"

"这条小鱼在乎，还有这条小鱼在乎！还有这一条、这一条、这一条……"

★ 案 例 11-2

2015 年 12 月 10 日，屠呦呦因开创性地从中草药中分离出青蒿素应用于疟疾治疗而获得当年的诺贝尔医学奖。这是在中国本土进行的科学研究首次获得诺贝尔奖。1968 年，中药研究所开始抗疟中药研究，39 岁的屠呦呦担任该项目的组长。经过两年的研究对象筛选，并受到中国古代药典《肘后备急方》的启发，项目组将重点放在了对青蒿的研究上。

1971年，在失败了190次之后，项目组终于通过低温提取、乙醚冷浸等方法，成功提取出青蒿素，并在接下来的反复试验中得出了青蒿素对疟疾抑制率达到100%的结果。在没有先进实验设备、科研条件艰苦的情况下，屠呦呦带领着团队攻坚克难，面对失败不退缩，终于胜利完成科研任务。青蒿素问世44年来，共使超过600万人逃离疟疾的魔掌。未来，屠呦呦希望通过研究，让青蒿素应用于更多地方，为更多人带来福音。

二、生命的意义与价值

大学生在面对物化的社会文明、无常的人生处境和种种生命的困境，以及对生命的存在有所质疑、对人生有所徘徊、对生命有所彷徨时，甚至发觉生命是无趣、无助或无望时，最易思考自己的存在，甚至是人类存在的意义与价值。

（一）珍惜生命，实现生命的意义与价值

生命的意义就在于"活着"的本身，就在于"活着"的过程！人生一世，草木一春。作家三毛曾经说过："好好地活下去，快乐是第一要素，胸襟是基础，体谅他人，是有学问的另一种解释。"好好地活下去，意味着我们要珍视我们的生命，即便这生命在别人看来是微不足道的。

（二）尊重生命，理解生命的意义和价值

每一个人的生命给予我们的是无法复制的喜怒哀乐，那我们所需做的就是尊重他，理解他，赋予他我们所能实现的价值。尊重生命是一种情感。一个人如果只明白自己活着而不明白自己活着为什么，那从何而谈尊重生命呢？一个人如果只以自己为轴心，不明白个体必然要受到社会的制约，那他既不会尊重别人，别人也不会尊重他。尊重生命是要从平时的点点滴滴做起的，在别人成功时你给予的欣赏，在别人失败时你给予的鼓励，正是由这些细枝末节才堆砌出了生命这座宏伟的大厦。生命是上天赋予的。它就像一朵花，总有凋零的一天，我们应该在凋零之前美美地享受世间的美。不要以为世界是苦涩的，最苦涩、最可悲的是死亡，因为那里没有尊重，没有爱意。在风中雨中，我们要一起看风起云涌，观阴晴圆缺，体味不同的生命境遇，体味走出阴霾之后对于生命的敬畏与尊重。

（三）生命的意义在于实现自己的价值

巴金说："生命的意义在于付出，在于给予，而不是在于接受，也不是在于争取"。过去的人们创造了我们现在所享受的物质文明和社会文化，他们的生命对于我们来说是有意义的，如果没有过去的人们的努力，我们绝不会有今天的成就。同样，我们的生命对于我们的后代是有意义的，因为没有我们现在的存在和努力，也不会有人类社会更美好的将来。人生的价值不是用时间，而是用深度去衡量的。歌德："你若要喜欢自己的价值，你就得给世界创造价值。"瞬息即逝的生命过程，如果我们不让它在无限的背景中用光和热留下些痕迹，那生命的存在又有什么意义呢？

只要你爱自己的生命，尊重自己的生命，那每一个人都是胜利者！

★ 心理测量11-2

生命之旅——名字的含义

（一）活动设计理念：

1. 通过分析自己的名字，与亲人有连接，并且赋予自己名字意义。

2. 促进大学生探索人生价值，激励自己实现人生远大目标。

（二）操作：

1. 起名人对你的期待。回顾谁给你起的名字，名字有什么寓意，起名人对你有什么期待。

2. 赋予意义。在你成长的过程中，你对自己的名字赋予什么意义？

每个同学将自己的左手掌的样子画在纸上，然后完成以下内容。

(1) 在手掌心写名字。

(2) 在中指上写起名人。

(3) 在食指上写起名人对你的期待。

(4) 在大拇指上写在成长的人生旅途中自己赋予自己的名字什么意义。

(5) 在无名指上写自己的笔名。

(6) 在小拇指上写自己的小名。

（三）分享时刻

1. 与周围的同学互相介绍自己的名字。

2. 全班分享。

★ 拓展阅读11-2

人活着，就这么简单的一辈子

人活着，别想得太复杂，就这么简单的一辈子，在亲人的欢乐声中诞生，又在亲人的悲伤声中离去。而这一切我们却都不可预料，谁也无法控制自己的生与死，但我们值得庆幸的是自己拥有了生命，拥有了这一辈子。

人就这么简单的一辈子，我们都希望自己有个幸福完美的家，每天都是个快乐顺心的人。但在现实生活中，不是一切的人与事都尽如人意的，每天我们都会碰到各种各样的难处和烦恼。人一辈子，会遭遇很多无可奈何的事，邂逅多少恩恩怨怨的人，可是想到的不就这么一辈子吗？还有什么可看不开想不开的？人世间的困惑忧愁，恩怨情仇几十年不都烟消云散了，还有什么不能化解，不能消气的呢？

人就这一辈子，我们应该轻松愉快地过好这辈子。不管上天给予我们什么，只要我们不丧失对生活的信心，对理想的追求，只要你虔诚不息地努力，乐观从容地去对待生活，我想上天会眷顾生活的"爱者"得到成功的希望。人就这么短暂的一辈，我们不能在人世间清苦地白走一趟。所以让我们一切从快乐开始！做你想要做的事，爱你想要爱的人。若做错了，不必后悔，不必埋怨，更不必自暴自弃，世间从来没有完美无缺的人。跌倒了，爬起来，振作精神，重新来过。不经风雨又怎能见彩虹，相信自己是生活的强者，下次在

第十一章 大学生生命教育与心理危机应对

人生路上就会走得更稳。

　　人就这么简单的一辈子,到这世上匆匆忙忙地来一次,我们每个人的确都有自己奋斗的目标。如果该奋斗的我们已经奋斗了,该拼搏的我们已经拼搏了,可惜还不能如愿以偿。是否我们可以换个角度去想一想:人生在世,有多少梦想我们无法实现的,有多少目标我们难以达到。人就这一辈子,我们在仰视那些我们无法实现的梦想,眺望那些我们无法达到的目标时,是否应该以一颗平常心去看待我们的得失。"岂能尽如人意,但求无愧于心。"对于一件事,只要我们尽力去做了,没成功,也应该觉得很充实、很满足。

　　人就这么简单的一辈子,要想活得舒心,活得洒脱,你就要"该记住的要记住,该忘记的要忘记,改变能改变的,接受不能接受的。"唯有这样,你才会活出一个富有个性的全新的自我! 人就这一辈子,不要去过分地苛求,不要有太多的奢望。若我们苦苦追求却还是一无所获,我们不妨这样想想:既然上天不偏爱于我,不让我鹤立鸡群,不让我出类拔萃,我又何必硬要去强求呢? 别人声名显赫,而自己却平平庸庸。我们不妨这样安慰自己:该是你的,总归是你的,躲也躲不过;不该是你的,永远也不是你,求也求不来。

　　人就这么简单的一辈子,我们又何必要费尽心思,绞尽脑汁地占有那些本不该属于你的东西呢? 金钱,权力,名誉其实都不是最重要的,最重要的还是应该怎样善待好自己,就算拥有了全世界,随着死去也会烟消云散。若要是这样想,我们就不会再为自己平添那些无谓的烦恼了。

　　人就这么简单的一辈子,我们都曾经认为,有许多事情是不可以放手的。"我是决不会轻易放手的。"其实,在这世上没有什么东西是不能放手的。时日渐远,当你回望,就会发现,你曾经以为不可以放手的东西,只是你生命中的一块跳板。所有的哀伤、痛楚,所有不能放弃的事情,不过是生命里的过客,当你跳过了,你的人生就可以变得更精彩了。

　　人就这一辈子,失恋、失意、甚至失婚,以至我们在爱情里所受的苦,都只不过是一块跳板,它会令你成长成熟。人在跳板上,最辛苦的不是跳下来那一刻,而是跳下来之前,心里的挣扎、犹豫、无助和患得患失,根本无法向别人倾诉。我们以为跳不过去了,闭上眼睛,鼓起勇气,却都跳过去了。

　　人就这么简单的一辈子,开心也过一天,不开心也过一天。为什么要逼着自己不开心呢? 是啊,人就这么一辈子,无论怎样又不可能重来一辈子;碎了的心再难也要愈合。过了今生,就不会再有另一个今生的一辈子,一分一秒都不会再有重复的一辈子。我们为何不好好地珍惜眼前,为何还要拼命地自怨自艾,去痛苦追悔呢?

　　想穿了,人就这一辈子,我们可以坦然地面对,积极地把握,当你看不开时,当你春风得意时,当你愤愤不平时,当你深陷痛苦中,请你想想自己的生命,不管怎样,你还幸运地拥有这一辈子……人活着,就这短暂的一辈子,没有前世。所以要让人生从微笑开始! 人活一辈子开心最重要。让我们好好地珍惜、善待、把握好自己的生命! 感恩和珍惜身边的每一个人。

★案 例 11-3

霍金：无论生活如何艰难，也要记得仰望星空

生命的美，在于活出人生的无限可能性。

2018年3月14日，物理学家史蒂芬·霍金去世，享年76岁。这一天的到来，对世人来说除了惊讶更多的是措手不及，因为对于大多数人来说，霍金是一个奇迹的存在。

作为剑桥高才生，20多岁的时候，被医生诊断只能活两年，他却战胜了病魔，活过了一个又一个两年；虽然坐在轮椅之上，他的思维之光却飞跃在浩瀚宇宙之中，尝试去理解人类与宇宙的关系；他免费开放自己的博士论文，希望世界上任何地方的任何人，都能毫无阻碍地获得他的研究并且一起思考它，靠近人类所探知的伟大科学；即使行动不便，他却不断地尝试新鲜的事物，在许多影视作品中本色出演自己的角色，虽然不能发声，却利用电子发声器和摇滚乐队 Pink Floyd 共同录制了摇滚歌曲……

面对命运带来的挫折，霍金不是自怨自艾，而是选择接纳："在我21岁时，我的期待值变成了零。自那以后，一切都变成了额外津贴。"

很多时候，我们之所以不开心，是因为无法认可现在的自己，想要的太多。但是在霍金看来，无论生活有多艰难，最重要的是找到属于自己的路，活出自己生命的特质。

当你拥有一颗有趣而勇敢的灵魂，学会感恩生活，无论在哪里，过得怎么样，你的生命都是闪着光的。正如霍金所说：我们只有此生，来欣赏宇宙之美。正因如此，我非常感恩。

三、死亡和死亡的价值

"生命从自己的哭声中开始，又在别人的泪水中结束。"死亡是生命的重要组成部分，认识死亡，可以让人觉醒，活得更充实。18世纪法国哲学家卢梭曾说："一般动物从来不知道死亡是怎么一回事；对死亡的认识和恐惧，乃是人类脱离动物状态后最高的'收获'之一。"作为有思想有意识的人类，对死亡问题的思考体现了人类对自身命运的终极思索。

（一）什么是死亡

死亡在现代生物学上的传统解释是身体机能、脏器、器官及所有生命系统的功能永久地、不可逆的死亡。

过去人们习惯把呼吸、心脏功能的永久性停止作为死亡标志。但由于医疗技术的进步，心肺复苏术的普及，全脑功能停止，患者脑死亡、自发呼吸停止后，仍能靠人工呼吸等措施在一定时间内维持全身的血液循环和除脑以外的各器官的机能活动。这就出现了"活的躯体，死的脑"这种反常现象。目前，国际上公认的医学观念以脑干死亡作为脑死亡的标准，一旦出现脑死亡现象，就意味着一个人的实质性与功能性死亡。

在社会学中，死亡是指人类有意义生命的消失，即没有思想，没有感觉。社会学家把死亡分为社会性死亡、知识性死亡和生物性死亡三个时期。社会性角度对死亡提出的"社会性死亡"，主要指人的社会存在性逐渐减少，有时或多或少已经不复存在，犹如死亡一般。社会性死亡可早于生物学死亡。相反，有些人的社会存在性也可能被延长以致超过他们的死亡终点。正如诗人臧克家所说"有的人死了,他还活着;有的人活着,却已经死了。"

(二) 死亡的特性

死亡是生命的导师。只有真正认识死,才能够深刻理解生。无论从何种角度对死亡进行界定和描述。死亡的某些特性是客观存在的。

首先,死亡具有必然性。生命是一个有机体新陈代谢的过程。死亡是世间最公平的事,所有的生命无一例外地都会必然经历生命的终结,凡是生命,都存在着死亡的必然性。在死神到来之时,无论你的学识多少、年龄老少,无论你的社会地位高低,也无论你是富翁还是贫民,死亡迟早都会来临。正因为死亡的必然性,才凸显了生命的有限性。

其次,死亡的不可逆转性。所有的生命只能单向流动,不能回流。死亡一旦发生就不会有重生的希望。生命对于我们每一个人来说都只有一次,失去了就永远不会回来。所以说,生命是宝贵的,我们要珍爱生命。

最后,死亡具有偶然性。死亡是必然的,但一个人在什么时间、什么地点死去是偶然的。一个人或许死于疾病,或许死于自然灾害,或死于战争,人与人的争斗,偶然的交通事故,自杀等。任何人都无法预料自己在什么时候遇到什么危机而丧失生命。死亡的偶然性提示了我们生命的脆弱性。

(三) 死亡的价值和意义

人一生下来就要面对死亡的威胁。尽管我们不能让生命永垂不朽,但是我们可以把追求不朽当作一种信仰。在思想上超越死亡。古人坚信,死者没有死,只是"活"在另一个世界,他们通过这种信仰摆脱了对死亡的恐惧,在思想上超越了死亡。

哲学家海惠格尔强调,人只有预先步入死的境界,才能把其一生从开始到结束的自我显示出来,才能获得真正的人生。所以,我们应该学会迎接死亡,彻底克服对死亡的恐惧。

俄国一位作家说过,人生在世之所以会有意义,就是因为有死亡这件事,假如没有死亡,人生的意义就没有了。正是死亡让我们的人生舞台可以上演无数个悲喜剧,试想如果没有死亡,我们不会为生命的短暂而忧虑,不能感受生活的失败、伤痛和牺牲,不会因自己努力付出后的收获感到喜悦。所以,死亡让生命、亲情、爱情、存在的价值显得弥足珍贵。

在我们的生命教育中,往往缺少死亡教育,由于大学生缺乏对生死的正确认识,所以一些大学生对生命不够敬重。有的大学生一遇到挫折便轻言放弃生命。通过死亡教育,一方面要提高大学生对生命的认识,培养他们对生命的幸福感和敬重感,使他们更加尊重生命和珍惜生命;另一方面要让大学生更好地认识自我,规划自我,开发个人潜能,创造自己的生命价值。

心理探索

墓志铭

1. 设计理念：协助参加者进入死亡情景，进而重新反省自己的个人价值观及人生目标。

2. 操作：写下墓志铭，反映自己的一生，墓志铭将会刻在墓碑上，供人凭吊。墓志铭除了生年、卒年，最低限度要包括以下几点。

（1）一生最大的目标。

（2）在不同的年纪时的成就。

（3）对社会、家庭及其他人的贡献。

（4）我是怎么样的人。

例如：张海迪的墓志铭：这里躺着一个不屈的海迪，一个美丽的海迪。

第二节　大学生心理危机

本节学习目标

1. 正确理解心理危机，了解心理危机类型、四个阶段、特点、大学生常见的心理危机，消除对心理危机的畏惧心理。

2. 了解心理危机产生的反应、结果，高度重视心理危机，正确对待心理危机，维护心理健康。

★案　例 11-4

川川，男，20岁，是某校大二学生。在一个风和日丽的下午，他与女友相约去学校附近的商业广场看一部新上映的电影。然而不幸的事情就这样发生了，两人过马路时，一辆失控的轿车突然撞上了两人。走在川川前面的女友被撞飞五米多远，当场死亡，重伤的川川则被群众紧急送往医院救治。

三个月后，川川康复出院，重新回归校园，但这件事却对他造成了极大的精神创伤，他陷入了深深的自责，校园里每一处似乎都有着过去的影子。

室友和身边的朋友知晓他的经历，极力避免刺激他，并对他关爱有加，希望他能从这段不幸的阴影中走出来，变回原来那个阳光开朗的男孩。出院一周后，川川晚上总是做噩梦，看到浑身是血的女友质问他为什么没有保护好她，经常在半夜惊醒，然后无法入睡。为此，他白天很难集中精神专心学习，没有好的学习状态，他的学习成绩也直线下滑。逐渐地,他的行为变得反常,他不敢靠近马路,每次看到上下课的人群和车流就会莫名地恐惧,不由自主地紧张不安,甚至难以呼吸。其室友发现他在过马路时无比小心,哪怕路上没有车辆,也要再三确认后才慌慌张张地通过马路。

大约数周后其室友询问他是否有报考驾校的意向时,他竟突然大喊大叫,仿佛听到了什么无比可怕的事。此后,只要有人提到"汽车",川川就会生气地大喊大叫,为此川川和朋友们发生大大小小的矛盾数十次。渐渐地,室友也和他疏远了,认为他精神不正常,不可理喻。这样的生活持续了三个月,晚上睡不着或者被噩梦惊醒,害怕红色、马路以及车流,无法接近女性。频繁出现的幻觉终于让川川崩溃了,他分不清现实和虚幻。

在神志不清的情况下,他站在了三楼的阳台边上,对着空气自言自语,似乎随时都要跳下来。学校心理健康中心接到同学求助电话后,第一时间赶赴现场控制了状况,成功将川川劝下,事后与川川家人联系并征得其家属同意后,校方将其送往医院接受专业治疗。

思考:
川川为什么出现了上述症状?他的心理发生了什么变化?

一、什么是心理危机

心理危机是个体在面临突然或重大生活事件如亲人亡故、突发威胁生命的疾病、灾难等,既不能回避又无法用常用的方法来解决问题时所出现的心理失衡状态。某一事件是否会成为心理危机,有三个影响因素。

(1) 个体对事件发生的意义以及事件对自己将来的影响的评价。

(2) 个体是否拥有一个能够为自己提供帮助的社会支持系统。

(3) 个体是否获得有效的应对机制,也就是个体能否从过去经验中获得解决问题的有效方法,如哭泣、愤怒、向他人倾诉等。

由于个体在这三个方面可能存在着较大的差异,因此,相同的事件不一定对每个人都构成危机。

二、心理危机的类型

(一) 发展性危机

发展性危机是指在个体正常成长和发展过程中,急剧的变化或转变所导致的异常反应。例如,小孩出生、大学毕业、中年生活改变或退休都可能导致发展性危机。发展性危机被认为是正常的,但是,所有的人和所有的发展性危机都是独特的,因此必须以独特的方式进行评价和处理。

(二) 境遇性危机

境遇性危机是指出现了罕见或超常事件,且个人无法预测和控制时出现的危机,如交通意外、被绑架、被强奸、罢工和失业、突然的疾病和死亡都可以导致境遇性危机。区分境遇性危机和其他危机的关键在于它是随机的、突然的、震撼性的、强烈的和灾难性的。

（三）存在性危机

存在性危机是指伴随着重要的人生问题，如关于人生目的、责任、独立性、自由和承诺等出现的内部冲突和焦虑。存在性危机可以是基于现实的，如一个40岁的人从未做过什么有意义的事，从未对自己所从事的专业或所在的组织产生过独特的影响；也可以是基于后悔的，如一个50岁的人从未结过婚，从未离开过父母，从没有过独立的生活，而到现在却永远丧失了机会；也可以是基于一种压倒性的持续的感觉，如一个60岁的人觉得自己的生活是毫无意义的，这种空虚无法用有意义的东西来填补。

三、心理危机发生后的反应

心理危机发生后，个体会在躯体、认知、情绪、行为等方面发生种种变化。

（1）躯体方面：会产生疲劳、失眠、头痛、做噩梦、容易惊吓等。

（2）认知方面：在危机状态时，注意力集中于急性悲痛之中，并导致知觉和记忆的改变。

（3）情绪方面：常出现害怕、焦虑、忧郁、伤心、悲伤、易怒、绝望、否认与不安等情绪。

（4）在行为方面：当事人不能完成职业功能，不能专心学习和从事家务活动；与人隔绝，回避人或采取不寻常努力以使自己不孤单，变得令人生厌或具有黏着性；与社会联系遭到破坏，当事人感到与人脱离或相距甚远，可能发生对自己、对周围的破坏行为并以此作为解决问题的最后努力；拒绝他人帮忙，认为接受支持是自己软弱无力的表现，其行为和思维、情感是不一致的；还会出现一些平时不多见的行为。

四、心理危机中个体经历的四个阶段

心理危机的发生不是突然的，而是一个动态发展的过程，在危机的不同阶段，个体会有不同的心理和行为表现。卡普兰（Caplan）在他的危机理论中描述了危机反应的演变过程，他认为，处于危机中的个体要经历四个阶段。

（1）第一阶段，当一个人感受到自己的生活突然或即将出现变化时，其内心的基本平衡被打破了，表现为警觉性提高，开始体验到紧张。为了达到新的平衡，他试图用自己以前在压力下一贯采取的策略作出反应。处于这一阶段的个体多半不会向他人求助，有时还会讨厌别人对自己处理问题的策略指手画脚。

（2）第二阶段，经过前一阶段的努力和尝试，个体发现自己习惯性解决问题的方法未能奏效，焦虑程度开始增加。为了找到新的解决办法，个体开始试图采取尝试错误的办法来解决问题。在这个阶段中，当事人开始有了求助的动机，不过这时的求助行为只是他试错的一种方式。需要指出的是，高度情绪紧张多少会妨碍当事人冷静地思考，也会影响其采取有效的行动。

（3）第三阶段，如果经过试错未能有效地解决问题，个体内心的紧张程度持续增加，并想方设法地寻求和尝试新的解决办法。在这一阶段中，个体的求助动机最强，常常不顾一切，不分时间、地点、场合和对象发出求助信号，甚至尝试自己过去认为荒唐的方式，比如一向不迷信的人去占卜。此时个体也最容易受到别人的暗示和影响。在这个阶段，当事人会采取一些异乎寻常的无效行动宣泄紧张的情绪，比如无规律的饮食起居、酗酒、无目的的游荡等，这些行为不仅不能有效地解决问题，反而会损害个体的身心健康，增加紧张程度和挫折感，降低当事人的自我评价。

(4) 第四阶段，如果当事人经过前三个阶段仍未有效地解决问题，他很容易产生习惯性的无助。个体会对自己失去希望和信心，甚至对整个的生命意义产生怀疑。

★案 例 11-5

逃不出的困境

小李，女，大三在读。从小衣食无忧，生活富裕，父母格外溺爱小李，逐渐养成了其以自我为中心、争强好胜的性格。

刚入大学时，小李因为离开熟悉的环境而显得有些茫然，但仍然能够积极投入大学生活，参与各类学生活动，可惜结果都差强人意。比如参加学生干部竞选失败，参加学校的十佳歌手比赛败北，参加学院的辩论比赛出错导致所在小组失利。面对接踵而来的失败，一向养尊处优的小李不知所措，对自己越来越没有信心，但骄傲的她又放不下面子。她开始会为了一些小事而情绪剧烈波动，与室友原本的和睦关系也因其争强好胜的个性和阴晴不定的情绪而变得岌岌可危。小李开始怀疑同学们在背后诋毁她，每次与同学的沟通都充满了敌意。于是干脆就把自己的心"封闭"起来，孤独的感觉成了内心的主旋律。随着时间的流逝，小李晚上开始做起了噩梦，睡眠出现了问题，白天的精神状态也不好。脾气越来越差，常常动不动就发火，很难控制自己的情绪。

大二时，小李表现出精神萎靡，情绪低落，常常处在一种神游的状态，反应逐渐变得迟钝，对自我产生了强烈的否定感，缺乏生活热情，对任何事物都没兴趣，各类活动都找借口推脱。原本优异的学习成绩一落千丈。虽然小李多次尝试努力，但往往不由自主地感到学习没意思，对学习失去兴趣，看书效率极其低下，最后竟然连日常上课都不去了，经常躺在床上发呆或叹气。

小李在高中时有一男友。在大一时，小李觉得高中的爱情太幼稚而向对方提出分手，对方不同意，小李也就没有坚持分手。大二时，对方突然向小李提出分手，小李觉得难以接受。她觉得即使是分手也应该如同大一时那样由自己提出，对方怎么有"资格"提出分手？小李感到了强烈的无助和绝望，认为自己的自尊被践踏了。

面对学习、人际关系、生活等多方面的困境，小李自述"感到强烈的压抑，没有办法发泄也没有办法逃离，我不知道如何面对我的父母，我不知道我在这里还有什么意义，我不知道我接下来还能干什么"？小李想到了死。经过一段时间的内心挣扎，她买了一瓶安眠药，吃下去后就躺在床上睡了过去。后被寝室同学发现送去医院，经过抢救小李才脱离危险。

思考：

1. 作为大学生的你，有没有和小李相似的经历？你还经历过其他心理危机事件吗？
2. 想一想这些心理危机都有什么共同特点。

五、大学生常见的心理危机

(一) 成长危机

一方面，大学生已经进入青年时期，正处于生理发育基本成熟和部分心理发展相对滞后的特殊时期，人生观和世界观逐渐形成，心理状态不稳定，容易受到外界的各种影响而产生心理危机；另一方面，大学生性生理已经基本成熟，性意识增强，渴望异性的友谊和爱情，但由于大学生性心理还没有完全成熟，生活经验缺乏，常会产生一些不正当的行为，给身心带来严重影响。

(二) 人际关系危机

和谐的人际关系既是大学生心理健康的组成部分，也是大学生获得心理健康的重要途径。他们的人际交往危机主要是指在校大学生在与他人相处和交往的过程中表现出的不适、自闭、逃避、自恋、自负，以及难以调和与他人关系的不良心理状态和行为表现。一方面，从中学到大学，大学生面临着各种全新的人际关系。在中学时代，他们或许能够凭借出色的成绩赢得同学和老师的青睐，但在大学，成绩好不一定就能获得好的人际关系。好人缘需要一定的技巧，同时还要懂得在出现矛盾时怎么来解决。另一方面，大学的同学来自五湖四海，其家庭背景、生活方式、价值观、性格兴趣爱好可能会千差万别，这些差异会不可避免地带来摩擦和冲突，如果得不到及时的解决，就会产生人际关系上的危机，给大学生的心理健康带来严重影响。

(三) 就业危机

近几年来，由于社会竞争的加剧，高校扩招，就业市场的不景气，大学生找工作或找理想的工作越来越困难，一些同学表现出严重的危机感，同时一些同学为了缓解就业带来的压力，不断给自己施压，长期处于紧张状态。一部分大学生看不到自己的前途在哪里，特别是那些学习成绩不好、能力又不出众的学生，就业就像一座大山压在他们的身上，他们努力增强自己日后的就业实力，给自己设置一些不合实际的目标，花费大量的财力和时间来学习热门实用的课程，使自己处于长期的紧张状态和高负荷压力下，一旦失败就会体验到严重的挫折感和失败感。

(四) 学业危机

对大学生来说，学习是首要任务，也是主要活动方式。大学生的学习压力相当一部分来自所学专业非所爱专业，这使他们长期处于冲突与痛苦之中；课程负担过重，学习方法有问题，精神长期过度紧张也会带来压力；另外还有参加各类证书考试及考研所带来的应试压力等。精神长期处于高度紧张的状态下，极可能导致大学生出现强迫、焦虑甚至是精神分裂等心理疾病。

(五) 经济危机

家庭的重大变故，可能丧失重要经济来源，生活贫困会造成的心理压力。他们中有些人虚荣心太强，总觉得穷是没面子的事，不敢面对贫困，与同学相处敏感而自卑，采取逃避、自闭的做法，有的同学甚至发展成自闭症、抑郁症而不得不退学。

（六）情感危机

当前，大学生对情感方面的问题能否正确认识与处理，已直接影响到大学生的心理健康。情感危机是指一个人在感情中遭到突然的打击，使他无法控制和驱使自己的感情，从而严重地干扰他的正常思维和对事物的判断处理能力，甚至使工作学习无法进行。在极度的悲痛、恐惧、紧张、抑郁、焦虑、烦躁下，极易导致精神崩溃，引发严重的后果。在大学生中最常见的情感危机莫过于失恋，这是诱发大学生心理问题的重要因素，恋爱失败往往导致大学生心理变异，有的人因此而走向极端，甚至造成悲剧。

★心理测量11-3

生命玻璃杯

1. 设计理念：
(1) 协助学生表达自己的烦恼，互相关爱。
(2) 辅导学生注意呵护自己的生命，使其坚强。
2. 指导语："生命犹如玻璃杯，精心呵护不易碎；生命犹如玻璃杯，能盛蜜水和泪水；生命犹如玻璃杯，透明如水有言以对。那静悄悄的玻璃杯，可盛满我们的心扉，启迪我们勇敢地把生活面对。"
3. 操作：
(1) 全班每个同学画一个玻璃杯，在玻璃杯里面写上自己的烦恼，即一滴泪水，不署名。（背景音乐：钢琴曲《秋日私语》）
(2) 所有的画收上来。
(3) 玻璃杯"大洗牌"，然后发下去，每个人得到一张别人画的玻璃杯，认真作答。
(4) 以邻座为单位，分享并解答每个画上的烦恼。
4. 分享时刻：
(1) 每个小组选派一名同学上台，介绍本组得到的玻璃杯中的烦恼及解决方法。
(2) 针对普遍烦恼，其他组的同学再分享他们的解决方法。

★心理测量11-4

青少年生活事件量表（表11-1）

该量表适用于对青少年应激性生活事件发生频度和应激强度进行评定。根据事件发生时心理感受分为无影响（0分）、轻度（1分）、中度（2分）、重度（3分）、极重（4分）五个等级评定。分数越高，表示发生危机的倾向越高。

表 11-1 青少年生活事件量表

序号	生活事件名称	未发生	发生过,对你影响程度				
			0	1	2	3	4
1	被人误会或错怪						
2	受人歧视冷遇						
3	考试失败或不理想						
4	与同学或好友发生纠纷						
5	生活习惯(饮食.休息)明显变化						
6	不喜欢上学						
7	感情不顺利或失恋						
8	长期远离家人不能团聚						
9	学习负担重						
10	与老师关系紧张						
11	本人患急病或重病						
12	亲友患急病或重病						
13	亲友死亡						
14	被盗或丢失东西						
15	当众丢面子						
16	家庭经济困难						
17	家庭内部有矛盾						
18	学期评优(如三好学生)落空						
19	受到批评或处分						
20	转学或休学						
21	被罚款						
22	升学压力						
23	与人打架						
24	遭受父母打骂						
25	家庭施加学习压力						
26	意外受到惊吓						
27	其他的挫折事件						

测试结果:一般来说,总分低于 50 分者为正常;51~60 分者为轻度,61~70 分者是中度,71 分以上者是重度,超过 70 分以上就需要进行危机预警。

六、大学生心理危机的特点

社会正在经历着转型，大学生也面临着前所未有的严峻挑战，他们在心理和生理上都承受着巨大压力。由于大学生这个群体具有特殊性，他们的文化水平较高，心理发展水平正好处在埃里克森所谓的"自我同一性/角色混乱"的时期，这是人生全程最重要的阶段。他们这一时期遇到的心理危机的特征既有普遍性也有特殊性。一般来说，大学生心理危机的特点主要表现在以下八方面。

（1）对他们造成了损失。危机对个体而言是有害的事件，会给大学生造成心理上或物质上的损失。

（2）症状复杂。危机是个体的生活环境、家庭教养、朋友交往等关系相互交织的综合反映，不遵循一般的因果关系的规律。因此，危机是复杂的。

（3）自己感到无法控制，且没有迅速解决的办法。对于处于危机中的大学生而言，基本上会感觉到自己无法控制自己的情感和周围的环境，也找不到迅速解决的方法。任何企图寻找迅速解决问题的想法，都会适得其反，最终反而导致危机的加深。

（4）具有不确定性，且伴随着日常常规的改变。危机使人们常常感觉到事件的结果不能确定，并感觉到危机给日常生活带来了明显的变化。

（5）具有普遍存在性。危机是一种正常的生活经历，而非疾病或病理过程，没有人能够幸免，成长中的大学生也不例外。想稳妥、冷静地处理所有危机不太容易，但是通过努力，把握机会、设定目标、形成计划，问题还是能够处理的。

（6）处于危机中的个体，其防御机制削弱。危机时期，个体的认知、情感和意志资源都受到了限制，面临危机的个体防御机制将会受到影响。

（7）危险与机遇并存。对于正处在危机中的大学生来说，危机意味着危险，又蕴藏着机遇。其危险在于它可能导致个体严重的病态，包括自杀和杀人；机会在于它带来的痛苦会迫使当事人寻求帮助，危机的解决会导致积极的和建设性的结果，如增强应付能力、改变消极的自我否定、减少功能失调的行为。大学生在寻求帮助的过程中，能够使个体获得成长和自我实现，最终走向成熟。

（8）具有时代性。当代大学生的心理危机，反映了时代、社会对大学生的要求和期望，个人对理想的追求，表现为成为通才型的人才、身体健康、心理承受能力强、完成学业、胜任职业、继续深造、实现理想等压力下的冲突和矛盾，不是孤立的。

七、心理危机的后果

心理危机是一种正常的生活经历，并非疾病或病理过程。每个人在人生的不同阶段都会经历危机。由于处理危机的方法不同，后果也不同，一般可有四种结局。

（1）当事人不仅顺利度过危机，而且从危机发展过程中学会处理危机的方法和策略，整个心理健康水平提高。

（2）危机虽已度过，但当事人却在心理上留下了阴影和创伤，影响到今后的社会适应，等到下次遇到同样的危机事件时，会有新的不适应的情况发生。

(3) 未能度过危机，陷于神经症或精神病。从此，当事人任何生活变化都可能诱发心理危机。

(4) 当事人经不住强大的心理压力，有轻生自杀、肢体自残、暴力攻击、离家出走以及吸毒、酗酒、性行为错乱等冲突性行为。

心理探索

创伤后应激障碍（PTSD）自评量表（PCL-C）（表11-2）

指导语：当您经历或目睹了无法预料的突发事件后，由此产生的痛苦情绪有时会在您的记忆中保留很长时间，并且每次回忆时都很痛苦。请您评估最近一段时间您的这些反应的严重程度，在最合适的分数上划"√"。

1：一点也不　　2：有一点　　3：中度的　　4：相当程度的　　5：极度的

表11-2 创伤后应激障碍自评量表

	一点也不	有一点	中度的	相当程度的	极度的
1. 过去的一段压力性事件的经历引起的反复发生令人不安的记忆、想法或形象	1	2	3	4	5
2. 过去的一段压力性事件的经历引起的反复发生令人不安的梦境	1	2	3	4	5
3. 过去的一段压力性事件的经历仿佛突然间又发生了，又感觉到了（好像您再次体验了）	1	2	3	4	5
4. 当有些事情让您想起过去的一段压力性事件的经历时，你会非常局促不安	1	2	3	4	5
5. 当有些事情让您想起过去的一段压力性事件的经历时，您有身体反应（比如心悸、呼吸困难、出汗）	1	2	3	4	5
6. 避免想起或谈论过去的那段压力性事件经历或避免产生与之相关的感觉	1	2	3	4	5
7. 避免那些能使您想起那段压力性事件经历的活动和局面	1	2	3	4	5
8. 记不起压力性经历的重要内容	1	2	3	4	5
9. 对您过去喜欢的活动失去兴趣	1	2	3	4	5
10. 感觉与其他人疏远或脱离	1	2	3	4	5
11. 感觉到感情麻木或不能对与您亲近的人有爱的感觉	1	2	3	4	5
12. 感觉好像您的将来由于某种原因将被突然中断	1	2	3	4	5
13. 入睡困难或易醒	1	2	3	4	5
14. 易怒或怒气爆发	1	2	3	4	5

续表

	一点也不	有一点	中度的	相当程度的	极度的
15. 注意力很难集中	1	2	3	4	5
16. 处于过度机警或警戒状态	1	2	3	4	5
17. 感觉神经质或易受惊	1	2	3	4	5

测试结果：

17～37分：无明显PTSD症状。

38～49分：有一定程度的PTSD症状。

50～85分：有较明显PTSD症状，可能被诊断为PTSD。

（结果非诊断性，仅供参考）

第三节　大学生心理危机识别与应对

本节学习目标

1. 学会识别心理危机。
2. 积极正确应对心理危机，并将心理危机应对方法运用到实践生活中。
3. 学会珍爱生命，维护心理健康。

★案例11-6

2005年7月的一天，北京某大学医学部的学生们已经进入了紧张的期末考试阶段。中午12时左右，校园内人来人往，一个年轻的身影突然从该校5号楼9层跳下，许多同学冲上去一看，都惊呆了——怎么会是她?!"她的昵称'小鸽子'，她不认识我们，而我们都认识她。"两名大二女生说，无论是学校还是系里搞活动，每一次都能看到她的身影，听到她的歌声，因此她成了校园里的公众人物。同学们说："谁都没想到她会选择这种方式来结束自己的生命。"

2001级临床学的"小鸽子"来自内蒙古，她聪明伶俐、活泼可爱、能歌善舞，是班里的文艺委员。在同学们的眼里，她是一个善于表达、性格开朗而又不失温和的女孩子。在此之前不久，她还非常开心地主持过一次晚会。学校老师反映，近期"小鸽子"经常出现精神恍惚的情形，有时甚至产生幻觉，尽管有老师开导，但是见效不大。这天中午，她的母亲来到学校，没想到在她母亲到达几个小时之后，她却选择永远地走了，令人痛惜不已。到底是什么原因促使"小鸽子"走上了一条不归路？在该大学BBS上，一位医学部的学生留言:"人去了,我们要反省一些问题,一朵花就这样凋谢了,更多的是遗憾啊!说句实话,学临床不是随便是个人就能学的,需要魄力与钻研的精神。她曾经因为压力想退学,可是诸多原因没能退下来,之后又遭受打击,这一系列挫折使她丧失了理智。"

一、心理危机应对的理论模式

(一)平衡模式

平衡模式认为,危机状态下的当事人通常处于心理情绪失衡状态,他们原有的应对机制和解决问题的方法不能满足他们当前的需要。因此危机应对重点应放在稳定当事人情绪,使他们重新获得危机前的平衡状态。

(二)心理社会转变模式

心理社会转变模式认为人是先天遗传和后天环境的共同产物。通过测定与危机有关的内部和外部困难,帮助求助者选择替代他们现有行为、态度和使用环境资源的办法,从而帮助求助者将适当的内部应付方式、社会支持和环境资源结合起来,最终获得对自己生活的自主控制权。心理社会模式适用于情绪已经稳定下来的求助者。

(三)认知模式

认知模式认为,危机导致心理伤害的主要原因在于,当事人对危机事件的境遇进行了错误思维,而不在于事件本身或与事件有关的事实。该模式要求危机干预工作者帮助当事人认识到存在于自己认知中的非理性和自我否定的成分,重新获得思维中的理性和自我肯定成分,从而使当事人能够实现对危机的控制。认知模式比较适合于那些心理危机状态基本稳定下来逐渐接近危机前心理平衡状态的当事人。

从现实中各种危机应对的案例中获得的经验来看,要帮助人们度过危机,需要采取综合模式,即将三种模式整合,针对不同的需要和对象,选择有效的应对模式。

二、大学生心理危机应对的目的

大学生心理危机应对的目的在于保证大学生安全度过危机,保障其在校期间的健康与安全,使其更好地适应大学生活,同时增强其日后面对应激事件的抵抗能力,更好地适应社会。

(1)消除或缓解危机,避免当事人出现生命安全问题,如自寻短见或伤害他人。

(2)稳定并增强当事人的自主认同感,帮助当事人重拾信心,以客观积极的态度来看待当下的危机事件。

(3)提升认识和处理情绪的能力,使其处于一种愉悦、平和的情感体验中,抛开一些消极的、负面的情绪和想法。

(4)保障校园的安全稳定,防止出现危机行为的传染和舆论的胡乱散播。

★案 例 11-7

小军性格内向,成绩一直是年级数一数二的好学生,可是由于在大三期末考试中发挥失常，出现了挂科，回家后被父亲数落了几句。此时他的好朋友小志因病不治身亡，临去世前对小军说："我在天边等待你的到来！"学业上的挫败、朋友的去世对小军打击很大，他一时难以走出内心的痛苦，于是，小军开始实施"天边的云"计划。

他返校后做什么事情都很消沉，没有精神，常常发呆；没有胃口，吃不下饭；向同学赠送自己以前很珍爱的东西；向同学打听怎样死才是最安逸。问同学一些奇怪的问题，"天堂什么样子？你到时会不会想我？"写信给同学，"悄悄的我走了，正如我悄悄的来，挥一挥衣袖，不带走一片云彩……"

思考：

从小军的表现中，看到了哪些危机的信号？

三、大学生心理危机的识别

（一）高危个体（有下列因素之一的是易发生心理危机倾向的个体）

（1）遭遇突发事件而出现心理或行为异常的学生，如家庭发生重大变故、遭遇性危机、受到自然或社会意外刺激的学生。

（2）患有严重心理疾病，如患有抑郁症、恐怖症、强迫症、癔症、焦虑症、精神分裂症、情感性精神病等疾病的学生。

（3）既往有自杀未遂史或家族中有自杀者的学生。

（4）身体患有严重疾病、个人很痛苦、治疗周期长的学生。

（5）学习压力过大、学习困难而出现心理异常的学生。

（6）个人感情受挫后出现心理或行为异常的学生。

（7）人际关系失调后出现心理或行为异常的学生。

（8）性格过于内向、孤僻、缺乏社会支持的学生。

（9）严重环境适应不良导致心理或行为异常的学生。

（10）家境贫困、经济负担重、深感自卑的学生。

（11）由于身边的同学出现个体危机状况而受到影响，产生恐慌、担心、焦虑、困扰的学生。

（12）其他有情绪困扰、行为异常的学生。

（二）危机先兆（发出下列警示讯号的个体，作为心理危机的重点干预对象）

（1）言语上的征兆：谈论过自杀并考虑过自杀方法，包括在信件、日记、图画或乱涂乱画的，只言片语中流露死亡的念头者。直接向人说："我想死。""我不想活了。"。间接向人说："我所有的问题马上就要结束了。""现在没有人可以帮助我。""没有我，他们会过得更好。""我再也受不了了。""我的生活毫无意义。"谈论自杀计划，包括自杀方法、日期和地点。

（2）情绪上的征兆：情绪性格突然明显反常者；特别烦躁，高度焦虑不安；无故哭泣、恐惧；情绪易冲动；情绪异常低落；情绪突然从低落变为平静。

（3）行为上的征兆：出现突然的、明显的行为改变者；中断与他人的交往，明显减少与其生活中的重要人物的交流；无故将自己珍贵的东西送人、送礼物给亲人或同学；无理由地向他人致歉或述说告别的话；出现失眠且很持久；抑郁状态，食欲不好；个人卫生习惯的改变（肮脏）；与集体不融洽或过分注意别人；对生活麻木冷漠的人，像突然变了一个人，敏感又热情；对学习失去兴趣，上课无故缺席，迟到早退。

★心理测量 11-5

青少年心理危机筛查量表（表 11-3）

该量表不能对所有青少年进行普查，只能适用于处于特殊状态的青少年筛查。该量表共 32 个项目，有较好的信度和效度。两个评分等级，选择"是"（1分）"否"（0分），总分 32 分。

表 11-3　青少年心理危机筛查量表

序号	测试项目	是	否
1	你是一个快的人吗		
2	你的父母都很快乐吗		
3	你对你的学习成绩满意吗		
4	你对你的外貌满意吗		
5	你有很多朋友吗		
6	你经常非常担忧一些事情吗		
7	你经常行为很冲动吗		
8	如果有自己难以解决的困难，你认为别人能给你有效的帮助吗		
9	你感到活着没有意思吗		
10	你对自己的失败或可能失败感到难以承受吗		
11	最近一个月有不去上学或离家出走吗		
12	最近一个月内身体存在严重疾病吗		
13	最近一年内你经历过重大不良事件吗（如丧亲、受欺负）		
14	你对某种药物或酒精、网络有过分的依赖或成瘾行为吗		
15	你的亲戚朋友或熟悉的人中有过自杀行为吗		
16	你的家庭成员关系和睦吗		
17	你认为"好死不如赖活着"吗		
18	你认为死亡是解决困扰的一种有效方法吗		
19	你对将来有信心吗		
20	你曾经尝试过结束自己生命的行为吗		
21	你和父母的关系紧张吗		
22	最近一个月内，你的睡眠或食欲有问题吗		

续表

序号	测试项目	是	否
23	最近一个月内,你感到难以集中精力吗		
24	最近一个月内,你对事物很难有兴趣吗		
25	最近一个月内,你的行为和性格和以前比,有明显不同吗		
26	最近一个月内,你像以前一样注意过自己的仪容打扮吗		
27	最近一个月内,你有过要结束自己生命的想法吗		
28	最近一个月内,你有过要结束自己生命的具体计划吗		
29	你经常感到精疲力竭,很难放松吗		
30	你感到你能控制自己的行为吗		
31	你有可以非常信赖的朋友或亲人吗		
32	你很少有自己可以支配的空闲时间吗		

测试结果:

1~5分,在校,给予密切观察;6~15分的建议回家,随访、观察;16~25分,必须建议住院;26~32分,立即住院。

四、大学生心理危机应对——学会自助

处于危机中的当事人,注意力明显不集中,可能会忽略一些明显的事情,如对自身可利用的资源。自我支持技术的目的在于从自身的角度出发来解决危机,调整情绪,使自身的功能水平恢复到危机前。

(一) 寻求滋养性的环境,搜集充分的信息

改变境况的第一步就是要充分了解问题。虽然个体在危机中会陷于莫名其妙的恐惧和不知所措的境地,不知道发生了什么事,也不知道将可能发生什么事,但可以肯定的是,那些过去有类似经历的人能够从其经验中得到帮助。人们还可以向有经验的人和处理危机的专家请教,或者从有关书籍中寻找解决问题的办法。

(二) 积极调整情绪

危机的出现显然会使人们极度地紧张和沮丧。调整情绪的中心环节,就是要培养承受这些痛苦的感受能力。通过调整情绪,将使诸如焦虑导致恐慌、沮丧导致失望等情绪的恶性循环得到控制。当危机超出我们的控制以及我们无力改变外部事物时,把握自己的情绪尤为重要。此时,将注意力集中在努力调整自己的情绪上,将会取得很好的效果,具体方法可以参照本书第六章。

(三) 建立良好的人际关系

孤立无援的个体很希望能够得到别人的帮助。在危机期间和危机过后,个体都需要与周围的人保持良好的人际关系,不一定是要求他们提供强烈的情感支持,而是与他们保持

日常的联系，共同分享经验，共同面对事物。这有助于遭受危机的个体重新适应社会，还可以分散他们的注意力，使得他们不再为消极紧张情绪所困扰。这种良好的关系可以表现为与自己的朋友一起散步、听音乐或是静静地坐一会儿。在危机中能否得到这种帮助，很大程度上取决于已有的社会网络的种类和人的性格特征。有些人平易近人，非常合群；有些人比较内向和害羞，在与别人交往时心存疑虑，并且伴随着紧张和不安；有社会性焦虑的人常常对人际关系比较强调，他们对别人缺乏兴趣，在与他人交往时总在想该说些什么，却忘了最基本的倾听原则，这些都会妨碍友谊的建立。从心理学的角度来说，每个人在与朋友的交往动机中都包含着肯定自我的成分，人们在交往中倾向于选择能肯定其自我感的人。

（四）面对现实，正视危机

在危机的前期，人们习惯于采取积极的态度来应对危机，利用一切可以利用的资源来避免危机带来的损害；但到了危机的中后期，当个体积极应对危机的策略失败，个体感到绝望的时候，他们就会消极地逃避现实，采取退缩的策略来应对危机，他们不愿意承认现实情境，以此来避免危机带来的损失。面对现实，正视危机，有利于个体激发自身潜在的力量动员一切资源来寻求危机的解决办法。

（五）暂时避免作重大的决定

由于个体受到问题和情感的双重困扰，搜集信息和处理信息的能力受到一定的限制。也就是说，这时个体对面临的问题不会进行深入的分析，掌握的信息量又太少，无法进行正确的决策，个体虽然在这时很想摆脱危机，努力去寻求一切解决问题的办法，但危机的无法控制往往使得个体无功而返，甚至造成更大的伤害。在危机时期，避免进行重大的决定，有利于个体的自我保护，以免再次受到伤害。

★心理测量11-6

突出重围

1. 设计理念：培养学生在面临心理危机时，保持冷静的能力和克服困难的信心、勇气；培养学生解决问题的能力和坚持到底的精神。

2. 活动步骤

（1）所有同学手拉手围成一个"包围圈"。

（2）老师介绍游戏规则：假定你被"敌人"包围了，情况十分危急，要求你尽快想办法冲出"包围圈"。可采取钻、跳、推、拉、诱骗等任何方式（以不伤害人为原则），力求突围挣脱，冲出"包围圈"。围成"包围圈"的同学则必须想尽办法不让被围者逃出。若圈内的同学从某两个同学手拉手的缝隙中逃出，则这两个相邻的同学双双要进入圈内成为被包围者。

3. 游戏开始：老师可通过随机抽学号的方式，让5名同学站在"包围圈"内开始游戏。倘若被围的同学灰心失望，一时冲不出"包围圈"，则可增加两名同学到圈内作为"突围者"，其他的同学可鼓励其继续努力。一段时间后，换其他成员。

4. 选出3~4名参与者分享感受。
注：应至少包括一名突围者和一名包围者。

五、大学生心理危机应对——寻求帮助

（一）寻求个人"社会支持系统"的帮助

社会支持系统指的是个人在自己的社会关系网络中所能获得的来自他人的物质和精神上的帮助和支援。一个完备的支持系统包括亲人、朋友、同学、同事、邻里、老师、上下级、合作伙伴等，当然，还应当包括由陌生人组成的各种社会服务机构。每一种系统都承担着不同功能：亲人提供物质和精神上的帮助，朋友较多承担着情感支持，而同事及合作伙伴则与我们进行业务交流。对于陷入困境的人而言，社会支持犹如雪中送炭，带给我们持久的温暖、安全以及重振生活的信心、勇气和力量。那些与我们分享生活甘苦的人，给我们的生活增添了阳光。他们的存在，提升了我们的幸福感和成就感，使我们的人生变得完满。

（二）寻求心理专业人员帮助

如果问题仍然无法解决，就应该立即到学校心理健康教育中心寻求专业心理咨询老师的帮助，并接受心理危机干预。他们会根据我们的实际情况，从专业的角度给我们建议、支持，及时帮助我们宣泄不良情绪，尽快恢复心理平衡，并大大减少创伤后应激障碍的发生率。

（三）寻求电话和网络心理咨询帮助

电话咨询和网络咨询占据了目前世界上大部分的危机干预工作。通常电话和网络心理咨询具有以下优点。

(1) 方便：不受时间、空间限制。
(2) 匿名：使那些矛盾、害羞、自责及犹豫不决的求助者能够向一个陌生人倾诉。
(3) 自己支配：可以自己决定何时求助，是否进一步寻求支持，可随时中断谈话而不必担心受到责备。
(4) 及时：可在需要时随时使用。
(5) 节省、有效：求助者可能付不起线下一对一心理咨询的费用，或因交通问题不便来咨询，但可以拨打热线电话求助。
(6) 提供支持系统：可以使用电话网络联系各种支持组织。
(7) 避免依赖：可安排系列服务及跨地域的广泛服务。

这些服务主要雇用志愿者，从拨打热线的来访者角度来看，他们通常都是有效的帮助者。

★心理测量11-7

我的资源圈

1. 设计理念：整理自己的抗逆力资源。通过对自己可用资源的澄清，知道在遇到心理危机时，能够利用的社会支持系统有哪些。
2. 操作：
(1) 当你遇到压力和挫折的时候，你会利用哪些资源（这些资源可以是你本身拥有

的，可以是你擅长的领域，也可以是你能求助的人），以帮助自己迅速摆脱困境？

（2）取一张白纸，在白纸的中央画一个实心圆点代表自己。

（3）以这个实心圆点为中心，画三个半径不等的同心圆，代表三种资源圈。同心圆内任意一点到中心的距离表示你利用资源的优先程度。

（4）将你可利用的资源名称写在图上，越靠近中心点，表明你在遇到挫折压力时候越愿意使用该资源，或者越愿意向其求助，以帮助自己走出困境。

（5）写在最小同心圆内的属于你的"一级抗逆力资源"，在你遇到困境的时候，你首先想到的是向其求助，这些资源能够给你最大程度的心灵支持。这样的资源不多，却是你最大的心灵慰藉，也是你生命中最重要的成长力量。利用这些资源，你能够迅速地从困境中反弹，并顺利地解决问题。

（6）写在第二大同心圆内的是你的"二级抗逆力资源"，在你遇到困境的时候，这些资源虽然不是你的首选，但是对于你来说仍然重要，来自他们的支持和帮助能让你时常感到人生的温暖。

（7）写在最大同心圆内的属于你的"三级抗逆力资源"，这些资源平时不怎么想得起来，可一旦你需要帮助，他们愿意尽力提供帮助。

（8）同心圆外的空白处代表你的"潜在抗逆力资源"。尽量搜索你的记忆系统，把那些虽然比较疏远但你仍可利用的抗逆力资源写下来。

3. 思考与分享：

（1）你认为自己的抗逆力资源如何？

（2）你还有哪些扩展抗逆力资源的方法？

（3）你最能掌控的抗逆力资源是什么？

六、大学生心理危机应对——积极助人

（一）在大学校园内，当我们发现其他学生面临心理危机时，可使用心理学家总结的"六步干预法"进行危机干预

（1）确定问题。危机干预的第一步是从求助者的立场出发，确定和理解求助者的问题。干预人员使用积极的倾听技术：同理、理解、真诚、接纳以及尊重，包括使用开放式问题。同时，既要注意求助者的语言信息，也要注意其非语言信息。

（2）保证求助者安全。在危机干预过程中，干预人员应该将保证当事人安全作为首要目标。这里的安全是指对自我和对他人的生理和心理的危险性降低到最小的可能性。在干预人员的检查评估、倾听和制订行动策略的过程中，安全问题都必须给以同等的、足够的关注。

（3）给予支持和帮助。危机干预强调与当事人沟通和交流，通过语言、语调和躯体语言让求助者认识到危机干预人员是能够给予其关心帮助的人，让求助者相信"这里确实有很关心你的人"。

（4）提出应对的方式。帮助当事人探索可以利用的替代解决方法，促使当事人积极地

搜索可以获得的环境支持、可以利用的应对方式并启发其思维方式。当事人知道有哪些人现在或过去关心自己,有哪些可变通的应对方式可供选择。

(5) 制订行动计划。帮助当事人制订现实的短期计划,包括另外的资源的提供应付方式,确定当事人理解的、自愿的行动步骤。计划应该根据当事人应对能力,着重于切实可行和系统地帮助当事人解决问题。计划的制订应该与当事人合作,让其感到这是自己的计划。制订计划的关键在于让求助者感到没有剥夺他们的权力、独立和自尊。

(6) 得到当事人的承诺。帮助当事人向自己承诺采取确定的、积极的行动步骤,这些行动步骤必须是当事人自己从现实的角度可以完成的。如果制订计划完成得较好的话,则得到承诺是比较容易。在结束危机干预前,危机干预工作者应该从求助者那里得到诚实、直接和适当的承诺。

★ 案 例 11-8

危机干预六步骤模型:苏茜的案例

艾伦:(怒不可遏地大声喊叫,几乎完全失去了控制) 喂!喂!我要报告一例(哽咽、哭泣)强奸事件。他……这个杂种……他强奸了我的孩子,这个狗娘养的,他强奸了我的女儿。哎!我的天啊,我怎么就没看见……我怎么就让这样的事情发生了呢?(继续在电话里愤怒不已,神经质的怒吼,一边恳请干预者的帮助,一边痛骂自己的丈夫)

干预者:好的,好的,我能理解,你现在一定非常的不安,但是我需要你冷静下来,好把事情弄清楚,我叫德拉尼,我需要知道你的姓名、地址以及对你女儿做这种事的人是否威胁到你的安全.

艾伦:(稍微平静了一点儿,并告诉了她的姓名、住址) 他是……他是……我丈夫……叫切斯特……是我女儿的继父……我看到了她的内裤全是血迹……奥,上帝啊,我……我可怜的孩子。他现在出差去了……正在去芝加哥的路上……我要杀了他……以上帝的名义!如果没有什么别的办法,我就要杀了他!

干预者:这么说来,他现在没在家,你是安全的。你的女儿伤势如何?你是否需要叫救护车把她送到医院去检查和处理?

艾伦:我不知道。她现在好像很恍惚,抱着她的玩具熊在屋子里走来走去。哎!这个狗杂种,我一定要阉了他,然后再宰了他。

干预者:艾伦,我知道你现在是多么的愤怒、震惊,但是我需要你耐心听我给你讲,这非常重要。首先,你不要对苏茜做任何什么特别的事。先不要把苏茜洗干净,不要给她换衣服。你应该先把她送到县医院,并用塑料包将她的内裤一并带上。你去医院在交通上有什么问题吗?你现在能自己带她去医院吗?(艾伦说她自己能) 在医院,会有专门的接待人员,他们需要先和你和苏茜谈谈,以了解情况。我们还需要给她做一次医学检查。这个过程可能会比较麻烦,但没关系,我们知道怎么做。你先打这个电话求助是对的。我将在医院里等着你,并帮你办理相关手续。我们现在就分头去医院,好吗?你听明白我的意思了吗?现在请你给我复述一遍你下面要做什么,并请你告诉我你大约什么时候能到医院。(艾伦重新复述了一遍干预者告诉她要做的事情,并保证能完成干预者要她做的这些事情。)

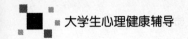

（二）真诚、理解、接纳、倾听

（1）保持冷静，向他表达你的理解和关心。同理他的心情，接纳他的感受，这时候不要试图改变他内心的感受。

（2）耐心倾听，多听少说，尤其不要教导、批判、责备、怪罪他，不要试图改变他的观点，千万不要跟他辩论。

（3）提问时要用开放式问题，如发生了什么？你感觉怎么样？

（4）要允许他流泪，让他谈出自己内心的感受，可以跟他谈论自杀。

（5）给予希望，让他相信别人是可以给他帮助的，让他知道面临的困境能够有所改变，并鼓励他寻求他人的帮助和支持，如：去学生心理健康中心求助。

（6）不要让他独处，去除危险物品，转移至安全的地方。

（7）相信他们说的话，当他们说要自杀时，应认真对待。

（8）如果发现一个人有自杀倾向，不要承诺你会对此保守秘密。

（三）帮助有自杀征兆/自杀未遂的人

（1）保持冷静和耐心倾听。

（2）让他倾诉自己的感受。

（3）认可他表露出的情感，也不试图说服他们改变自己的感受。

（4）咨询他们是否想自杀或者对自杀的感受："你是否感觉那样痛苦、绝望，以至于想结束自己的生命？"（询问一个人有无自杀念头不但不会引起自杀，反而可以拯救生命）

（5）当他说要自杀时，要相信并认真对待。

（6）如他要你对其想自杀的事情给予保密时，不要答应。

（7）让他相信他人的帮助能缓解面临的困境，并鼓励他们寻求帮助。

（8）说服其他相关人员共同承担帮助他的责任。

（9）如果你认为他当时自杀的危险性很高，不要让他独处，要立即陪他去心理卫生服务机构或医院接受评估和治疗。

（10）对刚刚出现自杀行为（如服毒、割腕等）的人，要立即送到最近的急诊室进行抢救。

★拓展阅读11-3

1. 面对一个要自杀的人，有几句有效的话可以使用。

（1）你有权利自杀。（含义：尊重、接纳他，明确是否自杀是你自己的事，你要对自己的行为负责）

（2）自杀是每个人一生中都曾经出现过的想法。（含义：你不是世界上唯一一个有自杀观念的人，你自己不必为有这样的想法而恐惧或自责）

（3）自杀是一个人遇到困难还没有找到解决办法时的一种想法。（含义：其实强调自杀是摆脱痛苦的手段而不是目的）

（4）你遇到了什么困难让你痛苦得想要自杀？这些困难具体是什么？（把话题引向深入，

发现他的具体困难和痛苦是什么,他遇到了什么问题,为下一步提供心理援助打下基础)

2. 面对要自杀的人,注意"九不要原则"

(1) 不要恐慌。
(2) 不要到处宣传。
(3) 不要对求助者说教。
(4) 不要答应你做不到的事情。
(5) 不要否定求助者的自杀意念。
(6) 不要过多怀疑和震惊而耽误时机。
(7) 不要讨论死得值不值、对错的问题。
(8) 不要让其一个人独处,马上把他监护起来。
(9) 不要被求助者所告诉你的危机已过去的话所误导。

心理探索

跳

1. 设计理念:让学生在认知上改变对生命的态度,不要轻言放弃自己的生命;使学生学会规划人生,并能用积极的心态面对人生,只有这样,才能让自己的人生更加精彩。

2. 操作:故事引入,欣赏由《跳》改编的 flash。

故事概括:一个女孩从 11 层楼跳下去,看到了每一层楼的人们都有他们各自的困境,看完他们之后,她深深地觉得自己其实过得还不错,在她跳下去之前,她以为她是世上最倒霉的人,现在才知道每个人都有不为人知的困境。

教师指导语:跳下去,多么容易的一个举动。主人公能在跳下去的最后醒悟过来,觉得其实自己过得还不错,原来"家家有本难念的经",每个人都有自己不为人知的困境。只是,她再也没有给自己一次重新选择的机会。

3. 思考与分享

(1) 你觉得女孩跳下去之后解决她的困境了吗?
(2) 你观看这个短片的感受是什么?学生分组讨论,归纳总结后,派代表发言。

思考时间

1. 通过学习,你认为我们应该如何善待自己的生命?

2. 大学生常见的心理危机有哪些?当自己和他人处于心理危机状态时,你会采取什么样的方法走出危机状态?结合自己的实际情况,谈一谈你的具体做法。

3. 自杀者在自杀前一定是有征兆的,有没有被发现并得到帮助,对最后是否发生自杀有很大的影响。自杀危机都有哪些征兆?当你发现有自杀危机的同学时,你应该采取什么方法来帮助他们?

推荐赏析

电影：《唐山大地震》《哪吒之魔童降世》《二十二》

参考文献

[1] 黄希庭，郑涌出．大学生心理健康教育［M］．上海：华东师范大学出版社，1979．

[2] 阳志平，彭华军．积极心理学团体活动课操作指南［M］．北京：机械工业出版社，2019．

[3] 鲁忠义，安莉娟．大学生心理健康教育［M］．北京：教育科学出版社，2015．

[4] 于俊红，钟萍．大学生适应与和谐——心理健康教育读本［M］．上海：上海交通大学出版社，2018．

[5] 刘嵋．班级团体心理辅导教程［M］．北京：清华大学出版社，2015．

[6] 汪丽华，何仁富．大学生心理健康与生命教育［M］．北京：北京师范大学出版社，2014．

[7] 方平．大学生心理健康教育［M］．北京：教育科学出版社，2010．

[8] 夏小林，李晓军．大学生心理健康教育［M］．江苏：江苏大学出版社，2016．

[9] Richard K. James, Burl E. Gilliland. 危机干预策略［M］．周亮泽．北京：中国轻工业出版社，2019．

[10] 刘庆明，赵生玉．大学生心理健康教育［M］．大连：大连理工大学出版社，2017．

第十二章

大学生常见心理障碍及应对

案例导入

约翰·纳什《美丽心灵》①

1959年,30岁的约翰·纳什是麻省理工学院的教授,也是一位广受赞誉的数学家。在普林斯顿读研究生时,他在博弈论中引入均衡的概念,最终让经济学领域发生了革命性变化,这也让他获得了诺贝尔奖。

正如作家西尔维业·娜萨在为约翰·纳什所写的传记《美丽心灵》(同名电影获得了奥斯卡奖)中所讲述的那样,约翰·纳什总是很古怪,几乎没有社交能力。但是在1959年,纳什开始给联合国、联邦调查局和其他政府机构写信,诉说有人企图霸占世界的种种阴谋。他还公开宣称,他认为来自外太空或外国政府的力量正在通过《纽约时报》的头版与自己交流。

纳什描述了他的一个妄想:"我觉得校园里的其他人系着红色领带,以便我可以注意到他们。这种妄想症状变得越来越严重,不仅麻省理工的校园,甚至整个波士顿市里的人也系着红色领带(看起来对我很重要)……这也和一些密谋(有些联系)。"

纳什的妻子艾里西亚注意到他对自己越来越疏远、冷淡,并且行为越来越古怪:当两个人单独在一起时,可能在家里或者车上,纳什好几次追问她一些古怪的问题。"为什么你不把它告诉我?"他无缘无故地用愤怒激动的语调问道,"告诉我你知道什么?"

他威胁要伤害妻子的情形日趋严重,行为也变得更加不可预测。1959年4月,他的妻子艾里西亚决定把他送到麦克莱恩医院接受治疗。在那里,纳什被诊断出患有偏执型精神分裂症,他要服药并每天接受精神分析治疗。尽管纳什的内心世界还是一如既往,但他学会了掩饰自己的妄想和幻觉,并表现出理性的行为。纳什一出院就从麻省理工学院辞职了,他对学院策划让自己住院的"阴谋"非常愤怒。

---

① 苏珊·诺伦. 变态心理学 [M]. 邹丹, 译. 北京: 人民邮电出版社, 2017.

在欧洲各地旅行两年后，纳什回到普林斯顿。他经常穿着俄罗斯农民的外衣，光着脚走进餐厅。他不停地给朋友和全世界的显赫人物写信打电话，谈论数字命理学和国际事务。艾里西亚无奈再次送纳什入院，这次是特伦顿州立医院。6个星期后，医生认为纳什的病情已经大为改善，将他转移到医院的另一个病房。在那里，他开始撰写一篇关于流体力学的论文。经过6个月的住院治疗后，也就是在他33岁生日的一个月后，他得以出院。有段时间他的状态似乎不错，但是随后他的思维、言谈和行为又开始变差。他后来和母亲一起生活在弗吉尼亚州的罗阿诺克。

尽管他每天走出去最远的地方不会超过图书馆或格兰丁路尽头的商店，但在他的脑海里，他已经被邀请到这个星球上最遥远的地方，住在难民营、使馆、监狱和防空洞里。还有些时候，他感觉自己住在地狱、炼狱或者被污染的天堂里。他有很多个身份，包括巴勒斯坦难民、日本幕府的将军甚至一只老鼠。

母亲去世后，他回到普林斯顿与艾里西亚生活在一起，尽管并没有接受任何治疗，在那里研究他的数学理论。20世纪70年代到80年代这段时间里，他的疾病逐渐好转。纳什由于对博弈论的贡献被授予了诺贝尔经济学奖。他也帮忙照顾儿子约翰尼。约翰尼在几年前取得数学博士学位，同样患有偏执型精神分裂症。尽管约翰尼接受了最新的精神分裂症治疗，但收效甚微，依然经常需要住院治疗。

思考题：
1. 你如何理解"心理障碍"？
2. 你了解过哪些"心理障碍"？症状和严重程度如何？你觉得应该怎么解决？

本章内容简介

有调查显示，我国大学生心理障碍的发生率不低于20%，有相当数量的大学生或多或少地存在着心理问题或心理障碍。心理障碍给大学生的学习和生活造成了很大的负面影响，有的给大学生本人及其家庭造成了无可挽回的伤痛（如自虐、自杀），有的也给社会造成了极大的伤害（如伤害他人）。本章我们将学习如何辨别常见的心理障碍，了解如何应对心理障碍。通过本章的学习希望大学生能正视心理障碍的存在，解析它的特点、产生的原因及其克服方法，做好自我心理健康保健。

第一节　走进心理障碍

本节学习目标

1. 了解大学生心理障碍的概念及现状。
2. 了解心理障碍辨识的途径。
3. 了解影响心理障碍的因素，结合实践对自我心理状态有客观的认识。

一、心理障碍的含义

心理障碍，是指一个人由于精神上的紧张、干扰，而使自己在思维、情感和意志行为方面发生了偏离社会生活规范和轨道的现象，并伴有明显的躯体不适感。心理和行为偏离社会生活规范程度越大，心理障碍也就越严重，这是大脑功能失调的外在表现。随着时代的变化，心理障碍种类很多，表现也各异。

中国精神卫生调查（CMHS）是一项具有全国代表性的横断面流行病学调查，2019年这一调查的数据显示，影响我国人口的六大类精神障碍分别为心境障碍、焦虑障碍、酒精/药物使用障碍、精神分裂症及相关精神病性障碍、进食障碍、冲动控制障碍，其中焦虑障碍是终生患病率最高的一类精神障碍，比例为7.6%；其次为心境障碍7.4%，精神分裂症及其他精神病性障碍的终生患病率为0.7%。

常见于大学生群体的心理障碍有适应障碍、心境障碍、焦虑障碍、进食障碍、精神分裂症及性障碍等。

二、心理障碍的辨识

根据国内外心理学学者研究调查的结果以及在临床心理学实践工作中的经验，通常使用以下方法来辨识心理障碍。

（一）标准化辨识

1. 医学的标准

临床医师认为有精神障碍的人的脑部应当有病理过程存在，已发生了分子水平的变化，这种病理变化是区分心理正常与心理异常的可靠依据。

2. 统计学的标准

统计学对大量正常心理特征的测量取得一个常模，再把当事人的心理与常模进行比较，根据其偏离平均值的程度来确定心理是否异常。

这种操作简便易行、受人欢迎，但这种方法对于智力超常或有非凡创造力的人来说，会被误判为心理异常，所以这种方法有其局限性。

3. 内省经验的标准

内省经验包括以下两个方面。

（1）病人本身的内省经验，如病人觉得焦虑、抑郁或有说不出原因的不舒适感，或觉得不能控制自己的行为等。

（2）观察者的内省经验，如观察者把被观察对象的行为与自己以往经验相比较，从而对被观察者作出心理正常还是异常的判断，但这判断会带有很大的主观性。

4. 社会适应的标准

一般情况下，正常人的行为符合社会的准则，能根据社会要求和道德规范行事，如果由于器质或功能的缺陷，使得个体的社会行为能力受损，不能按照社会认可的方式行事，那么，则认为此人有心理异常。这里的正常或异常主要是与社会常模比较而言的。

（二）心理学辨识

（1）主观世界与客观世界的统一性原则。看个体有无自知力，自我认知与自我现实的统一性是否丧失。

（2）心理活动的内在协调性原则。看个体的知、情、意是否协调一致。从心理过程看，健康的人的心理活动是一个完整统一的协调体，这种整体协调保证了个体在反映客观世界过程中的高度准确性和有效性。

（3）人格的相对稳定性原则。看个体的个性行为是否偏离正轨，因为从个性角度看，每个人都有自己长期形成的稳定的个性心理，一个人的个性心理在没有明显的、剧烈的外部因素影响下是不会轻易发生变化的。

（三）常识性辨识

（1）有没有离奇怪异的言谈、思想和行为。

（2）有没有过度的情绪体验和表现。

（3）自身社会功能是否完整（能否胜任自己在生活和学习中的家庭角色和社会角色）。

（4）是否影响他人的正常生活。

心理障碍和躯体疾病一样，都受到生理、心理和社会三重因素的相互影响，仅仅依靠一个标准去断定一个人的心理是否异常是不规范的。例如，抑郁症发病期间，病人没有生活自理能力，需要他人的照顾，但是瘫痪病人也可能生活不能自理，需要有人照顾他的生活。另外，还应该考虑其所在的关系情境、文化环境等因素，所以在辨识心理障碍的诊断时需要多方面综合评估。

三、心理障碍形成的原因

心理障碍产生的原因是复杂和多方面的，既有生理和心理因素，又有学校环境和社会因素。

（一）生理因素

（1）遗传因素。人的心理虽然主要是在后天环境影响下形成和发展起来的，但是，它与遗传因素有着密切的关系。根据调查数据及临床观察，许多精神疾病的发病原因确实与遗传因素有一定关系。

（2）病毒感染与躯体疾病。由病菌、病毒等引发的疾病会损害人的神经组织结构，导致器质性心理障碍或精神失常。另外，脑外伤或化学中毒，也会造成心理障碍与精神失常。某些严重的躯体疾病，尤其是慢性疾病常使人变得烦躁不安，敏感多疑，情绪稳定性降低，行为控制力减弱，人际关系变得紧张。例如，甲状腺功能亢进会使人变得易激动紧张、情绪不稳定，注意力不集中，记忆力减退，甚至出现幻觉、妄想等精神病症状。

（二）心理因素

（1）情感因素。人的心理活动总是通过人的情感变化而影响内脏器官的活动。积极愉快的情感对人的生活起着良好的作用，有助于发挥机体的潜能，提高工作效率。近代医学实验研究已确定，消极的情感对身心疾病的发生、发展过程起着不良影响。例如，无所依靠和失望的情绪，以及长期的负性情绪都会降低人的免疫力。情绪异常往往是心理障碍和精神疾病的先兆，因此，良好的情绪是心理健康的重要保证。

（2）个性特征。每个人都有自己独特的个性特征，它对人的心理健康有非常明显的影响。这是因为人们总是根据自己的个性特征对致病原因及已形成的疾病做出反应，因此，个体的个性特征往往比引起疾病的病原体性质更能决定疾病的表现。研究表明，各种精神疾病特别是神经官能症，往往都有相应的特殊人格特征为其发病的基础。美国学者弗里曼研究发现，多数心脏病人都具有 A 型性格。有人还发现癌症患者，具有以抑制倾向为特征的个性特征。因此，培养和完善健全的人格是预防和减少心理障碍或精神疾病的一项重要措施。

（3）承受挫折的能力。一方面，由整个社会的紧张性刺激增多而带来的应激在广度和深度上都在增加，另一方面，不少大学生健康心理素质的培养却远远跟不上。在当前独生子女占多数的大学生人群，有相当一部分人心理素质脆弱，遇到一点不顺利、不如意，就容易有挫折感，尤其是当挫折的相对强度较大或时间较长时，就会转向失望、自卑，变得心灰意冷、萎靡不振，由此而产生心理障碍的案例也很常见。

（4）心理冲突。心理冲突是人们面对难以抉择的处境时产生的心理矛盾状态。由于心理冲突带来的是一种心理压力，这种压力往往会增大个体适应环境的困难，因而，在多数情况下都会对个体的身心健康和工作产生不良的影响。尤其是当冲突长期得不到缓解时，便会产生紧张和焦虑的情绪，严重的还可能导致心理障碍。虽然心理冲突并不全是坏事，但剧烈而持久的冲突无疑会有损身心健康，应尽量避免。

在日常的生活、学习中，人际关系紧张，对产生挫折的看法归因不当，对自我意识产生偏差等，都会导致心理冲突和心理压力，继而产生心理问题或心理障碍。

（三）学校环境因素

大学生大部分时间是在学校中度过的，学校教育环境、学习因素、生活因素，以及师生关系、同伴关系等，也会影响学生的身心健康发展。现代高等教育让学生们在求学、择业过程中选择机会增多，选择难度增大，也会使大学生产生很多焦虑、不安、失落无所适从。他们既希望参与竞争又害怕失利；既希望有更多的机遇，又担心失去原有的保障，过重的心理压力是产生心理问题的主要原因。

（四）社会因素

（1）家庭环境。个体的遗传因素决定了其生物特性，但是经历与环境在人的成长中起到更加重要的作用。精神分析理论认为，个体早期的不幸经历很可能是以后产生各种心理障碍的根源。对个体早期发展的研究表明，那些在单调、贫乏环境中成长的婴儿，其心理发展将受到阻碍，潜能的发展会被抑制；而受到良好照顾，接受丰富刺激的个体则可能在成年后成为佼佼者。

（2）文化教育因素。教育因素包含家庭教育和学校教育。对个体心理发展而言，早期教育和家庭环境是影响心理健康的重要因素。研究表明，早期与父母建立和保持良好关系，受到支持、鼓励的儿童，容易获得安全感和信任感，并对成年后人格发展、人际交往和社会适应等方面有着积极的促进作用。

（3）生活环境因素。生活环境发生变化，物质条件恶劣，生活习惯不当，例如，过量吸烟、酗酒等，都会影响和损害身心健康。此外，生活环境的巨大变迁，也会使个体产生心理应激，由此带来心理的不适。

（4）重大生活事件与突变因素。在生活中遇到的各种各样的变化，尤其是一些突发事件，常常是导致心理失常或精神疾病的原因，如家人死亡、失恋、离婚和天灾等。

心理探索

1. 你如何看待心理障碍？
2. 如果你的同学或亲友有心理障碍，你会怎么看他（她）？你会怎么对他（她）？

第二节　常见心理障碍

本节学习目标

1. 了解大学生常见的心理障碍种类。
2. 掌握常见心理障碍的特征，并能够初步识别。
3. 了解心理障碍的产生原因和治疗，对自我或身边的心理异常进行预防和干预。

一、适应障碍

适应障碍是大学生群体中常见的心理障碍，一般是因环境改变、角色变化或生活中的负性事件诱发，加之个体较弱的自我功能，而出现的情绪反应及生理功能障碍。适应障碍会导致学习、生活及交际能力的减退。

（一）适应障碍的诊断标准

（1）有明显的生活事件应激源作为诱因，特别是生活环境或角色的改变，情绪、行为异常等精神障碍多开始于应激源发生后1个月内。

（2）有证据表明患者的自我功能及社会适应能力不强。

（3）临床表现以情绪障碍为主，如烦恼、焦虑、抑郁等，同时有适应不良行为和生理功能障碍。但严重程度达不到焦虑症、抑郁症或其他精神障碍的标准。

（4）社会功能受损。

（5）病程至少1个月，最长不超过6个月。

（二）大学生适应障碍的治疗

以心理治疗为主，短时间小剂量抗精神病药物治疗为辅，症状严重则需要到精神疾病治疗机构进行治疗。

心理咨询、心理治疗、危机干预、家庭治疗、团体治疗等均可用来治疗适应障碍。其中，心理咨询的首要目标是鼓励个体把他们因为应激源引起的恐惧、焦虑、愤怒、绝望、无助感等用言语表达出来，确定由应激引起的主要功能紊乱是什么，然后找出减少应激的方法或提高个体对那些不能改变的应激源的应对能力，帮助患者调整心理的失衡，促进社会适应功能的恢复和发展。

二、焦虑、强迫及相关障碍

（一）焦虑症

★拓展阅读12-1

布雷迪的猴子

这是一个著名的心理学实验。实验人员选择两只健康的猴子，并在实验前对其进行详细体检，没有发现任何躯体疾病。

实验开始，将两只活泼的猴子分别缚在两张电椅上，电流是每20秒激发一次。被电击的滋味当然不好受，它们开始嚎叫挣扎。然而，猴子不愧为灵长类动物，甲猴子很快发现，它的电椅有一个压杆（事实上是电源开关），只要在电流袭来之前压一下压杆，就可免遭电击；而乙猴子却发现，它的电椅上没有压杆。于是，甲猴子就担负起压杆的责任，它紧张地估算着电流袭来的时间……结果，要么两只猴子同时逃脱电击，要么它们一起受苦，是逃脱还是受苦，这完全取决于甲猴子，于是甲猴子就背负着超强的心理负荷和责任感，而乙猴子虽然很无奈，但无所用心、无所事事。这样过了二十几天，甲猴子得了严重的胃溃疡，乙猴子却安然无恙。

究竟是什么原因导致了甲猴子的严重疾病呢？研究发现，由于甲猴子经常处于精神高度紧张，担惊受怕、焦虑不安，导致它内分泌系统紊乱，才患上了严重的胃溃疡。由此可见，身心之间的联系是如此密切，心理持续的高度紧张、焦虑会导致躯体疾病的产生。

大学生是焦虑症的高发人群，尤其对于女大学生，焦虑更是最常见的心理障碍。焦虑是一种很普遍的现象，几乎人人都有过焦虑的体验。伴随"能力越大责任越大"或被期望以"高标准高要求"的心理"包袱"，很多正常的担心开始变为无止境的焦虑，乃至刚刚大一就开始焦虑"毕业找不到工作怎么办？""第一章笔记做不好，挂科怎么办？未来人生怎么办？"

焦虑是一种内心紧张不安，预感到似乎要发生某种不利情况而又难以应付的负面情绪，主要发生在危险或不利情境来临之前，也就是说，它是当事人对未来的一种情绪反应。

1. 焦虑症的特征

（1）紧张不安和忧虑的心情。处于焦虑中的人会感到一种难以控制的紧张和担忧，这种紧张担忧可能是突然而来，也可能是由于在某件事中的一种无缘由的紧张，担忧将要发生的事或将要面临的情境中会发生在自己身上。

（2）注意困难、记忆不良和敏感。如有一位女大学生要考研，虽然很想学习，但人坐在教室里，注意力却难以集中到参考书上，根本看不进去；即便是勉强坚持，但也记不住，或者今天记明天忘；在学习时要求环境绝对安静，有一点点噪声就让她难以忍受。

（3）伴发的身体症状，如表情紧张、双眉紧锁、脸色苍白、姿势僵硬而不自然和小动作增加等，以及血压升高、心跳过速、胸闷、呼吸困难、肌肉紧张、头痛、颤抖、口干、两手湿冷、出汗、尿频、腹泻或大小便失禁和毛发竖起等。

（4）由于过度紧张而使任务完成质量及效率大大下降，甚至难以完成。如语言能力受到影响，严重者出现口吃等症状。

（5）有的可伴有睡眠障碍，比如入睡困难、睡眠浅、多梦等。

2. 焦虑症的治疗

认知行为疗法和生物疗法可以有效地治疗焦虑症。

★心理测量 12-1

焦虑自评量表（表 12-1）

本量表包含 20 个项目，均为 4 级评分。

请您仔细阅读以下内容，根据您最近一周实际的情绪和躯体症状，自评症状的程度，在 A、B、C、D 上划"√"，每题限选一个答案。

答案 A：没有或很少时间；B：小部分时间；C：相当多时间；D：绝大部分或全部时间

表 12-1 焦虑自评量表

1. 我觉得比平常容易紧张和着急	A	B	C	D
2. 我无缘无故地感到害怕	A	B	C	D
3. 我容易心里烦乱或觉得惊恐	A	B	C	D
4. 我觉得我可能将要发疯	A	B	C	D
5. 我觉得一切都很好	A	B	C	D
6. 我手脚发抖打战	A	B	C	D
7. 我因为头痛、颈痛和背痛而苦恼	A	B	C	D
8. 我感觉容易衰弱和疲乏	A	B	C	D
9. 我觉得心平气和，并且容易安静坐着	A	B	C	D
10. 我觉得心跳得很快	A	B	C	D
11. 我因为一阵阵头晕而苦恼	A	B	C	D

续表

12. 我有晕倒发作或觉得要晕倒似的	A	B	C	D
13. 我吸气呼气都感到很容易	A	B	C	D
14. 我手脚麻木和刺痛	A	B	C	D
15. 我因为胃痛和消化不良而苦恼	A	B	C	D
16. 我常常要小便	A	B	C	D
17. 我的手常常是潮湿的	A	B	C	D
18. 我脸红发热	A	B	C	D
19. 我容易入睡并且一夜睡得很好	A	B	C	D
20. 我做噩梦	A	B	C	D

计分：正向计分题 A、B、C、D 按 1、2、3、4 分计；反向计分题 A、B、C、D 按 4、3、2、1 计分，反向计分题号：5、9、13、17、19。

20 个项目的分数相加得出总分，再乘以 1.25 取整数，即得标准分。

结果解释：

低于 50 分 为正常；

50～60 分 可能为轻度焦虑；

61～70 分 可能为中度焦虑；

70 分以上可能为重度焦虑。

中度以上焦虑建议精神专科咨询就诊，排除焦虑症。

注：焦虑自评量表并不能作为诊断焦虑症的最终依据，仅能作为一项参考指标而非绝对标准。焦虑症的诊断还应根据个体的病程、社会功能损害程度和主观摆脱能力，以及临床症状特别是要害症状的程度来诊断。

（二）恐怖症

恐怖症是指对于特定事物或处境具有强烈的恐惧情绪，当事人采取回避行为，并有焦虑和植物性神经功能障碍的一类心理障碍。其实，尽管所惧怕的事物或场所并没有真正的危险，当事人依然会极力回避它们。当事人也知道自己的害怕是不合理的，但还是不能控制恐惧的发生。

大学生常见的恐怖症多为社交恐怖、广场恐怖及特殊恐怖，例如对密集的恐怖，对艾滋病的恐怖等。

★拓展阅读12-2

社交恐怖症

社交恐惧症又称社交焦虑障碍，多在17～30岁期间发病，男女发病率几乎相同；常无明显诱因突然起病，中心症状围绕着害怕在小团体中被人审视，一旦发现别人注意自己就不自然，不敢抬头、不敢与人对视，甚至觉得无地自容，不敢在公共场合演讲和集会，不敢坐在前排，回避社交，在极端情形下可导致社会隔离。

常见的恐惧对象是异性、严厉的长辈/老师等。可伴有自我评价低和害怕批评，可有脸红、手抖、恶心或尿急等症状，症状可发展到惊恐发作的程度。症状不仅出现在公共场合的聚多、讲话或遇到异性，也可泛化到涉及家庭以外的几乎所有情景。部分患者常可能伴有突出的广场恐惧与抑郁障碍；一部分患者可能通过物质滥用来缓解焦虑而最终导致物质依赖，特别是酒精依赖。

行为疗法是治疗恐惧症的首选方法。系统脱敏疗法、暴露冲击疗法对社交恐惧症效果良好。这些疗法的基本原则，一是消除恐惧对象与焦虑恐惧反应的条件性联系；二是对抗回避反应。许多患者在疾病过程中已经学会如何回避令他们产生恐惧的对象和场景而不影响自己的日常社会功能。其他方法除了药物治疗之外，松弛疗法、冥想等对治疗也有帮助。

（三）强迫症

以反复出现的强迫观念和强迫行为为主要特征。强迫观念是一种或几种反复进入当事人的意识领域的思想、表象或冲动意向，尽管当事人努力去排除这种想法，但徒劳无功。强迫行为是一种或几种反复出现的刻板行为或动作。

强迫症在大学生中也是比较常见的。也许有些人还没有严重到成为强迫症，但许多人曾经有轻微的强迫倾向。比如，多次检查门是不是锁好，不停地考虑第二天的竞选会不会成功等。

强迫症的类型与特征：强迫症分为强迫观念和强迫行为。

1. 强迫观念

（1）强迫思维。一些字句、观念或信念，反复进入当事人的意识领域，干扰了正常思维过程，但又无法摆脱。

具体表现形式有：①强迫性穷思竭虑。对日常生活中的一些事情或自然现象，寻根究底、反复思考，明知缺乏现实意义、没有必要，但又不能自我控制。②强迫怀疑。对自己言行的正确性反复产生怀疑，明知毫无必要，但又不能摆脱，常因此伴有强迫行为。如出门时怀疑门窗是否关好、锁好，一遍一遍地检查，但还是不放心。③强迫联想。大脑里出现一个观念或看到一句话，便不由自主地联想起另一个观念或语句。④强迫性回忆。对过去的经历、往事等反复回忆，无法摆脱。

（2）强迫表象。大脑中反复出现逼真、形象的内容，这种表象通常是令当事人难堪或厌恶的。

（3）强迫性恐惧。害怕自己失去控制，做出什么伤害他人、违反社会规范甚至是触犯法律的事，主要是对自己这种情绪的恐惧。

（4）强迫意向，又称强迫性冲动，反复体验到要做某种违背自己意愿的动作或行为的强烈的冲动，感觉自己马上就要控制不住地去行动了（但从来没有真正行动）。

2. 强迫行为

（1）强迫洗涤。如洗手、洗衣服、擦洗桌椅等。

(2) 强迫检查。多数因强迫性怀疑而起，如检查门是否锁好、电视是否关好，出门要带的东西是否准备完备等。

(3) 强迫询问。不相信自己，为了消除疑虑带来的焦虑，不厌其烦地反复要求他人给予解释或保证。

(4) 强迫计数。反复计算如台阶数、高楼的层数、路边的树木数等。

(5) 强迫整理。强烈地坚持按固定的样式或顺序摆放某些物体，过分要求整齐。

(6) 强迫仪式。某种行为必须严格遵循一种固定的程序，稍有差错就要从头做起，否则就会产生更加强烈的焦虑和不安。

(7) 强迫性迟缓。过分强调事物的对称性或精确性，从而导致动作迟缓，并且明显影响其社会功能。如看书时目光保留在第一行而不能往下读。

★拓展阅读12-3

强迫症的治疗方法——森田疗法

森田疗法又叫禅疗法、根治的自然疗法，创始人是日本东京慈惠会医科大学森田正马教授（1874-1938）。他父亲是小学教师，母亲是家庭妇女。父亲对正马要求严厉，母亲则十分溺爱和娇纵。正马幼时体弱多病，但聪明伶俐。上中学后，由于父亲严格的管教，他开始逃学、离家出走、留级。他16岁时患了头痛症，并且经常出现心悸。医生诊断为心脏病。两年后他又患了伤寒和焦虑性神经痛等疾病。上大学后，正马时常被焦虑及各种病痛折磨，为了摆脱烦恼，他一方面阅读了大量心理学方面的书籍，一方面接受各种治疗，但效果甚微，他数次想过自杀。期末来临，他已不能学习和考试。恰逢此时家里没寄生活费来，更使他陷入绝望的境地。他开始自暴自弃，不再关心自己的身体，拼命看书学习，结果考试成绩非常好，身体的各种病症也减轻了，这也就形成了后来的"放弃治疗"，也就是森田疗法。

森田疗法的基本治疗原则，一是"顺其自然"，即充分认识到精神活动和症状的形成和发展有其自身的客观规律，任何抵制、反抗、回避或压制都是徒劳的，只有服从、顺应和坦然接受，使主观思想符合客观规律，才能使神经质自然消失。二是"为所当为"，即在"顺其自然"的指导下，学会控制可控的事情。例如，使患者以自己固有的生存欲望努力做自己应该做的事情，以实际行动将精神能量引向外界，提高适应现实生活的能力，增强自信心，从而改变不良情感。

"为所当为"是对"顺其自然"的拓展和补充，是对客观规律的确认和积极主动地顺应。

森田理论要求人们把烦恼等当作人的一种自然的感情来顺其自然地接受和接纳它，不要当作异物去拼命地想排除它，否则，就会由于"求不可得"而引发思想矛盾和精神交互作用，导致内心世界的激烈冲突。如果能够顺其自然地接纳所有的症状、痛苦以及不安、烦恼等情绪，默默承受和忍受这些带来的痛苦，就可从被束缚的机制中解脱出来，达到"消除或者避免神经质的消极面的影响，而充分发挥其正面的'生的欲望'的积极作用"的目的。森田疗法强调不能简单地把消除症状作为治疗的目标，而应该把自己从反复想消

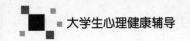

除症状的泥潭中解放出来,然后重新调整生活。不要指望也不可能立即消除自己的症状,而是学会带着症状去生活。

三、心境障碍

"我自闭了""整个人都抑郁了"……挂在嘴边的"抑郁"和专业的抑郁相去甚远,所谓的抑郁有一个专业的名称,即心境障碍,是一种综合征,持续几周或几个月,导致我们生活和社会功能发生改变。

就像其命名所暗示的那样,心境障碍是以情绪困扰为主要特征的综合征,该困扰以情绪异常低落或高涨为其表现形式。心境障碍被分为三类:严重抑郁发作、恶劣心境和双相情感障碍。我们通过所存在的抑郁、躁狂或两者兼有以及异常情绪持续的时间来区分这三种心境障碍。在抑郁心境的影响下,轻度抑郁者可能常常哭泣,而重度抑郁的人想哭却哭不出来,感觉绝望、孤独,躁狂状态下的个体兴奋到停不下来,而双相障碍,则会在"躁狂"和"抑郁"之间交替进行。

心境障碍的治疗方法除了需要稳定持续的药物治疗和其他治疗,还需要辅助心理咨询,在调节"生理困境"同时,还要缓解"心理困境"。

(一)严重抑郁发作

★拓展阅读12-4

被抑郁附体的那些年

抑郁像吸血鬼附在我的身上,汲取我生命的活力,充实它自己的生命。在患重度抑郁症最糟糕的那段日子里,我发现有些恶劣的情绪并不属于自己,而是抑郁症的情绪,就像橡树上缠满了爬藤的叶子。当我试图解脱自己的时候,却觉得灵魂的翅膀被折断,无处可去。日复一日的日出日落,变得没有任何意义。

当时我愿意接受最痛苦的死法,却浑浑噩噩到连自杀的念头都没有。生命中的每一分、每一秒都成了折磨。我的体液仿佛都被抽干,于是连眼泪都成了奢侈品,我的嘴唇也干裂了。我曾以为放声大哭是人生最悲惨的状况,后来发现,眼泪流干后的无所适从才是更加深刻的绝望。

——摘自《重口味心理学》重度抑郁症患者对自我状态的描述

有调查显示,抑郁症在国内大学中的发生率为2%~5%,且呈上升趋势,多起校园事件可能与抑郁有关,甚至被称为"校园杀手"。其中,在女大学生中的发生率要高于男大学生。

1. 严重抑郁发作的诊断标准

严重抑郁必须在至少两个星期内表现出抑郁情绪/易怒或兴趣丧失(快感缺乏)。至少在两周内几乎每天都表现出以下至少三项:

(1)显著的体重减轻(未节食)或体重增加(一月内体重变化超过原体重的5%),

或食欲减退或增加；

(2) 失眠或嗜睡；

(3) 精神运动性激越或迟缓；

(4) 疲倦或缺乏精力；

(5) 无价值感或过度或不适当的内疚；

(6) 思考或集中注意的能力下降，或犹豫不定；

(7) 反复想到死亡，反复没有具体计划的自杀观念，或有自杀企图或自杀的具体计划。

其他症状可能包括：

(1) 持续的焦虑或"空虚"情绪；

(2) 无望感、悲观或无助感；

(3) 酒精或药物使用（处方的或非处方的）；

(4) 不明原因的哭泣；

(5) 性欲降低；

(6) 身体变化例如头疼、消化系统问题、治疗无效的慢性疼痛。

2. 引发抑郁的因素

遗传素质和人格特点可能是大学生患抑郁症的基础，突发生活事件和慢性应激可能是诱因。高达80%抑郁患者都称自己在抑郁发病前经历了负性生活事件。但也有不少的人，抑郁如同天降毫无征兆。无论是习得性无助理论或是思维反刍反应风格理论及人际理论都能从不同视角阐述抑郁的起因。

容易诱发大学生抑郁的社会心理因素有：学习压力、社会适应、贫困大学生的生活压力、失恋、就业压力等。大学阶段的学习方式与中学阶段有很大的区别，有些大学生已经习惯了中学细嚼慢咽、啃书本式的学习方法，难以适应大学的学习。如果不能及时调整，容易发展为抑郁。有的大学生难以适应大学的环境，如丰富的校园文化活动、宿舍环境、人际关系等，久之变得越来越孤僻，这也是导致抑郁的重要原因。此外，贫困大学生的经济压力及由此衍生出的心理压力也可能会导致抑郁。失恋等痛苦的挫折会引起大学生的应激反应，如果这种应激反应不能很好地得以调解，也可能会引起抑郁。毕业生面临的越来越严峻的就业压力也是导致抑郁的一个重要因素。

通常我们更多地看到导致大学生产生抑郁的外部因素，但关注其内在世界的变化才可能看到抑郁的本质。抑郁是一场心理感冒，也是生命对个体的温柔提醒，提醒那些远离了真实自己的个体需要回头关照自己的内心体验，提醒那些迷茫无助的个体要重新找回丢失的自己。

因此，除了外部诱发因素之外，某些人本身所具有的心理特点也是导致抑郁产生的原因。易患抑郁症的人有如下人格特点：①内向、自卑。②人际交往能力差。③喜欢思考，且喜欢穷思竭虑。④过于追求完美，对自己要求严格甚至苛刻。⑤敏感，自尊心强，非常在意别人对自己的看法。⑥悲观，多愁善感。即抑郁气质类型的人更容易患有抑郁症（如林黛玉)。因此,如果你有这样的人格特点,就需要在关注自我心理健康状态的同时,努力完善自己的人格,增强自我功能。

★心理测量12-2

抑郁自评量表(表12-2)

填写表12-2的注意事项:下面有20条题目,请仔细阅读题目,根据自己的情绪和躯体状态进行程度自评,在后面表格勾选。

表12-2 抑郁自评量表

序号	项 目	偶有	少有	常有	持续
1	我觉得闷闷不乐,情绪低沉	1	2	3	4
2	我觉得一天之中早晨最好	4	3	2	1
3	我一阵阵哭出来或觉得想哭	1	2	3	4
4	我晚上睡眠不好	1	2	3	4
5	我吃得跟平常一样多	4	3	2	1
6	我与异性亲密接触时和以往一样感到愉快	4	3	2	1
7	我发觉我的体重在下降	1	2	3	4
8	我有便秘的苦恼	1	2	3	4
9	我心跳比平常快	1	2	3	4
10	我无缘无故地感到疲乏	1	2	3	4
11	我的头脑和平常一样清楚	4	3	2	1
12	我觉得经常做的事情并没有困难	4	3	2	1
13	我觉得不安而平静不下来	1	2	3	4
14	我对未来抱有希望	4	3	2	1
15	我比平常容易生气激动	1	2	3	4
16	我觉得作出决定是容易的	4	3	2	1
17	我觉得自己是个有用的人,有人需要我	4	3	2	1
18	我的生活过得很有意思	4	3	2	1
19	我认为如果我死了,别人会生活得更好	1	2	3	4
20	平常感兴趣的事我仍然感兴趣	4	3	2	1

计分规则:把20道题的得分相加为粗分,粗分乘以1.25,四舍五入取整数,即得到标准分。按中国常模,抑郁评定的分界值为53分。

分数解释:

低于53分 没有抑郁的症状;

53~62分 可能有轻度抑郁症状;要引起注意,分数越高,抑郁倾向越明显;

63~72分 可能有中度抑郁症状;

超过 73 分 可能有重度抑郁症状。

注：抑郁自评量表并不能作为诊断抑郁症的最终依据，仅作为一项参考指标而非绝对标准。抑郁症的诊断还应根据咨询者的病程、社会功能损害程度和主观摆脱能力，以及临床症状的程度来诊断。

（二）恶劣心境

恶劣心境是一种无法抵挡的、抑郁的慢性状态，其特点是抑郁情绪持续至少两年，至少连续两个月内都出现以下至少两种症状。

(1) 食欲下降或饮食过量。
(2) 失眠或嗜睡。
(3) 精力下降或疲倦。
(4) 低自尊。
(5) 注意力差或难以做决定无望感。

流行于大学校园里的一句"郁闷"，反映了大学生现实的心境状况，恶劣心境障碍在大学校园里也并不少见，其发生率约为抑郁症的一半。

（三）躁狂发作

躁狂发作是指某段特定时期情绪会出现异常的持续高涨、自大或易怒，持续至少一周就需要住院治疗。在这段时期还会出现以下至少三项症状。

(1) 膨胀的自尊或自大。
(2) 睡眠需求减少（例如，只睡三个小时就感觉休息够了）。
(3) 比平常话多或急于持续说话。
(4) 思维奔逸或思维飞奔的主观体验。
(5) 注意分散（即注意力很容易被外界刺激分散）。
(6) 目标指向（社交、工作、学业或性）活动增加或精神运动激越或对极可能导致痛苦结果的娱乐活动的高度卷入（例如，无节制的购物、草率的性行为等）。

急性躁狂发作可伴有精神病性症状，例如失忆、妄想等症状。一旦发病，需要服用抗躁狂类药物控制，症状缓解后需辅助进行心理治疗来降低复发可能。

（四）双相情感障碍

双相情感障碍也称躁郁症，是一种既有躁狂发作又有抑郁发作的心理障碍。一般会先出现躁狂发作，然后可能有一个正常的间歇期，然后是一次抑郁发作，之后又进入一个间歇期，循环往复；也可能在一次躁狂发作后紧接着进入一次抑郁发作，之后才有一段间歇期。躁郁症在大学校园中时有发现，应引起大家的注意。当然，大部分情况下，心境的起伏变化属于正常现象，一时的、可控的悲喜等心境变化是人类体验丰富人生的表现，是人类富于魅力、感染力的表现。

★ 拓展阅读 12-5

双相障碍[①]

这种疯狂使人体会到一种特别的痛苦、兴高采烈、孤独和恐惧。当你兴奋时，那种感觉妙极了。各种想法和感觉如同流星般快速频繁地闪现，你跟随着它们，直至找到更好、更妙的想法和感觉。你不再羞怯，突然之间妙语连珠，仪态万方，确信自己拥有吸引和征服他人的力量。那些乏味的人也令你产生了兴趣。纵欲之心在蔓延，吸引他人和被他人吸引的欲望无法抵挡。舒适、振奋、强大、幸福、富足和无所不能的感觉深入骨髓。

但是，某时某处，这种感觉发生了改变。快速闪现的想法来得太快太多，压倒一切的混沌取代了清晰的思维。记忆丧失。在朋友的脸上，你看到恐惧和担忧代替了兴致和专注。以前无往不利，如今万事不顺，你变得易怒、生气、害怕、失去控制，完全陷入了意识的无尽黑洞之中，这一切没有尽头。

这描述的正是双相障碍的症状。躁狂时，她精力充沛，骄傲自大，满脑子都是主意，自信心十足。然后，当她变得抑郁时，她感到绝望和恐惧，怀疑自己和身边的每一个人，甚至产生轻生的念头。躁狂发作和抑郁发作交替出现是双相障碍的典型表现。

四、创伤后应激障碍

与应激相关的心理障碍主要是由于应激事件给当事人造成心理上的巨大冲击，在应激事件发生后可能会产生急性应激反应。如果这种急性应激反应没有得到较好的处理，应激事件就会演变为创伤事件，创伤事件发生几星期后可能会出现创伤后应激障碍。

（一）创伤后应激障碍的含义及引发事件

创伤后应激障碍是指经历异乎寻常的威胁性或灾难性应激事件或情境后，使人产生巨大的痛苦，由这种痛苦而引起心理障碍的延迟出现或长期持续存在，其特点是时过境迁后的痛苦体验仍然驱之不去，持续回避与事件有关的刺激，并长期处于警觉焦虑状态。这些威胁性或灾难性应激事件包括严重事故、战争、地震、火灾、遭遇绑架、虐待、性侵或其他恐怖犯罪活动、亲人的突然伤亡或目睹他人惨死等。

（二）创伤后应激障碍的表现

（1）反复回忆创伤性体验。无法控制地回忆创伤经历或体验，或在梦中反复出现创伤性事件，或者是做噩梦。对与创伤情境相似或相关的刺激异常敏感，这些刺激会迅速诱发当事人因触景生情而产生极大的痛苦及相关的生理反应，如面色苍白、心悸和出冷汗等。

（2）回避与创伤性事件有关的刺激，或情感麻木。如地震发生后有些幸存者看起来似乎对其他遇难者或亲人、幸存的人漠不关心，表情呆滞，给他人的感觉好像冷酷无情。对许多活动的兴趣显著减退，活动范围变窄。有的还会发展为抑郁症，甚至导致自杀。

（3）警觉性增高。有的容易受惊吓、易激惹，有的伴有睡眠障碍、注意困难，还有的

---

① 苏珊·诺伦. 变态心理学 [M] 邹丹，译. 北京：人民邮电出版社，2017

会出现抑郁、内疚等情绪反应,以及发作性暴力行为等。人为灾难还会引发当事人对他人的不信任,对他人或社会的敌视、报复心理。还有的会发展为对自己的自暴自弃,甚至发展为以酒买醉等物质、行为成瘾。

★拓展阅读12-6

国内疫情中的创伤后应激障碍①

中国的疫情眼见就要结束了,支援武汉湖北的医护人员也开始撤离,各地工厂开始复工,关闭在家近两个多月的人们已经迫不及待地奔出房门,赏花踏青了。

然而,在这样的祥和温暖充满阳光的日子,会有那么一群特殊的人,他们因灾难,心理受到重创,虽然身体已经解禁了,但是他们的心可能还没有解禁,有些人在疫情防控期间还没感觉异常,疫情结束后的一段时间突然感到莫名的恐惧,无助,或脾气变得暴躁,日子过得惶惶不安!生理的疫情过去了,但是心里的疫情还远远没有结束,应得到社会及家人的关注、关爱和帮助!

疫情过后,有五类人可能还会继续生活在"心理疫情"中。

第一类人群,武汉/湖北的医护人员,以及前来湖北支援的医护人员,当他们全力投身在救治中的时候,没有时间顾及心里的感受,但是疫情后放松下来,各种疫情中经历的事件就可能一件一件地在脑海里出现,如果处理不当,就可能患上心理学里称为"PTSD"症。

一个研究表明,当年SARS疫情后,那些曾参与过抗击SARS疫情的医护人员经历了严重的心理负担。北京一家医院的凡是当时在SARS病房工作过的医务工作者,或那些有家人和朋友被SARS病毒感染的医护人员,后来有较多人患上PTSD。有过SARS疫情经历的医护人员更容易出现抑郁、焦虑、恐惧和挫折等心理疾患。跟医护人员类似的还有重灾区的社区工作人员、警察和志愿者,因为见证了太多的死亡,再加工作过于紧张劳累,都会给身心健康留下隐患。

第二类,疫情中被感染致死者的家人。悲伤处理在中国一直是心理咨询行业的一个短板,社会支持系统也会认为当事人的情绪反应是正常的而不以为然,缺乏关注,而当事人深处悲痛也很难察觉自身的情感滑坡,也是患抑郁症最终导致自杀的高危人群。

第三类,被治愈的患者。这些人,疫情中经历死亡的威胁、恐惧害怕、无助、从鬼门关走了一遭回来后,虽然生命保住了,但是健康被摧毁,慢性病的康复之路漫长无期,出去还有可能被社区里和单位里的人嫌弃避讳,失去社会支持人也容易变得抑郁,生活没有意义感,多有自杀念头。当年从汶川地震救出的一个幸存者,三年后还是自杀身亡。另外因深知被感染的痛苦,他们中的很多人还可能患上强迫症,如不停地洗手,对一些特殊场地的恐惧等。

第四类,疫情前已经被诊断患有各类心理疾病的患者,经过疫情期各类负面信息的打击,可能会变得更加严重,他们更难从灾难的阴影中走出来。

---

① 宋志颖,专家提醒警惕疫后"心理疫情":应激障碍积极自我调理攻略中华社会工作网。

第五类，因疫情导致产业受损、亏损和背债，小本生意无法支撑全家人生活的朋友，疫情可能是压垮他们的最后一根稻草，很容易有轻生自杀的念头。

对于 PTSD，及时治疗对良好的预后非常重要。慢性和迟发性 PTSD 的心理治疗中，除了特殊的心理治疗技术外，为患者争取最大的社会和心理支持是非常重要的；家属和同事的理解，可以为患者获得最大的心理空间。研究表明，心理治疗结合药物治疗的方法比两种方法单用的效果更佳。

PTSD 是一个复杂的心理功能失衡症候群，自我干预调理是个持续的过程，需要科学与技术，需要毅力和勇气，更需要乐观和自信，还需要家人和社会的配合，再加上专业心理人员的帮助。如果你能主动积极地进行自我干预，将会对"尽早"管控住你的"心理疫情"起到关键作用！

汶川地震后有句话叫"重建家园"，英文里描述灾后心理康复的词有个 Resilience，有多本 Resilience 的书，百度翻译为"快速恢复的能力；适应力；还原能力；复原力"；但我认为更贴切的含义应为"心灵成长力"，它不仅仅是"复原"到灾前态，而是因"成长"而超越灾前的功能！这种成长正是我们预防疫情后 PTSD，自杀等"心理疫情"的最佳法宝！

五、进食障碍

★拓展阅读 12-7

进食障碍案例

在初中就很出色的劳伦被一所在数学和科学方面非常有名的寄宿高中录取。入学前，她进行了体检。在那次初夏的会面中，她的医生（自儿时起就是她的医生）为她称了体重说，"亲爱的，你发育得很好。"带着对这个评价的尴尬，劳伦到家在镜子前仔细看了自己的身体。她看着自己初见丰满的胸部和正在变大的臀部却一点也不喜欢。她侧过身去，看着自己原来平坦的小腹现在却变得凸出，她下定决心要除掉那部分。她制订了一个严格的跑步计划（早上跑 2 公里，晚上跑 5 公里）和一个在营养方面符合食物金字塔但每天只含 400 卡路里的"健康均衡膳食"。她认为只要各种主食都吃一点就可以了。但即使这样，她仍然对脂肪和油脂感到紧张。她对父母说，整个夏天她得为去这所难上的高中做准备，需要努力学习以期优秀。她开始穿很多层的衣服，每天定点 4 次称自己的体重，并开始不去参加例行的家庭聚餐。

一开始，她的父母还为她如此珍视自己的教育机会感到骄傲，但后来就为她开始发脾气感到担心了。如果他们没做她常吃的某种食物，她就会朝母亲大发脾气说为什么上次购物没有多买点，而且还不接受任何替代。她对自己的要求越来越严格，在锻炼计划中又增加了 300 个睡前仰卧起坐以保持小腹健美。有一天，妈妈无意间在劳伦洗澡时走进了浴室，她被眼前那瘦弱的身体惊呆了。肋骨、椎骨和凸出的锁骨，她的女儿看起来就像集中营里的犯人。

这一发现发生于开学前两周。劳伦的父母把她带到医生那，发现她已经瘦了 29.4 斤，约 1.65 米的个头却减到了 83.3 斤。他们的女儿已经严重体重不足了。劳伦没有在秋天入学，而是在一个进食障碍病房住院治疗了两个月。在那里，她在营养专家和内科医生的仔细监控下增加体重，在大家的支持下重新获得健康体重。而说到那所长于数学和科学的学校，她为自己是否有能力在那种高压环境下取得成功而感到焦虑。在医院里，她也获得了处理自己这种潜在焦虑的支持。

进食障碍大多数出现在女生群体中，由于"以瘦为美"的文化影响及部分艺术类行业对外在形象的要求，使得女生在应对外在压力时，在对待食物中出现的行为异常。

（一）神经性贪食

神经性贪食以暴饮暴食的反复发作为标志，特点就是在一段不连续时间内（比如两个小时之内）的进食，这会比大多数人在相同时间和相同情况下的进食量大得多。患者在进食时会有一种失控感，而且还会陷入为了防止体重增加而反复发作的补偿行为。这些行为可能包括以下几个。

（1）自我导吐。

（2）泻药、利尿剂、灌肠剂或其他药物的滥用。

（3）禁食或过度运动。

（4）暴饮暴食和补偿行为，必须在连续 3 个月内平均每周至少出现两次，而且这些行为不能只见于神经性贪食发作期间。

神经性贪食有两种类型：在清除型中，患者会有规律地进行自我导吐或使用泻药、利尿剂和灌肠剂；在非清除型中，患者会禁食和过度运动，但不会有规律地清除。

（二）神经性厌食

神经性厌食的标志是体重减少（或在生长发育阶段未能获得应达到体重）导致的体重小于应有体重的85%。除了体重减轻外，有神经性厌食的人还对体重增加或变胖感到强烈的恐惧。他们还可能还会出现以下行为。

（1）对体重或体形的看法有问题。

（2）体重或体形在他们的自我评价中占有重要地位。

（3）否认他们过低体重问题的严重性。

（4）体重过低导致闭经。

在限食型中，患者不会出现暴食或清除行为（例如，自我导吐或滥用泻药、利尿剂、灌肠剂）；在暴食/清除型中，患者有规律地出现暴食或清除行为。

六、精神分裂症

精神分裂症是一类常见的、精神症状复杂的、至今未明确其病理基础的重性精神障碍，多起病于青年或成年早期。它主要表现为精神活动分裂，即患者的行为与现实分离，思维过程与情感分离，行为、情感、思维具有非现实性，难以理解，不能协调。其临床特点是以精神活动过程分裂为特点的认知损害，其基本症状包括阳性症状和阴性症状。阳性症状是指精神功能的亢进或歪曲，典型表现有幻觉、妄想、怪异行为等，常发生于起病早期,暴露在外,容易识别;阴性症状是指精神功能的减退或消失,典型表现有情感平淡兴致缺失、意志减退、言语减少、注意力不集中等,常发生于病程中晚期,不太容易识别,导致患者延误诊断和治疗。

阳性症状为主的精神分裂症患者愈后较好,社会功能损害小,而阴性症状为主者愈后较差,常导致社会功能严重缺陷。

根据 DSM-4 诊断标准,将精神分裂症划分为几个类型,分别是妄想型(偏执型)、紧张型、青春型(解体型)和单纯型等。

(一)妄想型(偏执型)精神分裂症

妄想型精神分裂症又称偏执型精神分裂症,是最为常见的精神分裂症类型。大约有半数的精神分裂症患者被诊断为妄想型,发病多在 25~35 岁之间,发病缓慢,症状以妄想为主,其中以被害妄想为常见,也叫夸大妄想、自罪妄想、关系妄想、影响妄想、钟情妄想和嫉妒妄想等,伴有幻听为主的幻觉。患者最初表现为多疑敏感,怀疑有人在背后议论自己;逐渐演化为关系妄想,总觉得周围发生的一切都与自己有关;进而出现被害妄想、嫉妒妄想或钟情妄想等。

★拓展阅读 12-8

妄想型(偏执型)精神分裂症案例

丁某,女,20 岁,大二学生。患者读高三时,学习很紧张,出现失眠、多疑等症状。她认为门外的行人和楼上的邻居故意弄出声音来影响她,让她不能好好地复习功课,别人的咳嗽声、走路的脚步声都是故意跟她过不去。为此,她常无端发火,冲到邻居家,大吵大闹。她读书时不能在房间里读,要到卫生间里才能读,说卫生间里更安静。当时,她父母发现她精神不好后,带她到医院求诊,诊断为精神分裂症,用利培酮等药物治疗后、精神症状改善。之后,患者继续上学并考上大学。她上大学后,害怕别人知道自己在服用抗精神病药物,担心影响她的名誉,就自行停药。患者停药后不久,又开始出现失眠、多疑等症状,认为有人在她宿舍安装了监视器,自己的一举一动都在别人的监视范围内,她无论在做什么。楼上的同学马上会知道。为此,她常常半夜里不睡觉,拿着一个手电筒在宿舍里照来照去,看房间里到底有没有监视器。舍友们认为她的行为影响了她们休息,她却觉得这是同学和她过不去,对同学态度差,认为老师对她也不好,成天疑神疑鬼,认为别人都是针对她,不能安心学习,学习成绩一落千丈。老师看她精神状态不好后,通知其父母。患者在她父母的要求下来到医院求诊。患者身体健康,近期没有遭遇特殊应激事件。精神检查有被害妄想和关系妄想,有思维被洞悉感,觉得自己想什么别人都会知道;有被监视感,紧张,情绪激动,不承认自己有病,不配合治疗。经检查诊断其为妄想型(偏执型)精神分裂症,用药物治疗及心理治疗三个月后,上述症状基本消失。

(二)紧张型精神分裂症

此病多数在中、青年发病,起病可急可缓。在发病前和发病早期,有萎靡无力、食欲不振、缺少兴趣、情绪低落等行为表现。随着病情的发展,紧张性木僵和紧张性兴奋的症状交替出现。处在木僵状态时，患者言语动作明显减少，有时一连几小时的呆呆站立或坐着，不言不语，不饮不食，表情呆滞冷漠，叫不应推不动，对周围事物毫无反应症状。由紧张性木僵转换为紧张性兴奋时，表现为兴奋激动和行为暴烈，出现幻觉，并常伴有伤人毁物的行为。这种状态可持续几十分钟几小时或几天，然后缓解，又逐渐进入木僵状态。

★拓展阅读 12-9

紧张型精神分裂症案例

冯某，男，22 岁，大二学生。半年前，同学发现他变得沉闷，经常注视屋顶一角，或呆坐床上。他有时半夜起床开窗往外看，或在窗前站立不动；听课时常发愣，不做笔记，有时低声自言自语或冷笑；常迟到、早退或旷课。一周前其动作变得显著缓慢，吃一顿饭要一个多钟头，拿着碗筷发呆，有时走到厕所旁边就站立不动。到最后，整天卧床，不起来吃饭，也不上厕所，叫他、推他均无反应，表情呆板。学校通知家长带他到医院就诊后，诊断为紧张型精神分裂症。

（三）青春型（解体型）精神分裂症

青春型（解体型）精神分裂症多发病于青春期。可急可缓，其临床表现为思维散漫，言语增多，但毫无逻辑令人难以理解，不知所云，有时伴有重复模仿言语；情感波动大，悲喜无常，常伴有傻笑、扮鬼脸；本能活动亢进，如举止轻佻，主动接近异性、赤身裸体；行为无意义，变化无常，不可预测；生活不能自理，常独处沉思，生活懒散，不修边幅，甚至吃大小便等脏东西。

★拓展阅读 12-10

青春型（解体型）精神分裂症案例

王某，男，19 岁，大一学生。入学后，他经常无故怀疑他人想要害自己，并且不顾时间、地点用激烈言语辱骂他人。在辱骂过程中，他多次出现语句混乱，不知所云，上句与下句之间毫无逻辑关系，思维破裂严重，还表现出明显的妄想，并且坚信不疑，无法被说服。后来抑郁发作时，患者沉默不语，反应迟缓，眼神呆滞，动作死板。

（四）单纯型精神分裂症

单纯型精神分裂症又称潜隐型精神分裂症，临床表现以思维贫乏、情感淡漠、意志减退等"阴性症状"为主，没有妄想、幻觉、怪异行为等"阳性症状"。此病多始发于青少年时期，核心症状是种病态的"懒"，与其过去的表现极不符合；起病十分缓慢，最初不大容易被人觉察，一旦被怀疑有病时，往往病症已发展到严重阶段。

患者在病程早期仅有失眠、头昏、头痛、注意力不集中、全身不舒服和精神萎靡等类似神经衰弱的症状。后来患者逐渐出现人格改变，如孤僻、懒散，不与人交往，不注意个人卫生、不修边幅，对任何事情都不感兴趣，整天沉醉于白日梦之中。"做一天和尚撞一天钟"，成绩下降却不着急，也不采取任何补救措施；对别人的批评和规劝毫不介意；对亲友冷淡，整日在家无所事事；病情严重时，与外界环境完全隔离，精神日益衰退。患者病程至少两年，愈后较差。

★拓展阅读12-11
单纯型精神分裂症案例

黄某，女，22岁，大三学生，平时表现都很优秀。但近一年来，同学和父母发现她变得跟以前不一样了，常常不洗脸不漱口，头发凌乱也不梳理，即使在酷热的夏天，如果没有人提醒也可以一星期不洗澡、不换衣服，自己的物品乱七八糟也不收拾，常常缺课，讲话明显减少，基本上不再与人来往，表现出一种病态的"懒"。父母曾带她到医院进行各项生理检查，均未发现任何异常，直到到精神科就诊后，她才被确诊患有单纯型精神分裂症。

七、性心理障碍

（一）什么是性心理障碍

性心理障碍又称性变态，指性行为明显偏离正常，以异常的性行为作为满足性需要的心理障碍。

不过，对性心理障碍的判断会受到社会文化因素的显著影响。随着时代的发展、文化的变迁，在一种文化下被认为是不正常的行为在另一种文化下可能被看作是正常的。比如，对于同性恋的态度，不同的时期、不同的国家、不同的地域和文化之间有很大的差别。在历史上的某些国家，同性恋曾被看作是违反人性的、罪恶的，甚至会被判处死刑。但是，当今社会，在有些国家同性恋被认为是一种心理障碍，在有些国家同性恋被认为是合法的。因此，判断一个人是不是性心理障碍时，必须考虑到社会文化因素。一般说来，凡是符合社会所规定的道德规范或法律规定，没有对他人或社会造成不良影响或影响不大，没有使性行为对象遭受损害并感到痛苦即属正常的性行为，否则为异常。

（二）大学生中常见的性心理障碍

1. 易性症

易性症是一种性别认同障碍。易性症者认定自己应有的性别与现有的性别特征和性别身份相违背。他们持续地厌恶自身的性别特征和身份，为此而极为痛苦，强烈要求转换为异性。男女发生率比例为3∶1，但是因为当今社会女性的解放，女性的中性化及男性化趋势越来越明显，也有人认为一些女性的易性症被忽略了，因此才造成男性人数多于女性。

2. 恋物症

恋物症指在强烈的性欲望与性兴奋下，反复收集、玩弄异性所用物品，或异性身体的某一部分（如头发），而获得性满足的现象。恋物症者几乎仅见于男性。所恋物品均为直接与异性身体接触的东西。恋物症者从不对异性身体造成伤害，只是以异性的衣着等物品为对象。

3. 易装症

易装症是一种特殊形式的恋物症，表现为对异性衣着的特别喜爱，反复出现穿戴异性服饰的强烈欲望并付诸行动,他们常喜欢从头到脚扮得像异性一样,并希望获得别人的赞许。大多数易装症者是男性,他们确信自己的性别,并不要求改变自身性别的解剖生理特征,大多数是异性恋者。

4. 窥阴症

窥阴症是指通过暗中偷看别人的性活动或异性裸体、阴部等来获得性兴奋或性满足。在窥视的同时伴有手淫或在事后回忆窥视的情景时进行手淫。与恋物症类似,这种性心理障碍也几乎仅见于男性。一般说来,窥阴症者性格比较内向、易害羞、不善交际,他们常因其窥阴行为被人发觉后受到惩罚而痛苦,但还是无法控制其行为。窥阴症对受害人很少有身体上的危险,一般没有同受窥视者发生性关系的愿望。

5. 露阴症

露阴症又称暴露症,是指反复多次在陌生的异性面前突然暴露自己的生殖器以求得性欲望的满足,几乎都是男性,20~40岁之间。他们一般没有进一步的性行为企图,但少数人伴有反社会人格障碍,这类人会对受害者有性攻击。大部分露阴症者会选择偏僻、易逃跑的地点,也有一些会选择人流量大的马路边、车站等,春、夏季节较多见。

心理探索

1. 你认为心理障碍产生的原因是什么?
2. 如果你的同学或亲友有心理障碍,你将如何进行干预?

第三节　大学生常见心理障碍的应对

本节学习目标

1. 了解大学生应对心理异常的资源和方法。
2. 运用实践掌握有效识别、干预和预防心理异常的方法和途径。
3. 客观认识心理咨询,增强大学生自我心理保健意识。

心理障碍与生理疾病不同,一般没有器质性病变,不容易被人发现和重视,一旦疾病发作,则对社会功能产生较大损害,有些心理障碍的愈后较差,易复发,治愈难度较大,有的患者需要终生服药。

应对大学生的心理障碍应"预防为主,防治结合",建立三级防控体系,发挥各种力量的作用。

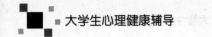

一、从学校管理的角度来看，可以建立大学生心理健康教育四级网络工作系统

健全心理异常识别、预防和快速反应机制，建立学校、院系、班级、宿舍"四级"预警工作系统，完善心理障碍应对工作预案，做好对心理障碍学生的跟踪服务，着重做好特殊时期、不同季节的心理障碍预防与干预工作，定期开展案例督导和个案研讨，不断提高心理健康教育专业的水平。

二、从疾病发生发展规律的角度来看，可以建立与心理障碍发展阶段相对应的三级防控体系

预防医学研究指出，疾病的发生发展是有规律的，在疾病自然史的每一个阶段都可以采取措施防止疾病的发生和恶化。因而，可以建立与心理障碍相对应的三级预防体系。

第一级为病因预防。针对全体师生，广泛开展宣传，开展新生心理健康普查、学生心理档案建立等工作，通过心理健康教育必修或选修课程和校园传媒宣传等多种多样的形式普及心理健康常识，让全体师生关注心理健康。

第二级为临床前期预防。早发现、早诊断、早治疗防止疾病发展。针对有心理困惑、一般心理问题、不良适应行为、人格缺陷和某些患有早期心理障碍的大学生通过校内的个体心理咨询、成长训练营、团体心理辅导等工作对其进行初步诊断、支持帮助。

第三级为对症治疗，防止伤残和加强康复工作。针对心理障碍和精神病患者，依靠专业的精神卫生机构，如综合医院的精神科或心理科、精神病医院、心理医院等，做好心理障碍的鉴别、转介和心理危机干预工作，避免因发现不及时而造成严重不良后果，如处于发作期的患者可能会出现的毁物、伤人或自杀行为。

三、从学生防控的角度来看，大学生可以通过"自我–同伴–专业心理机构"系统来帮助自己

高校大学生心理健康教育工作仅靠心理咨询师是远远不够的，三级预防体系的构建离不开每一个师生，尤其是在广大学生之间，应建立一个多层次的自助与互助服务机制，从而达到"自助助人、助人自助"的良好效果。

（一）自我帮助

有效使用学校资源的同时，保持心理健康的良好状态，需要每个学生树立"培育良好心理素质、维护自身心理健康"的自我教育意识，并具备基本的心理健康常识和自我心理调节技术。

学校不仅开设心理健康教育类课程，校园中也经常可以看到心理健康组织宣讲各种心理学知识，发放心理宣传手册，以及各类心理学讲座，展播心理励志影片；图书馆中提供了许多心理学相关书籍和杂志。大学生可以通过这些有效的方法和途径来认识自己、体验自己、调节自己。

同时，积极调整心态，控制情绪波动。积极关注自我的积极情绪，不只是看事物的黑暗面，遇到冲突和问题不责备、不逃避、不遗忘、不委曲求全，用积极的情绪体验把消极

情绪变成过去,减少负面情绪对自己的"笼罩"。

(二)同伴互助

在室友同学、朋友、师生之间建立同伴心理支持系统,主要从精神上相互关注、关心、尊重、理解、接纳、包容、支持、倾听、鼓励、开导、劝说、教育、影响和干预等,这是社会支持系统中最直接、最有效的心理帮助系统。

倡议大学生积极建立人际关系、参加成长训练营及团体辅导,在同伴的共同困扰中找到支持,在同伴的理解中获得能量。

(三)寻求专业心理咨询或心理治疗

心理咨询师是受过专业训练的心理健康工作者,运用心理学的理论、方法以及技术,对处于困惑的同学提供帮助指导和支持,找出心理问题产生的原因,探讨摆脱困境的对策,从而协助其缓解心理冲突、恢复心理平衡、提高环境适应能力、促进人格成长。

心理咨询师是大学生成长路上的陪伴者和引导者,遇到心理困扰应先到学校心理咨询中心进行咨询和初步诊断,再根据情况进行有针对性的转介、治疗。

★拓展阅读12-12

心理障碍的药物治疗

心理障碍的现代药物治疗始于20世纪50年代,经多年发展,逐步提出许多精神药物的药理作用及药物代谢临床应用特点,形成了精神药理学这门新学科。精神药物服用方便、疗效确实,成为当前治疗心理障碍的重要手段。

精神药物分类方法多种多样,一般按临床应用为主,化学结构为辅的原则进行分类。具体分类如下。

1. 抗精神病药物。它主要用于治疗具有幻觉、妄想等精神病性症状的精神分裂症和其他精神病,如氯丙嗪、奋乃静、氟哌啶醇、氯氮平.舒必利、利培酮、奥氮平等。

2. 抗抑郁药物。它主要用于治疗情绪低落、消极悲观等各种抑郁状态,如丙咪嗪、阿米替林、多虑平、氯丙咪嗪、麦普替林、氟西汀、帕罗西汀、舍曲林、氟伏沙明、西酞普兰等。

3. 抗躁狂药物。它主要用于治疗躁狂症,如碳酸锂、卡马西平等。

4. 抗焦虑药物。它主要用于治疗紧张焦虑和失眠,如安定、氯氮卓、去甲羟安定、硝基安定、氟安定、甲丙氨酯、卡立普多、定泰乐、芬那露、谷维素等。

精神药物都是处方药,有各自的适应症和禁忌症,多数都有副作用,具体用药应遵医嘱,不可随意减药、停药。心理障碍还有电抽搐治疗、胰岛素治疗、中医治疗、精神外科手术治疗等其他治疗方法。

心理探索

全班分组讨论以下问题。

1. 你以前见过患有心理障碍的人吗?他们的具体表现是什么?

2. 每个人都会产生心理困惑，你产生过哪些心理困惑？你是怎么解决这些心理困惑的？

推荐赏析

电影：《强迫症·心魔》《戴安娜王妃 | 暴食症采访：It's food，Not love》

参考文献

[1] 苏珊·诺伦. 变态心理学 [M]. 邹丹，译. 北京：人民邮电出版社，2017.

[2] 德博拉·贝德尔. 变态心理学 [M]. 袁立壮，译. 北京：机械工业出版社，2013.

[3] 阿伦·贝克. 抑郁症 [M]. 杨芳，译. 北京：机械工业出版社，2016.

[4] 姚尧. 重口味心理学 [M]. 湖南：湖南文艺出版社，2020.